進撃の建築家たち

新たな建築家像を目指して

布野修司

彰国社

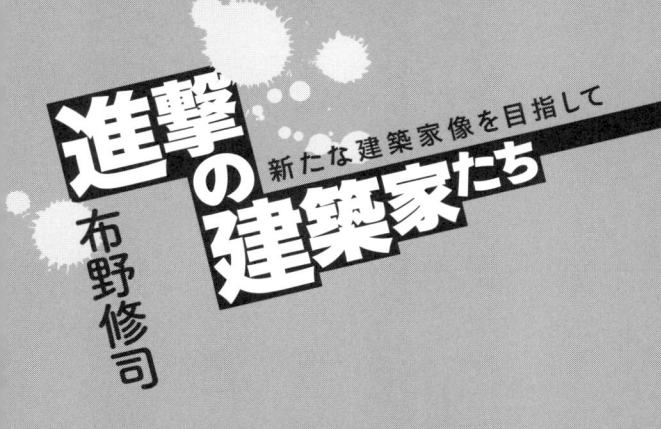

装丁　村上和

はじめに

闘う建築家

「進撃」といえば、『進撃の巨人』(『別冊少年マガジン』創刊号より連載開始、二〇〇九・九)である。巨人とそれに抗う人間たちの闘いを描いた諫山創の「劇画」の単行本の国内発行部数は累計八〇〇〇万部を突破したという(二〇一九年四月現在)。小説、映画、NHKのテレビアニメの放映もある。繁栄を築き上げた人類が、突如出現した天敵「巨人」により滅亡の淵に立たされ、巨大な三重の城壁の内側に生活圏を確保することで、辛うじて一部が生き残る、そして、約一〇〇年後、いつしか人類は巨人の脅威を忘れ、平和な日々の生活に埋没していた……というのが物語の始まりである。

「進撃の巨人」の英語のタイトルは「Attack on Titan」である。巨人と闘う人間の物語というが、巨人とはいったい何か。とてつもない読者を得ているということは、時代の核心を突いていることは間違いないと思っていたら、読んでいるという若者たちが身近に幾人もいる。漫画雑誌から遠ざかって実に久しかったけれど、つい手に取ったら、全二八巻、引き込まれるように読んでしまった。

物語は、巨人vs人間という単純な設定ではない。人間が巨人化する能力を持ち、人間

vs巨人の闘いという構図は、巨人化する人間同士の闘い、さらに巨人を操る国家間の戦争という二重、三重の構図となる。すなわち、自律的に営まれてきた三重に囲われた城壁内（島）と巨人の支配する外部（大陸部）という単純な構図ではなく、外部にも二大国の対立がある。島には王政が敷かれているが、始祖の血を受け継ぐ王家が「不戦の契り」をたてたという。第二次世界大戦後の象徴天皇制や平和憲法を想起させるし、二大国の対立は米ソ（冷戦構造）、米中の対立構造を思わせる。一国二制度の香港で民主化を求める若者たちに読まれたという。物語には様々な寓意が織り込まれている。

『進撃の巨人』が連載されているのは『別冊少年マガジン』であるが、『週刊少年マガジン』といえば、僕らの学生時代に一〇〇万部発行の大雑誌であった。大人気だったのが『巨人の星』（梶原一騎原作・川崎のぼる画、一九六六―七一）である。他にも『あしたのジョー』（高森朝雄（梶原一騎）原作・ちばてつや画、一九六八―七三）などの連載が楽しみで毎週買って読んだ。当時、「右手にジャーナル左手にマガジン」といううたい文句があった。ジャーナルとは『朝日ジャーナル』（一九五九創刊―九二休刊）である。そこで思い起こすのは、もうひとつの『進撃』（東大全共闘の季刊紙、一九六八・一一・九創刊―七〇・二・二七第一九号）である。全号今も手元にある。

しかし、「全共闘」は何に向かって「進撃」したのか。各大学の全共闘の機関紙も、『戦砦』（日大全共闘）、『ストラグル』（京大全共闘）、『バリケード』（京都府立医大全共闘）、『コンテスタシオン（異議申し立て）』（立命館大学全共闘）……と、まるで戦争である。確かに、しばしば繰り広げられた、石礫《いしつぶて》、火炎瓶、そして催涙弾が飛び交うデモは、まるで市街戦のようであった。

一九六〇年代末から七〇年代にかけて、全共闘運動が燃えさかる中に、建築少年たちの「梁山泊」が日本各地にいくつもできた。そうした「梁山泊」の中から、世界に名を轟かせる建築家が育っていった。そうした建築家たちと「梁山泊」で出会い、その活動を見続けてきて、それぞれの建築家の軌跡、建築思想、設計方法をめぐって、『建築少年たちの夢 現代建築水滸伝』(二〇一一、彰国社)という建築家論集を八年ほど前に上梓した。取り上げたのは、**安藤忠雄**(建築少年Ⅰ)、**藤森照信**(建築少年Ⅱ)、**伊東豊雄**(建築少年Ⅲ)、**山本理顕**(建築少年Ⅳ)、**石山修武**(建築少年Ⅴ)、**渡辺豊和**(建築少年Ⅵ)、**象設計集団**(建築少年Ⅶ)、**原広司**(建築少年Ⅷ)、**磯崎新**(建築少年Ⅸ)である。本書はその姉妹編である。一九六九年、東大安田講堂攻防戦のあった半世紀前、磯崎新は三八歳、藤森照信は二二歳である。それぞれ、巨大な何かに対して闘ってきた。本書では、彼らの後継者たちについて考えてみたいと思う。

今、若い建築家たちは何に対して「進撃」しようとしているのであろうか? 何に向かって闘おうとするのか、「進んで」「撃つ」「闘う」べき「巨人」とは何か?「進撃の建築家たち」の作品と活動を取り上げながら、僕の半世紀の歴史を重ねてみたいとも思う。

布野修司

目次

I

地球・地域・コスモロジー

1

渡辺菊眞

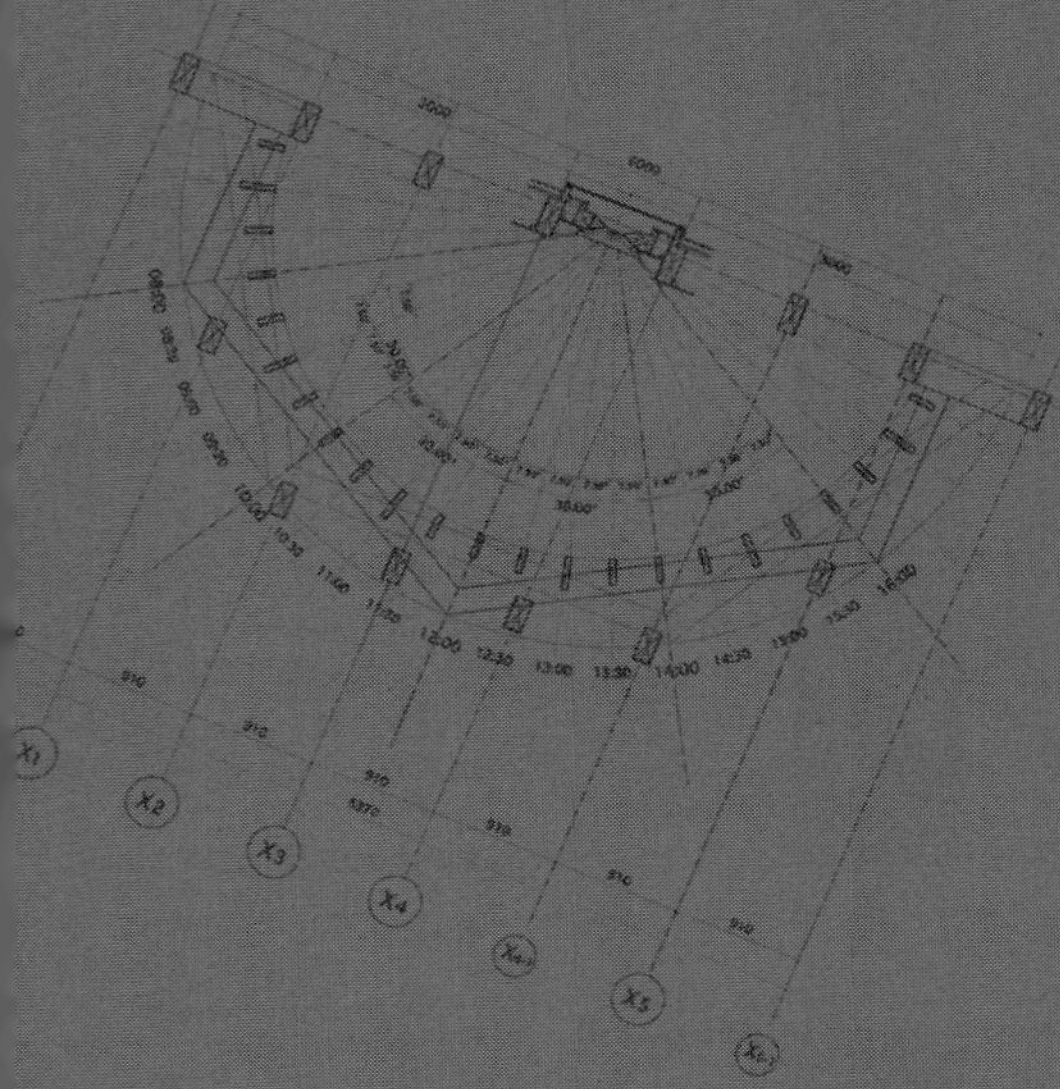

地球=地域のデザイン

アジア・アフリカの大地から

渡辺菊眞 わたなべ・きくま

建築家｜D環境造形システム研究所主宰｜高知工科大学准教授

1971年	奈良県生まれ
1994年	京都大学工学部建築学第二学科卒業
2001年	京都大学大学院博士課程単位認定退学
1998–2006年	京都造形芸術大学非常勤講師
2001–06年	京都コミュニティデザインリーグ運営委員長
2001–07年	渡辺豊和建築工房勤務
2002–03年	太陽建築研究所（井山武司氏に師事）
2004–09年	大阪市立大学非常勤講師
2007年–	D環境造形システム研究所
2009年–	高知工科大学准教授

●主な作品・プロジェクト

「角館の町家」2005

「東アフリカエコビレッジ」ウガンダ共和国、2007（2012 WACA[▷1]）

「南シューナ地区コミュニティセンター」ヨルダン、2009

「Good House」2010（金沢21世紀美術館展示 高嶺格・渡辺菊眞）

「太陽の家00『宙地の間』」2015（2015 WACA）

「産泥神社」（水と土の芸術祭2012、2013 WACA）

「『虹の学校』学舎棟」タイ王国、2012（2014 AZ AWARDS、2016 AAA[▷2]）

「双隧の間」2013（金沢21世紀美術館展示 内臓感覚展）

「分割造替 金峯神社」2017（2016＋2017 WACA、2017高知県建築文化賞知事賞）

「庄内にたつ宙地の園舎」2018

▷1 World Architecture Community Awards　▷2 Architecture Asia Awards

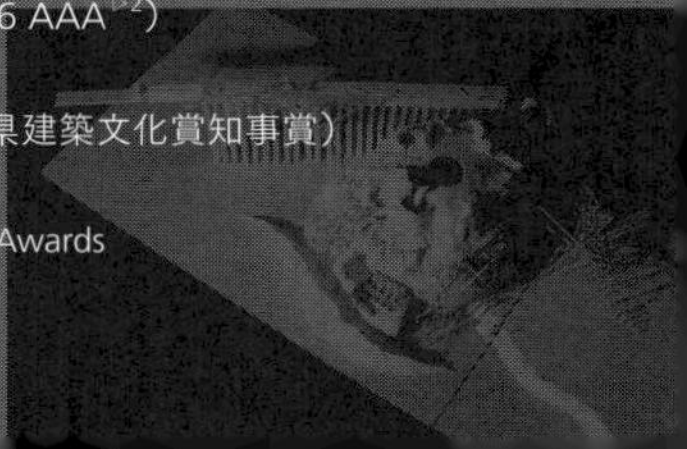

渡辺菊眞に最初に会ったのは一九九一年九月である。東洋大学から京都大学に移って（九月二日）、二回生後期の設計演習をいきなり担当したのだけれど、その受講者であった。この時出会った京都大学建築学科の学生には、本書でも取り上げる**平田晃久（進撃の建築家④）**など、第一線で活躍する多くの建築家たちがいる。▼1

鴨川フォリー

課題は「鴨川フォリー」と題する、鴨川の遊歩道にフォリーを造れ、というただそれだけであるが、思いもかけない課題だったのか、刺激的だったらしい。随分面白い案が出てきた。中でも、変わった案を提出したのが渡辺菊眞である。場所を読むのか、テンポラリーな架構を選択する案が一般的な中で、菊眞の案は分厚い壁体にドームを載せるマッシブな東屋であり、模型もスチレン・ペーパーを重ねてくり貫き入念にヤスリで滑らかに磨き上げたものだった。**渡辺豊和（建築少年Ⅵ）**の息子だなあ、血筋かなあ、となんとなく思った。

▼1……本書で取り上げる森田一弥、竹口健太郎・山本麻子、丹羽哲矢、水谷俊博の他に、妹島和世建築設計事務所を経て独立した桑田豪（桑田豪建築設計事務所）、黒川賢一（竹中工務店）、小平弥史（昭和設計）らがいる。

▼2……ハウジング計画ユニオンＨＰＵのメンバー、大野勝彦、石山修武、渡辺豊和、布野修司によって、一九八二年一二月に創刊

渡辺豊和は、歳は一回りも違うけれど、『群居』▼2『建築思潮』の編集同人として長年つき合ってきた。そして二回りも下のその息子と、教師と学生として出会った。縁である。菊眞は、その縁に導かれるように大学院の布野研究室に進学する（一九九五）。修士論文を書いて、当然のように博士課程に進学する（一九九七）。卒業設計は、東尋坊を敷地とするものであった。地形が喚起するものへの鋭い感性を生まれながら身につけている［図1］。当時の京都大学の建築教室で修士論文を書くのは大変であった。エンジニア系の先生の批判が厳しく、指導教官も含めて、論文発表会は常にバトルであった。修士論文は「京都における『余白』の発見と、その構成手法に関する考察」（一九九七）である。京都という空間については、その後、今日に至るまで格闘することになる。

アジア・アフリカのフィールドへ

僕らの時代は、博士課程に入ると籍を置きながら設計活動を開始するのが常道であった。住宅設計を手掛かりに、建築家としてのデビューを夢見て修業する。しかし、現在では、できるだけ短期間（三年）で学位論文を書けとプレッシャーをかけられる。プロフェッサー・アーキテクトになるためには学位が求められ、菊眞の論文については、指導教官としてそれなりに悩んだ。建築家としての思考は基本的に工学的な論文にはなじまない。しかし、設計をロジカルにまとめていくことと、論文をまとめることは基本的

2　準備号から、一九八三年四月に創刊号、二〇〇〇年一〇月の五〇号、一二月三一日の終刊特別号まで五一号を刊行。編集長を布野修司が務め、編集同人として、他に野辺公一、高島直之、松村秀一が加わった。

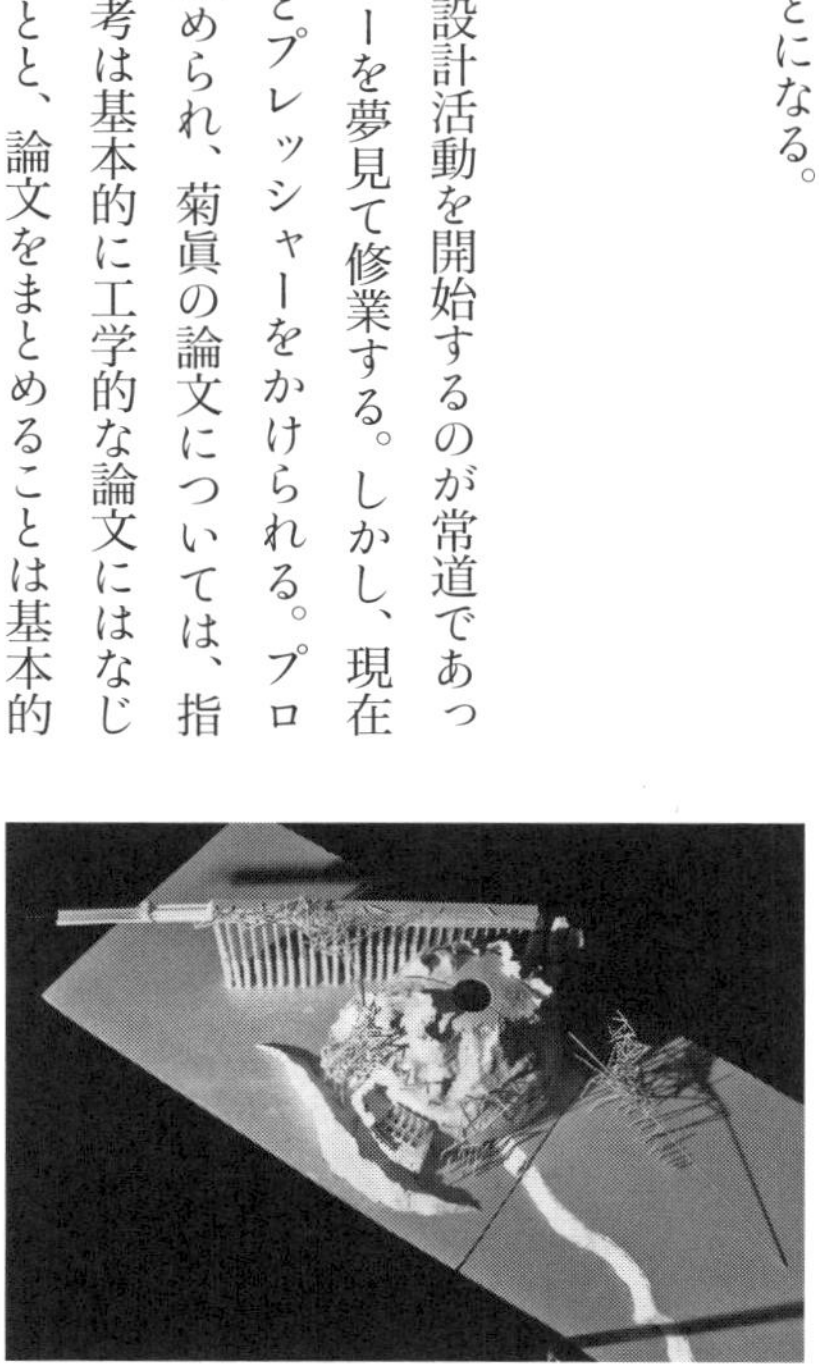

［図1］卒業設計「風景の神殿」

には同じである。論文をまとめることは設計をロジカルに説明するトレーニングにはなる。問題はテーマである。博士課程に入って、個展「『風景』建築↓建築」とシンポジウム（パネリスト、**竹山聖**、鈴木隆之、大島哲蔵、布野修司、田中禎彦、一九九八・三・四）を開催する。菊眞としては、あふれ出る建築への思いを修士論文にまとめきれないフラストレーションがあったのだと思う。

　渡辺菊眞と最初にアジアのフィールドをともにしたのは、一九九九年のインド・イラン調査（七・二〇―八・一七）であった。とりわけ、思い出深いのは、二人だけで行ったコルカタ（カルカッタ）のチョウリンギー地区調査とバンダル・アッバースから小船で渡ったホルムズ島調査である。ホルムズ島のポルトガル要塞［図2］の実測はとにかく暑かった。後にも先にも経験したことのない灼熱地獄である。チョウリンギー地区は歩きに歩いた。クルバンというホームレスの少年との交流は二人の共通の思い出である。設計演習や個展の作風を見ていて、ユーラシア・スケールの仕事が合うのではないか、コスモロジー派の渡辺豊和、**毛綱毅曠**▼3、**六角鬼丈**▼4の系譜が細くなりつつあるのが寂しくもあり、特にヒンドゥーのコスモロジーと建築の関係は菊眞に相応しいテーマではないかと密かに思ってきた。

　三〇歳になって建築家としての活動を開始すると、国際的な難民支援、貧困者支援を展開するNGOグループとの出会いもあって、インド震災復興モデル住居（二〇〇一）［図3］、アフガニスタン（二〇〇四）、ヨルダン南シューナ地区コミュニティセンター（二〇〇七

▼3……一九四一―二〇〇一。釧路生まれ。神戸大学建築学科卒。向井正也研究室助手。一九九五年多摩美術大学建築学科教授。一九七八年毛綱毅曠建築事務所設立。作品に「北国の憂鬱」（一九六九）でデビュー。「日吉台の教会」（一九七〇）、「反住器」（一九七二）、「弟子屈町屈斜路コタンアイヌ民俗資料館」（一九八二）、「釧路市湿原展望資料館」（一九八四）、「釧路市立博物館」（一九八五年日本建築学会賞）など。著書に『建築の無限』『記憶の建築』『都市の遺伝子』『七福招来の建築術 造り、棲み、壊すよろこび』『神聖空間縁起』など。

▼4……一九四一―二〇一九。東京生まれ。一九六五年東京藝術大学建築科卒。磯崎新アトリエを経て、一九六八年六角デザイン工房（後に六角鬼丈計画工房）開設。

—〇九）［図4］、東アフリカ・エコビレッジプロジェクト（二〇〇七—一一）［図5］と、むしろフィールドは、アジア・アフリカに設定された。アジア・アフリカの大地に建ち上げられたプリミティブな建築群は、土（土嚢）、木、竹そして鉄（鋼管足場）という生の素材による建築の原型の持つ力強さを思い起させてくれる。

太陽と土嚢《どのう》

二〇〇一年に京都大学大学院博士課程を満期退学すると、二〇〇七年にD環境造形システム研究所を立ち上げるまで、渡辺豊和建築工房に籍を置くが、二〇〇二年から二〇〇三年にかけて、**井山武司**▼5に師事し、太陽建築研究所（山形県酒田市）に入所する。そ

上から、［**図2**］ホルムズ島の要塞
［**図3**］インド震災復興モデル住宅
［**図4**］ヨルダン南シューナ地区コミュニティセンター
［**図5**］東アフリカ・エコビレッジ（建設段階）

「石黒邸（八卦ハウス）」（一九七〇）、「雑創の森学園」（一九七八。一九七九年吉田五十八賞）、「東京武道館」（一九九〇。一九九一年日本建築学会賞）など。東京藝術大学建築科教授。二〇〇九年同学名誉教授。

▼5……一九三八—二〇一四。一九六一年東京大学建築学科卒、一九六三年東京大学大学院修士課程建築学専攻、博士課程都市工学専攻、丹下研究室において東京計画、国立代々木競技場、スコピエ市都市計画などに参加。一九六六年井山武司アトリエ開設。一九七六年酒田市大火復興専門員。一九九三年太陽建築研究所建設。建築フォーラム賞（一九九九）、環境やまがた大賞（二〇〇二）など受賞。太陽建築〈ソラキス〉を五〇棟設計。東京大学の同級生に林泰義、近澤可也、宮内康らがいる。

の没後、太陽建築研究会を引き継ぐことになる。七〇年代末から「太陽建築」(ソラキスSolarchis)に取り組んできた井山の軌跡は知る人ぞ知るである。パッシブ建築技術の開拓者という意味でははるかに時代を先取りする先駆者である。僕は、アジアを歩き始めて(一九七九)間もなく、井山がバリ島に建てたエコハウスを見に行った。そして、小玉祐一郎の指導でスラバヤ・エコハウスを建設した際にも指導を受けた。渡辺菊眞は、アジア・アフリカの見知らぬ地域で、地域の生態系に基づく建築を目指して格闘することになるが、その基本は井山武司に仕込まれたのである。

そしてもうひとつ、菊眞の建築の原点となる土嚢建築との出会いがある。渡辺豊和建築工房に天理大学の井上昭夫教授の率いる国際プロジェクトへの参加要請があり、土嚢建築の開発拠点、N・ハリーリ▼6のカルアース研究所Cal-Earth(カリフォルニア土芸術建築研究所)に赴く。そして、すぐさま、インドへ、アフガニスタンへ、ヨルダンへ、そしてウガンダへ、土嚢建築を携えて出掛けることになる。

京都CDL

長い京都大学での「修業」を終える頃、京都コミュニティ・デザイン・リーグ(CDL)という運動体を立ち上げることになった。▼7 建築家(集団)が地域の環境を日常的にウォッチングし、ケアし、プロジェクト提案していく仕組みの構築、いわゆる「タウンアーキテク

▼6……N・ハリーリNader Khaliliはイラン生まれで、トルコ、アメリカで建築を学び、一九七〇年にアメリカの建築家ライセンスを取得。土嚢建築は生まれ育った西アジアの伝統的建築に想を得ていることは明らかである。一九七五年以降、土建築の専門家として、第三世界の住宅開発のための国連のコンサルタントになる。一九八四年にスーパー・アドベ・システムを開発、NASAも興味を持ったとされるが、国連開発計画UNDP、国連難民高等弁務官事務所UNHCRは、湾岸戦争以降、難民のためのシェルターとして期待している。一九九一年カルアースCal-Earth (California Institute of Earth Art and Architecture)を設立。二〇〇四年にアガ・カーン賞受賞。

▼7……その構想については『裸の建築家――タウンアーキテクト論序説』(二〇〇〇)、活動の詳細は『京都げのむ』(一―六)号参照。

ト」制あるいは「コミュニティ・アーキテクト」制の試行である。コミッショナーは広原盛明、僕が事務局長となったが、運営はすべて若い諸君に委ねた。運営委員長を務めたのが渡辺菊眞であり、その補佐役として事務局に住み込んだのがD環境造形システム研究所のパートナーとなる高橋俊也▼8である。京都CDLの活動について渡辺菊眞は実に熱心であった。その活動は機関誌『京都げのむ』(一―六号)に記録されている[図6]。とりわけ、むしろ、眼を開かされたのは、地区を徹底的に読んで具体的な建築型の提示を求めるワークショップ「ミテキテツクッテ」の執拗な開催である。

「コミュニティ・アーキテクト」とは何者か、それは職能として成り立つのか、その武器は何か。京都の一一区にコミュニティ・アーキテクトを置く構想が挫折し、京都CDLは終息を余儀なくされたが、僕自身は滋賀県立大学に異動し、「近江環人(コミュニティ・アーキテクト)」という人材育成プログラムを立ち上げることになった。「コミュニティ・アーキテクト」とは、単なるコーディネーターでも、イネイブラーでも、アジテーターでもない。その中心となるのは、やはり「建築家(アーキテクト)」であり、地域に相応しい空間を提示していく能力を持った京都CDLの渡辺菊眞のような存在である。

高知へ――この場所この地球、あの建築

菊眞は、高知工科大学に呼ばれ(二〇〇六)、高知を拠点として活動することになった。

▼8……一九七九年栃木県宇都宮市生まれ。二〇〇二年京都大学建築学科卒、二〇〇五年京都大学大学院修士課程修了、二〇〇九年滋賀県立大学院博士課程修了、二〇〇七年―D環境造形システム研究所研究員、二〇一四年高橋俊也構造建築研究所設立。

[図6]『京都げのむ』創刊号

高知といえば、亡くなった**内田雄造**が同和地区の居住環境整備の拠点として設立した若竹まちづくり研究所の大谷英人（高知工科大学名誉教授）がいて東洋大学時代から縁があった。坂本龍馬記念館のコンペの時には多少のお手伝いをした。また、渡辺豊和、**石山修武**、**大野勝彦**▼9とハウジング計画ユニオンHPU設立の頃から何度か通ったことがある。山本長水、細木茂など「土佐派」の建築家たちとも若い頃からの知り合いである。

驚いたのは、赴任まもなく、菊眞が、高知新聞への連載を始めたことである。「この場所この地球《ほし》、あの建築」と題した『高知新聞』の連載は二〇一三年一月から毎週、一年間連載された。毎週送ってもらって感心したのは、新たに移り住んだ土地であるにもかかわらず、何気ない風景の意味を深層から読み取ってみせる、その眼力である。

修士論文は、前述のように、「京都における『余白』の発見と、その構成手法に関する考察」と題されていた。そして、個展（一九九八）は「『風景』建築→建築」と題される[図7]。「風景」がキーワードとされるが、そのプロジェクトは、建都一二〇〇年を迎えて喧《やかま》しい議論が展開されていた京都の景観問題を背景に▼10、京都ホテルの敷地に京都という都市の機能をすべて入れ込もうというある種のカウンター・プロジェクトであった。思い起こすのは、**原広司**（**建築少年Ⅷ**）の「住居に都市を埋蔵する」（「最後の砦としての住宅設計」）というスローガンである。たとえ「猫の額」のような宅地でも、その住宅に都市を、そして宇宙の意味を込めること、それを、渡辺菊眞は「あの建築」ではなく、自らの建築として実現しようとしているように見える。「この場所」、そして「この地球」という視線が今建築家

▼9……一九四四―二〇一二。福島生まれ。一九六七年東京大学建築学科卒。同大学院（内田祥哉研究室）で建築の工業化を研究、「部品化建築論」で工学博士。一九七〇年積水化学工業との共同で「セキスイハイムM1」を開発。一九七一年大野アトリエ一級建築士事務所設立。福島県喜多方の地域住宅計画（HOPE計画）など日本各地のまちづくり計画を手掛けた。また、住宅＝まちづくりを主導すべく『群居』を創刊、全五〇巻を刊行。著書に『現代民家と住環境体』『地域住宅工房のネットワーク 住まいから町へ、町から住まいへ』『七つの町づくり設計――現代の住宅』『現代の住宅――木造住宅』など。

▼10……京都の景観問題については、布野修司＋京都大学アジア都市建築研究会編「特集・建都一二〇〇年の京都――日本の都市の伝統と未来」『建築文化』（一九九四・二）がある。

に要請されていると思う、そして、「この建築」にそれを表現したい、というのである。

アートフロント

菊眞の手掛けてきた「土嚢建築」は、もうひとつの出会いを招く。そして、美術館という制度の中で美術品の展示というかたちで表現の場を得ることになる。「土嚢建築」は、現代の日本においては建築として自己を実現することはない。建築基準法の制限があるからである。仮設建築物としては可能性があるが、その実現のためには、とてつもないエネルギーがかかる。きっかけとなったのは、現代美術家高嶺格▼11による「Good House, Nice Body〜いい家・よい体」展（金沢21世紀美術館）である（二〇一〇）。渡辺菊眞は、「Good Houseいい家」を高嶺と共同で制作した［図8］。住むこと（whonen）、生きること（leben）、そして建てること（bauen）、さらに考える（denken）ことが同じである（M・ハイデガー）位相と格闘してきた渡辺菊眞にとって、日本の住宅建設のあり方がむしろ異様に思える。高嶺格は、決してアイロニカルにではなく「Good Houseいい家」を提起しようとしたのであり、「土嚢建築」「鉄骨足場建築」に建築の原初の力を見たのだと思う。

そして、「水と土の芸術祭」の産泥神社のオープン・エア展示がある［図9］。「水」と「土」というのは菊眞にぴったりだろう。招待されるべくして招待された。テンポラリーな展示として実現するのであるが、「土嚢建築」だから「黒テント」ほどの機動力はないけれ

▼11……一九六八年生まれ。演出家、パーフォーマー、アーティスト。一九九一年京都市立芸術大学工芸科漆工専攻卒、一九九九年岐阜県立国際情報科学芸術アカデミー卒。秋田公立美術大学美術学部美術科教授。作品にNPO丹波マンガン記念館内坑道跡「在日の恋人」（二〇〇三）、せんだいメディアテーク「［大きな休息］明日のためのガーデニング1095m^2」（二〇〇八）など。

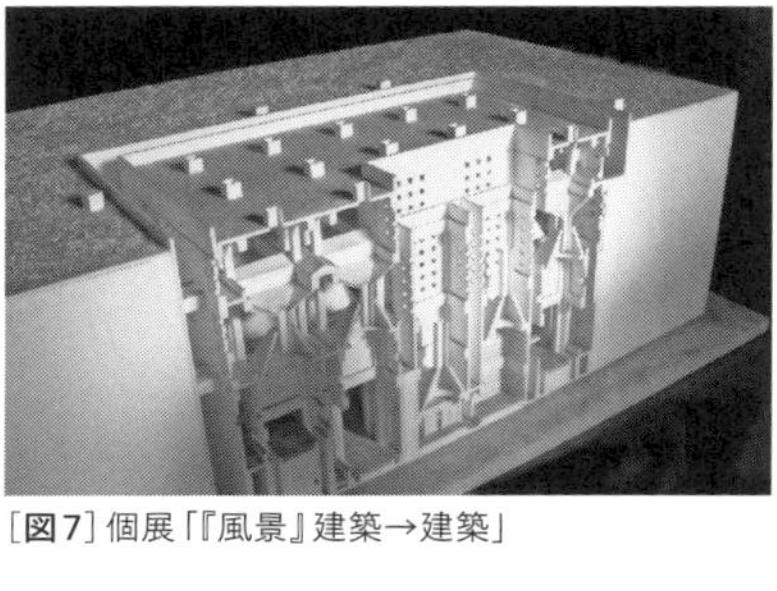
［図7］個展「『風景』建築→建築」

ど、都市への強烈な表現手段を意識化することになった。アーティストとしての菊眞も魅力十分である。高知県安芸市の大山岬に立つお遍路さんの休憩所「夢のリレー——大山岬にたつ遍路小屋『波動』」[図10]、双隧の間[図11]など、インスタレーション作品にその豊かな造形能力を示している。

角館の町家

建築家として建築雑誌に発表したという意味で処女作となるのは、「角館の町家」（二〇〇五。『住宅特集』二〇〇六・六）である[図12]。渡辺豊和の生家のリノベーションである。「みちのくの小京都」角館は、南北二つの町、北の武家屋敷が立ち並ぶ「内町」、南は間口の狭い商家がびっしりと連なる「外町」からなる。渡辺家はこの「外町」にあり、すぐ近くには、**大江宏**設計の「角館伝承館」がある。この二つの町の間を走る街路が拡幅されることになり、築一〇〇年の町家をそのまま曳家し、新たに水回りを備えた建物を増築する仕事を任されたのである。

日本は最早スクラップ・アンド・ビルドの時代ではない。日本

[図8] Good House いい家（高嶺格と共作、上右）
[図9]「水と土の芸術祭」産泥神社のオープン・エア展示（上左）
[図10] 大山岬に立つ遍路小屋「波動」（下右）
[図11]「双隧の間」の木組み（下左）

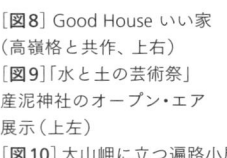

は既に人口減少に向かい、空き家問題が深刻である。、若い建築家が日本で得られる仕事は、第一には、リノベーションであり、既存の建築のメンテナンスである。第二には、まちづくりである。地域社会(コミュニティ)のサポート、ケアを仕事にすることである。さらに、新築の仕事を得ようとするのであれば、需要のあるところ、すなわち海外に行く。渡辺菊眞の場合も、リノベーションによって建築家としての歩みを開始したことになる。ここでも、菊眞は、町並みと町家の来歴を読み込むことから始めている。除去した築一五〇年の平屋は三代前、移築した町家は曾祖父、敷地の一角には祖父が建てた書庫があり、その三軒をつなげた折れ曲がり渦を巻く動線を活かし立体化した。曾祖父の建てたのは角館最初の二階建て町家で、それが典型となったように、移築＋増築の方法も「典型」となることを目指した。移築した町家は国の登録文化財に指定されている(二〇一〇)。

「虹の学校」

渡辺菊眞は、アジア・アフリカでの仕事の経験があり、京都CDLの実践がある。これからの日本の建築家が活躍すべき活動の場を見据えているといっていい。とりわけ、タイ・ミャンマー国境の孤児院兼学校「虹の学校」(学舎「天翔る方舟」、二〇一三)[図13]は実に傑作だと思う。数々の受賞がそれを示している。

[**図12**]「角館の町家」内部

[**図13**]「虹の学校」学舎棟
全景（上）
クラスルーム（下左）
土嚢ドーム内観（下右）

土嚢という建築材料・部品が大きく全体を規定している。本来、日乾煉瓦によって建設されてきた建築構造システム、空間構成システムを置き換えることによって全体は成り立つ。建設期間を大幅に短縮させる方法はN・ハリーリの開発したものだ。アースバック構法(Earthbag Construction)、スーパー・アドベ(Superadobe)構法ともいわれるが、土嚢袋を壁状に積み上げ、有刺鉄線や杭などで土嚢袋をズレないように固定していく。施工がしやすく、安価であり、断熱性や防音性にも優れる。問題は、黄麻の土嚢袋が湿気で腐ることである。そこでポリプロピレン袋が使われるが、日光に弱いという問題もある。石化材料を使うのもエコ・アーキテクチャーとして一貫性に欠けるが、ひとつの構法提案である。何億という住宅難民のために、建築家が果たすべき役割は数多くある。渡辺菊眞の「虹の学校」における独創は、「土嚢建築」「鋼管足場」、竹骨、竹床、アランアラン(草葺きを巧みに組み合わせたハイブリッド構法によって、誰も見たことのない空間をつくりあげたことにある。

「宙地の間」

「宙地の間」は「そらちのま」と読ませる。英語ではHome between Earth and Skyである。「宙」というのは、日本語では「宙に浮く」「宙に舞う」というように「空」すなわちSky、空間だけれど、中国語では「宙」は時間である。[12]「宙地の間」[図14]には、日時計が組み込まれ

▼12……空間は「宇」であり、「宇宙」とはすなわち空間＝時間のことである。『淮南子』「斉俗訓」の「往古来今謂之宙、四方上下謂之宇」に由来する。

ており、時間の意味も込められている。「間」は、もとより、空間、時間の双方に関わる概念である。S・ギーディオンの『時間・空間・建築』を想起させる。

「宙地の間」の場合、「虹の学校」のようにプリミティブに建築材料が限定されることはないし、自邸でもあり、要求条件を自ら設定できる。その方法が問われることになる。渡辺菊眞が、空間構成の骨格として選び取ったのは日時計である。具体的には、敷地に合わせた緯度(北緯三四・六〇度)勾配の南面する大屋根の下に半円筒形の時計版を設置し、屋根のトップライトから注ぐ光線が時刻を示す赤道式日時計が組み込まれ、全体を大きく規定しているのである。何も奇を衒《てら》っているわけではない。その骨格に、パッシブデザインの手法が周到に重ねられている▼13。すなわち、井山武司に学んだ「太陽建築(ソラキスSolarchis)」の基礎技術が基本とされ

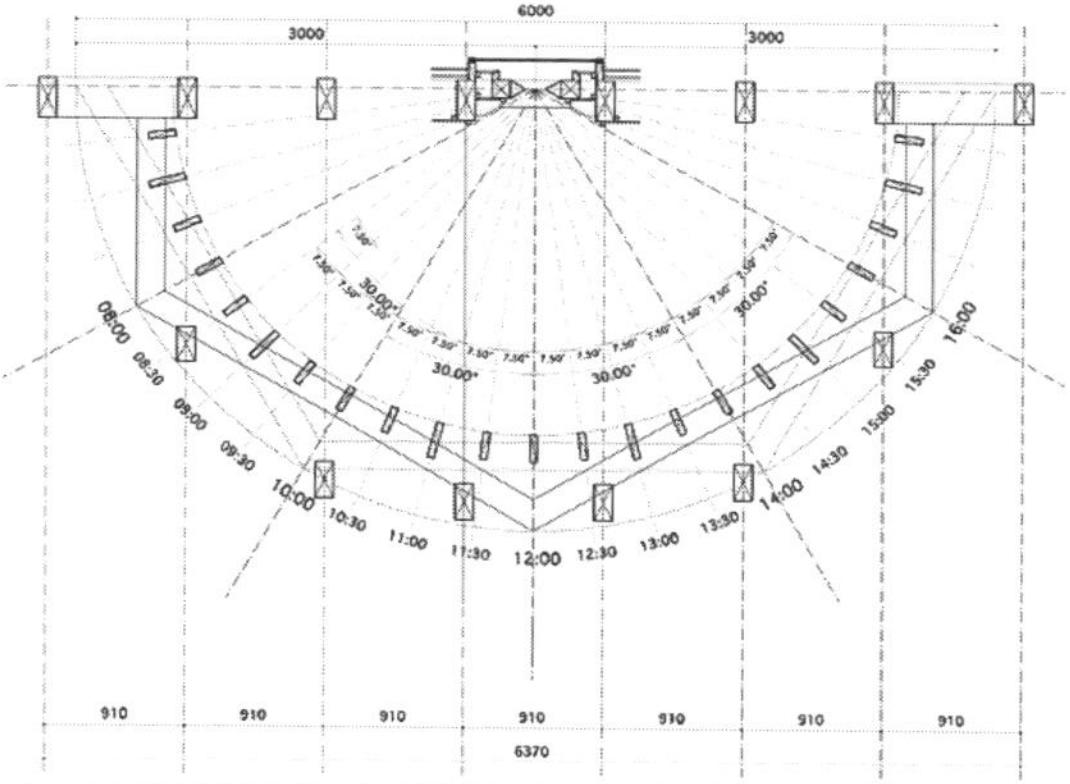

［**図14**］宙地の間
上｜日時計の詳細
下左｜北側全景
下右｜採光部詳細

ている。そして、何よりも、太陽の動き、天候を居ながらにして感じる、自然との交感が意図されている。

実に興味深いのは、渡辺菊眞が「標準型の設計」をうたうことである。▼14 思い起こすのは、渡辺豊和の「標準住宅001」である。渡辺豊和の一連の住宅作品は、概念建築の作品と思われていたけれど決してそうではない。住宅を芸術作品と考える作家でも、クライアントの要求に丁寧に応える住宅作家でもなく、建売住宅や商品化住宅も含めて、「標準住宅001」という命名が示すようにひとつの建築類型を提示する基本的構えがあった。「宙地の間」は、その構えを基本的に引き継いでいる。

▼13……パッシブハウスの基本であるダイレクトゲインを重視し、南面大開口からの光の受容と遮断を行う庇の出は設置緯度における太陽南中高度により設定されている。外壁および屋根の木部は充填断熱、RC高基礎部は内断熱を施している。そして、部屋に露出するRC高基礎の腰壁は蓄熱体として活用している。切妻屋根頂部に暖気抜きの窓を設け良好な通風が得られるよう留意されている。

▼14……渡辺菊眞「宙地の間──日時計のあるパッシブハウス」『建築討論』006号

ユニバーサル・ローカリティ

「宙地の間」は、完全に設計方法を内包している。すなわち、地球上どこでもその方法は適用可能である。もちろん、同じ「標準型」がそのままどこでも建てられるということではない。標準設計という概念があるから「標準型Standard Type」という概念は使わないほうがいい。「宙地の間」は「原型Architype」あるいは「基本型Prototype」であり、具体的な場所（敷地）に適用する場合、それなりの設計プロセスが必要である。日時計を機能させるために、建築を正確に南面させて配置する必要があるが、不定形敷地であったり、傾斜地であったり、景観であったり、それぞれに創意工夫が必要である。すなわち、表現は多様でありうるのである。

渡辺菊眞は、「地域地球型建築を目指してTowards a Glocal Architecture」という。ル・コルビュジエの「建築を目指してVers une architecture」が意識されている。そして、二一世紀型の空間概念として「ユニバーサル・ローカリティ Universal Locality = Universal Sun × Local Earth」をミース・ファン・デル・ローエの「ユニバーサル・スペース」に対置する。「地域地球型建築」とは何か。「敷地の緯度が建築の標準断面を決定する。次にこの「標準型」を敷地状況へ適応させる。建築資材は地域産材の吉野杉を使用し、その架構に優れた技術を持つ地域の工務店が施工を担う。個別で此処にしかない存在である大地が空間に具体性を生む」。既に、揺るぎない方法が確信されており、進むべき途は見据えられているといっていい。

「宙地の間」は決して完成型ではない。日時計が架構方式に組み込まれていないのはいささか不満である。確認申請の手続き上、構造耐力に認められなかったのだという。おそらく、さらなる試行錯誤と洗練化が必要となるだろう。そして、集合住宅モデルなど、多様な建築類型について「宙地の間」の展開を見たいと思う。「宙地の園舎」［図15］の計画が進行中であり、「金峯神社拝殿」［図16］のような作品もできた。もちろん、渡辺菊眞への期待はそれにとどまらない。アジア・アフリカを股にかけた土嚢を積む身体を張った作業からまちづくりまで、職人仕事からアーティストの仕事まで、機会を捉えてまた縁に導かれて、突き進んでほしいと思う。

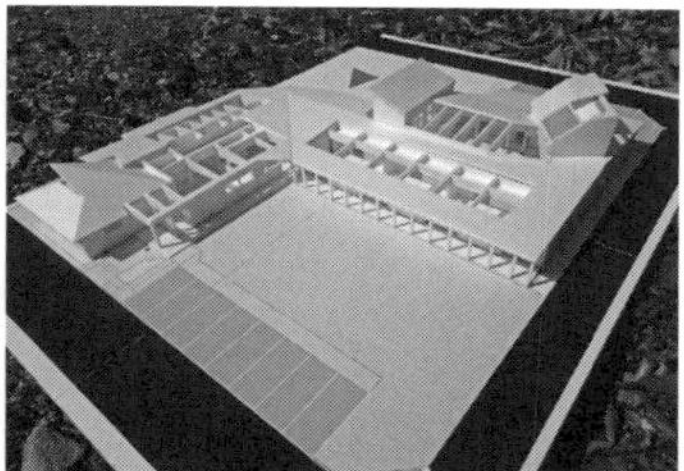

［図15］宙地の園舎。日時計と宇宙を感じるパッシブ保育園

［図16］金峯神社拝殿

『戦後建築の終焉──世紀末建築論ノート』（れんが書房新社、一九九五）の末尾に、「『地球』のデザインと『住居』のデザイン、あるいは『地域』のデザインはどう結びつくのか。それこそ『最も豊富なる部分をもつ〈全体〉』のデザインの問題である」と書いた。「地域地球型建築」という理念とその実践に大いに期待したいと思う。

図1～13、14（上）、15、16
提供：渡辺菊眞

II

社会·建築·運動

2

藤村龍至

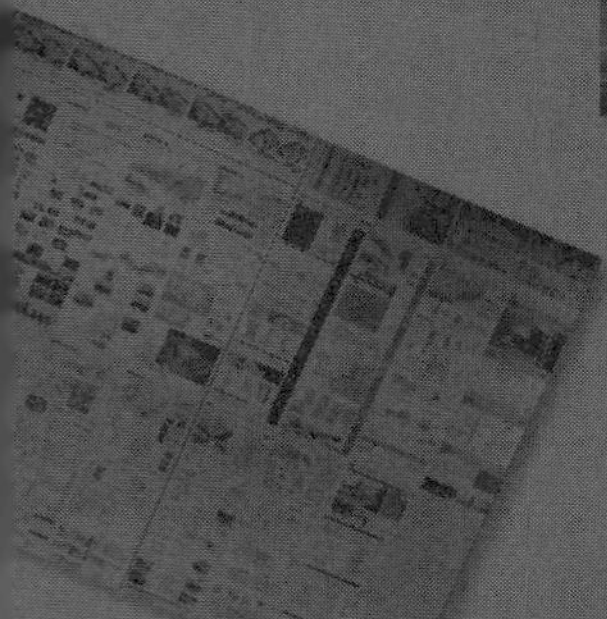

建築まちづくりの最前線

運動としての建築

藤村龍至 ふじむら・りゅうじ
建築家｜東京藝術大学准教授｜RFA主宰

1976年　東京都生まれ
2000年　東京工業大学工学部社会工学科卒業
2002年　東京工業大学大学院理工学研究科建築学専攻修士課程修了
2002－03年　ベルラーヘ・インスティテュート（オランダ）
2002－05年　ISSHO建築設計事務所共同主宰
2003－08年　東京工業大学大学院理工学研究科建築学専攻博士課程（単位取得退学）
2005年－　藤村龍至建築設計事務所（現RFA）主宰
2010－16年　東洋大学専任講師
2016年－　東京藝術大学美術学部建築学科准教授
2017年－　アーバンデザインセンター大宮（UDCO）副センター長／ディレクター
　鳩山町コミュニティ・マルシェ総合ディレクター
2018－19年　建築雑誌編集委員会委員長

●主な作品｜「小高パイオニアヴィレッジ」2018、「すばる保育園」2018、
「つるがしま中央交流センター」2018、
「さいたま市大宮駅東口駅前おもてなし公共施設『OM TERRACE』」2017、
「白岡ニュータウンプロジェクト」2016、「鶴ヶ島太陽光発電所・環境教育施設」2014、
「家の家」2012、「BUILDING K」2008
●都市再生プロジェクト｜「おとがわプロジェクト」2015－、
「大宮東口プロジェクト」2013－16、「鶴ヶ島プロジェクト」2011－15
●著書｜『ちのかたち――建築的思考のプロトタイプとその応用』（TOTO出版、2018）
『批判的工学主義の建築――ソーシャル・アーキテクトを目指して』（NTT出版、2014）
『プロトタイピング――模型とつぶやき』（LIXIL出版、2014）
『アーキテクト2.0――2011年以後の建築家像』（彰国社、2011）他

藤村龍至に初めて会ったのは、滋賀県立大学の学生組織「談話室」の講演会（二〇一〇・五・二六）である。その「グーグル的建築家像を目指して　批判的工学主義の可能性」は、実に筋立てのしっかりした講演であった。▼1 その年、藤村龍至は東洋大学の講師となる。僕が東洋大学の講師になったのは四二年前（一九七八）である。翌年、川越キャンパス開設五〇周年の催しに、東洋大ＯＢということで、**原広司**（建築少年Ⅷ）とともにシンポジウムに招いてくれた。▼2 僕が在籍した東洋大の建築学科はまさに「梁山泊」であった。

藤村は、博士課程在籍中に事務所を設立（二〇〇五）して、設計活動を開始している。僕らの時代にはごく一般的なパターンである。二〇一六年四月、東京藝術大学の准教授となる。四〇歳。審査論文を一本も書かずに四二歳で京都大学の助教授になったわが身を振り返って思うに、ロング・ロング・ウェイ・トゥー・ゴーである。

批判的工学主義——「社会建築」を目指して

理論家である。「批判的工学主義」そして「ソーシャル・アーキテクチャ」をうたう。そ

▼1……講演の記録は、「グーグル的建築家像を目指して　批判的工学主義の可能性」『雑口罵乱』5（二〇一〇）参照。

▼2……二〇一一・一〇・二九、講演会、座談会、原広司、武部實、布野修司、工藤和美、藤村龍至。

▼3……「生成の時代」展（hiromiyoshii、二〇〇九・八）、「ARCHITECT 2.0」展（表参道ジャイル、二〇〇九・八）、「データ／プロセス／ローカリティ」展（日本建築学会建築文化週間、二〇〇九・一〇）、「ARCHITECTURE AFTER 1995」展（大阪、二〇〇九・一一）。

▼4……父は、ドイツ・ファシズム、ヒトラーの研究（『ヒトラーの青年時代』刀水書房、二〇〇五）で

れを支える設計方法論「超線形プロセス論」の展開がある。それを担う新たな職能への展望がある。さらに時代の流れを読み、世界の建築戦線をわかりやすく整理する批評家としてのセンスがある。フリーペーパー『ROUND ABOUT JOURNAL』、ウェブ・マガジン『ART and ARCHITECTURE REVIEW』を企画発行するエディターでもある。講演の前年には、四つの展覧会[3]を主催、驚異的な来場者を動員した。キュレーターでもあり、オルガナイザーであり、アジテーターでもある。この社会、政治、国家へのアクティブな姿勢は、藤村のいう「一九九五年以後」の世代には珍しいのではないか。「建築と社会」でも「社会の中の建築」でもない。「社会」を「建築」する構えである[4]。

「批判的工学主義」とは、「工学主義」を否定する「反工学主義」ではなく、「工学主義」を新しい社会の原理として受け入れ、分析的、戦略的に再構成する新しい「主義（運動）」である。藤村の定義によれば（『批判的工学主義の建築——ソーシャル・アーキテクチャをめざして』NTT出版、二〇一四）、「工学主義」とは、①建築の形態はデータベース（法規、消費者の好み、コスト、技術的条件）に従って自動的に設計される、②人々のふるまいは建築の形態によって即物的にコントロールされる、③建築はデータベースと人々のふるまいの間に位置づけられる、という「主義」である。「工学主義」によれば、誰が設計しても同じような画一的、標準的な建築になる。

かつて宮内康が「今日の都市の風景は、建築基準法と都市計画法のほぼ正確な自己表現とみることができる」（『風景としての都市——東京一九七五年』『怨恨のユートピア——宮内康の居る

知られる津田塾大学名誉教授藤村瞬一（一九二八—二〇一四）である。建築家になり損ねたヒトラーとナチズムに対する何らかの評価がその思想形成に関わるのであろうか。一九六八年の全共闘運動の帰趨が明らかにしたのは、現実を支配するパワー・ポリティックスである。学んだのは現実を動かす政治力学である。僕らが「雛芥子」名で書いた「ベルリン・広場・モンタージュ」（『TAU』04号、一九七三・四）は、ドイツ表現派の映画表現がファシズム体制にインヴォルヴされていく過程に関する、S・クラカウアーの『カリガリからヒトラーまで』（みすず書房）を下敷きにした分析であった。僕らは、その後、「国家社会主義」をめぐって、戦前・戦後の連続・非連続の問題に関心を集中させていくのであるが、目指すべきは建築社会（建築計画）（学）ではなく、社会建築（社会計画）（学）ではないか、など議論したことを思い出す。

場所』れんが書房新社、二〇〇〇）といったことを思い出す。藤村は「データベース」というけれど、「法規、コスト、技術的条件」を無視して建築は成り立たない。僕らは「消費者の好み」も含めて「制度」と捉えていた（「制度と空間、建売住宅文化考」鈴木忠志編『見える家と見えない家』叢書「文化の現在」3、岩波書店、一九八一）。見えない権力（制度）が、建築のあり方やそれと関わるわれわれのふるまいを膨大なデータをもとに工学的な手法やトゥール（AIなど）によってコントロールしつつある中で、「批判的工学主義」は、使えるデータはしかるべき「工学的」メディア、トゥールを駆使して批判的に利用しようというのである。

アジアのイスラーム都市の迷路を歩き回りながら、相隣関係のルールやワクフ（寄進）制度がモハッラ（近隣コミュニティ）の空間構成を規定していることを発見（理解）したのであるが、こういう条件でシミュレーションしたらイスラーム街区のかたちそっくりですよと、京都大学で卒論生であった長村英俊（京都市役所）に指摘されて愕然としたことがある。無数の居住者の居住の歴史が五〇〇年もの間重ね合わせられて出来上がった都市組織のかたちが一瞬のうちにそれなりに再現できてしまうのである。

藤村の「批判的工学主義」が注目すべきなのは、それが新たな「第三」の建築組織のあり方の主張と結びついていることである。巨大プロジェクトにおいて、アトリエ派のスターアーキテクトたちが単なる「意匠デザイナー」として位置づけられる事態がこの間進行してきたことは否定できない。藤村は、「工学主義」vs「反工学主義」という対立を、「深層派」＝「組織設計事務所、ゼネコン設計部」vs「表層派」＝「アトリエ事務所」の対立に重ねる。デザインビルドが一般化し、設計施工の分離を前提としてきた建築家の存在基盤は大きく揺らいでいる。藤村は、先の講演会で千人の組織を目指す！と宣言、学生たちの眼を丸くさせた。その意気やよしである。

超線形設計プロセス論

「超線形設計プロセス論」とは、難しそうな命名であるが、CADやBIMなどを駆使するわけでは必ずしもない。とにかく、材料がもったいないのではないかと思えるほど膨大な数の模型をつくるのである。設計案の変化が模型で立体的に示されるのであるから一般のクライアントには実に理解しやすい[▼5]。そして、ジャンプしない、枝分かれしない、後戻りしない、のが原則である。

藤村龍至は、**磯崎新**（建築少年IX）の「プロセス・プランニング論」と**C・アレグザンダー**の『形の合成に関するノート』（以下『ノート』という）を批判的に継承するのだという。僕の卒業論文『構造・操作・過程――構造分析への試み』（一九七二）は、実は、C・アレグザンダー論である。『ノート』を読んで、その核心であるコンピューター・プログラムを書いた[▼6]。だから、『ノート』の問題点はプログラム・レベルでわかっている。しかし、設計プロセスを可能な限り論理化して、一般に開くという問題設定には大いに共感し、評価してきた。C・アレグザンダーをシンポジウムに招いて直接議論したこともある[▼7]。むしろ興

▼5……『プロトタイピング――模型とつぶやき』（LIXIL出版、二〇一四）には、「SHOP U」（二〇〇五）、「BUILDING K」（二〇〇八）、「東京郊外の家」（二〇〇九）といった作品の模型が示されている。

▼6……HIDECS（Hierarchical Decomposition）一般化すれば「グラフ」を解くプログラムであるが、まだパンチ・カードの時代である。徹夜でプログラムを書いて、朝、カードの束をコンピューターに突っ込み、夕方、Errorとプリントアウトされた紙が一枚アウトプットされるといった日々であった。

▼7……国際シンポジウム「環境のグランドデザイン」、基調講演C・アレグザンダー、原広司・市川浩・布野修司（司会）、一九九一・二・二六。

味を持ったのは『ノート』以後の展開である。C・アレグザンダーは、『ノート』の決定論の致命的欠陥を知るが故にパタン・ランゲージ論（『パターン・ランゲージ』）に移行していったのであり、建築生産施工の問題を組み込むことが不可避であるが故に生産システム（『住宅の生産』）へ向かったのである。▼8 建築生産のプロセスで、C・アレグザンダーの方法を用いようとするのが**モクチン企画**（進撃の建築家⑳）である。

「超線形設計プロセス論」に潜むクリティカルな問題は、①与条件はどのように決定されるのか、誰が決定するのか、②設計案（解答）は如何に一元化されるのか、すべてのバリエーションをつくすことは可能か、③決定プロセスをリニアに進めるためのクライテリアの優先順位はどのように決定されるのか、プロセスは如何に収束するのか、④フィードバックを認めず、ジャンプを認めないとすれば、フールプルーフ（チェックリスト）をクリアするだけの凡庸な建築にしかならないのではないか、⑤設計プロセスに直接関与しない一般の人にはどのように評価されるのか、といった点である。

ウォーターフォールとアジャイル

設計プロセスを可能な限り論理化し、公に開いていく方法として僕が使えると思ってきたのは、「パターン」を「カスケード（滝）」表現したもの（計画決定の優先順位、パターンのウエイト、諸関係を提示、プロセスはオールタナティブ（枝分れ）を含む、ショートカットもありうる）を開かれ

▼8……藤村龍至は、C・アレグザンダーが「盈進学園東野高校」設計施工のプロセスにフィードバック・ループを前提にしたから失敗したとするのであるが、問題は施工段階を組み込んでいなかったからであって（ゼネコンがリスクを吸収するしかなかった）、「超線形設計プロセス」論も同じ問題を孕んでいる。

た場で作成し、それを用いた設計案を競う方法である。

設計プロセスにおけるフィードバックをめぐっては、東京新国立競技場のデザインビルドをめぐるフォーラム▼9でさらに議論する機会があった。ものづくりの方法には、インテグラル（擦り合わせ）型アーキテクチャとモデュラー（組み合わせ）型アーキテクチャの二つがある（野城智也・安藤正雄他『建築ものづくり論』有斐閣、二〇一五）。藤村によれば、プログラミングの世界では「ウォーターフォール型」から「アジャイル型」へが流れとなっている。ウォーターフォール型とは、システムの開発を「基本計画」「外部設計」「内部設計」「プログラム設計」「プログラミング」「テスト」という工程に分けて順に段階を経て行う方法をいう。前の工程には戻らないのが前提である。アジャイル（すばやい、俊敏なという意）型とは、反復（イテレーション）と呼ばれる短い開発期間単位を採用し、リスクを最小化しようとする手法のひとつである。「カスケード」は、明らかに「ウォーターフォール（滝）」型であるが、モジュラー型でもある。どのような要素（デザイン言語）の組み合わせを選び、どの流路を選択するかはオープンに決定されるのである。藤村は、「超線形設計プロセス」に短期の反復フィードバックの回路を組み込むことを考えているのかもしれない。しかし問題は、設計理論のモデルではなく実践である。

▼9……「デザインビルドとは？「新国立競技場問題の基層」『建築討論』二〇一六 summer 04–06（コーディネーター＝布野修司、パネリスト＝斎藤公男・安藤正雄・藤村龍至、A-Forum（東京お茶の水））。

まちづくり・合意形成

「鶴ヶ島太陽光発電所・環境教育施設」(二〇一四)［図1］と「OM TERRACE(大宮駅東口駅前おもてなし公共施設)」(二〇一七)［図2］は、いずれも、大学(東洋大学、東京藝術大学)の設計教育プログラムを背景として実現した作品である。「設計のプロセスで段階ごとに模型をずっと保存していく」「プロセスを並べて最終形とプロセスを等価に評価する」「評価には全員が参加する」といった設計教育の基本方針には異議はない。CADソフトが設計教育を全面的に支配する中で、模型で徹底して考えること、その評価を公開の場で行う意義は極めて大きい。そして、藤村流ワークショップの手法は、公共のまちづくりの手法として、すなわち、合意形成の手法としてなじみがいい。実際、二つの作品は、いずれも、大きなまちづくりプログラム(「鶴ヶ島プロジェクト(二〇一一—一五)」「大宮東口プロジェクト(二〇一三—一六)」)の第一歩として位置づけられている。

国、都道府県、市町村が設ける委員会において多用されるようになったワークショップを開いて多様な意見を集約する、付箋に書いて貼り、それを公開の場でまとめてみせるといった型にはまったやり方には限界がある。形式的な合意形成として機能する場合がほとんどである。藤村のアプローチにはそれを突破する可能性がある。[10] そして、サステイナブルな仕組みとして、UDCO(アーバンデザインセンター大宮)の設立にこぎつけたことは高く評価できる［図3］。京都CDLは、持続的な組織とすることはできなかった

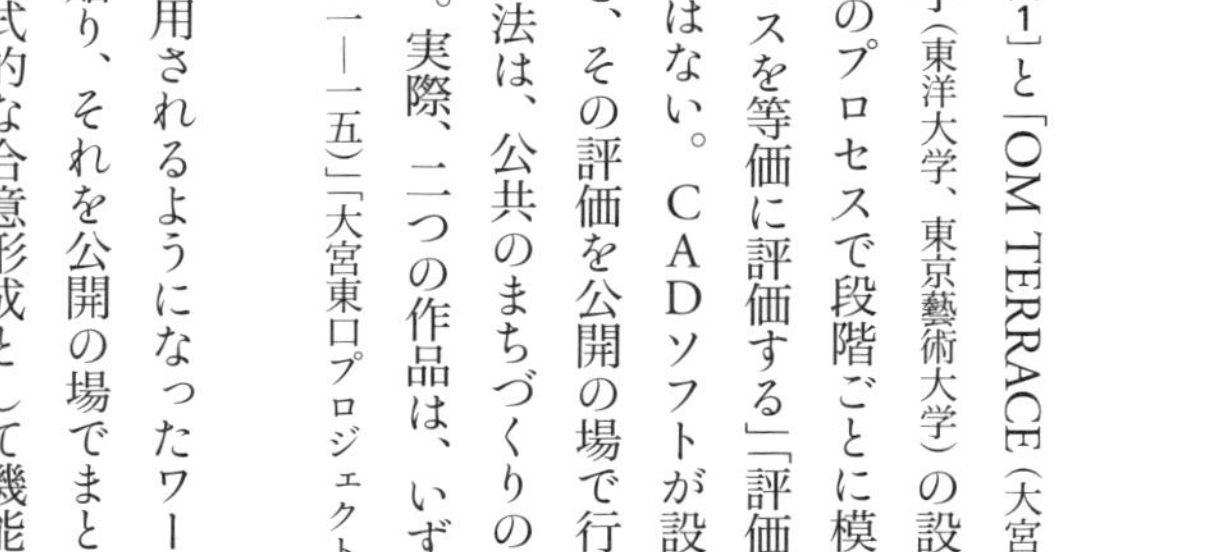

［図1］鶴ヶ島太陽光発電所・環境教育施設
右｜外観
左上｜藤棚
左下｜天井見上げ

［**図2**］さいたま市
大宮駅東口駅前
おもてなし公共施設
「OM TERRACE」
中｜２階テラス
（ポケットパーク）
下｜ヒューマン
スケールに
こだわった
１階トイレ。
壁は明るい
レモンイエロー。
天窓から光が入る

のである。

プロトタイプと作品——架構とディテール

「鶴ヶ島太陽光発電所・環境教育施設」は、鶴ヶ島市内に工場を持っていた企業が太陽光発電所を建設する際に、環境教育用に設けた小さな小屋（展示室・教室）である。「そつのない——剝き出しのビニールコードとか、ファサードに邪魔なガードレールとか、停留所ともう少し一体的にデザインできなかったかとか、通りに剝き出しに置いたクーラーの室外機は一ヵ所にまとめたというけれど敷地の内部に向けて収めた方がよかったのではないかとか、気がつくところはあったが——インティメートな佳品である。庭の鉄のパーゴラのディテールに一番時間をかけたという。完全にエネルギー自律型の建築イメージを強調し表現する手はなかったかとも思うけれど、こうしたディテールへのこだわりは楽しい。「OM TERRACE」も、トイレと駐輪場そして二階テラス（ポケットパーク）という小さな建築である。だから、そうオールタナティブがあるわけではない。大宮駅からの人の流れを二階のテラスへ導いて、溜まりをつくり、S字状に街へ降ろしていく、というのが解答である。ここでも、鉄骨のディテールに眼が留まる。柱は、三寸五分の径の鋼管にこだわったという。建築の基本には、こうした架構のシステムとモデュラー・コーディネーション、そしてスケールとディテールの世界がある。

▼10……藤村が卒業した東京工業大学工学部・社会工学科（社会理工学研究科・社会工学専攻）は、数理経済学、最適化理論、環境モデル解析といった数理モデル研究の第一線の研究者が顔をそろえる一方、原科幸彦をはじめとする合意形成をテーマとする学の系譜がある。藤村龍至もその系譜を何らかのかたちで引き継いでいる。その系譜につらなった哲学者である桑子敏雄とは、松江の大橋川改修をめぐる委員会（斐伊川水系大橋川周辺まちづくり事業（国土交通省・島根県・松江市））で随分つきあった（二〇〇五—一〇）。また、農学部造園学科出身の土肥真人とは、京大時代から交流がある。

▼11……『景観の作法——殺風景の日本』（二〇一五）で様々なケースを考えた。原色を禁止するという国立公園の規定に対しては「神社の緑に朱赤の鳥居は似合うではないか」と思う。物議をかもした極彩色に彩られた住宅も日本の町

並みのコンテクストにおいてはありうるのではないか、と考える。

個と集団

竣工間近の現場で、藤村龍至は「色」の決定を求められていた。公共建築と「色」については、苦い経験が何度かある。「色」の選好はそれぞれであって、近代の色彩理論で説明しきれるものではない。また、投票で決定すればいいということでもない。大抵は「色」に、あるいは(屋根の)「かたち」に、プロジェクトへの不満や批判が集約的に表明されるのであるが、「超線形設計プロセス」論を公共建築の設計やまちづくりの現場で展開しようとすればすぐさま問われるのは、結局、誰が、何を、どこまで決定するかということである。何がしか出来上がったものは誰の「作品」なのか。合意形成というのは、現実には容易くはない。「色」については、基本的に設計者の判断(センス)に委ねる、というのが僕の態度である。▼11

一方、個の創造力や想像力に過度の期待はしない。建築の設計は、映画の製作と同様、またはそれ以上に複雑な要素、情報を扱う。集団による作業が不可欠であり、必要なのは、集団的創造力であり、集団的想像力である。藤村龍至はそうした問題を実践的に解く最前線にいる。「地groundの建築」と「図figureの建築」を

[図3] UDCO(アーバンデザインセンター大宮)の拠点「まちラボおおみや」

分けるというのも僕の持論であるが、『プロトタイピング』と題された「作品」？ 集を見ていて思うのは、少なくとも、「型」として成立しうる「地の建築」の設計方法論として有力な一般化可能な方法である、ということである。

「OM TERRACE」の後、藤村龍至＋RFAは、「つるがしま中央交流センター」と「すばる保育園」[図4]を竣工させる(二〇一八)。そして、「ちのかたち――建築的思考のプロトタイプとその応用」という展覧会(TOTOギャラリー・間、二〇一八・七・三一―九・三〇)を開いて、これまでの活動を振り返っている。「すばる保育園」では、エスキス模型を積み重ねるといった設計手法ではなく、屋根構造に最適化設計の手法を取り入れるなど、ごくオーソドックスなアプローチを試みているように見える。三次元モデリングのトゥールを用いた椅子のデザインも試み、これからは「機械言語も駆使した新しい語彙の創出に力を入れていきたい」というから、「批判的工学主義」の具体的な展開の新たな方向が見えてきているのだろう。

建築とは、「ちのかたち」を「かたち」にすることだ、という新たな理論展開の地平は、「平凡に映る意見の集合も、十分に大きな集合であればより確かな解を得ることができるだけでなく、ひとりの天才を軽く超えていくような、創造的な解を得る可能性も開か

[図4] すばる保育園
(撮影：太田拓実)

れる」地平である。

千人にするぞ！　といっていた事務所はどうなの？　と聞くと、四〇歳で丁度一〇人、予定通りです、という頼もしい答えであった。まちづくりで巻き込んだ参加者の人数を数え上げれば千人は突破しているだろう。既に、ソーシャル・ムーブメントである。

藤村氏ポートレイト（33頁）
撮影：中川敦玲

③

大島芳彦
＋ブルースタジオ

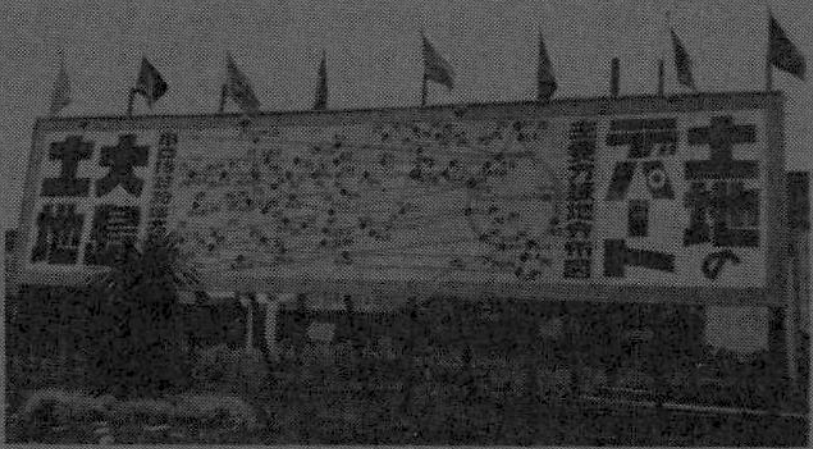

「物件」に「物語」を！
「住」を「文化」に！
まちをまるごと再生する魔法

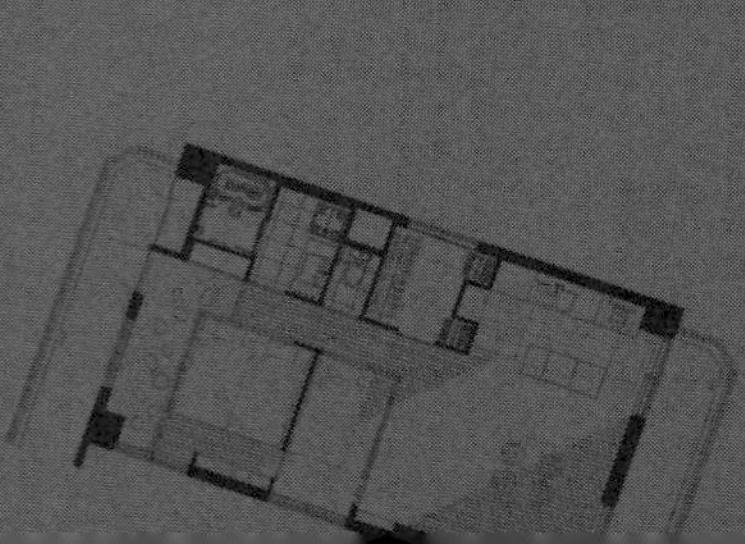

大島芳彦 おおしま・よしひこ
建築家

1970年　東京都生まれ
1993年　武蔵野美術大学造形学部建築学科卒業
1994－97年　Southern California Institute of Architecture（アメリカ）
1996年　The Bartlett University College London（イギリス）
1997年　石本建築事務所入所
2000年　ブルースタジオ参画、専務取締役就任

●主な作品
「ラティス芝浦」2006（第17回BELCA賞ベストリフォーム部門）
「AURA243 多摩平の森」2011（第23回BELCA賞ベストリフォーム部門）
「ホシノタニ団地」2015（設計監修、2016年度グッドデザイン賞金賞）
「SodaCCo」2015（2015年度グッドデザイン賞）
「まちやど［シーナと一平］」2016（2017年度グッドデザイン賞）
「まちのこども園 代々木公園」2017（2018年度グッドデザイン賞）
「喫茶ランドリー」2017（共同設計、2018年度グッドデザイン賞）

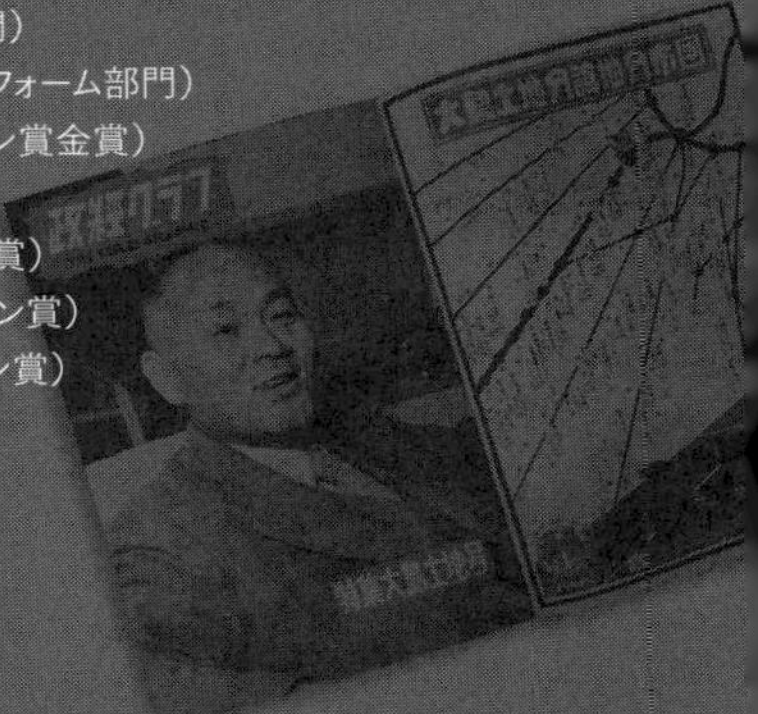

大島芳彦の名前を初めて知ったのは、二〇一五年の春頃である。『建築討論』(日本建築学会)というウェブ・マガジンで、これからはリノベーションの時代だという松村秀一を招いて建築の行方をめぐって議論した時に、[1] 大島芳彦というすごい奴がいる、というのである。松村とは『群居』を一緒に編集してきた仲である。松村は、その後まもなく上梓した『ひらかれる建築――「民主化」の作法』(二〇一六)の中で、『群居』世代を「民主化」の第二世代といい、大島芳彦や島原万丈(Home's総研所長)らを第三世代の旗手と位置づけている。それではと、A-Forum[2] で場所を変えて、松村、大島、島原の三人を招いてさらに議論しようということになった[3](二〇一七・四・三)。

この企画が成立した頃、NHKのテレビ番組「プロフェッショナル――仕事の流儀」に大島芳彦が取り上げられる(二〇一七・一・一六放映)。「建物を変える、街が変わる」と題されたNHKの番組は、そのエネルギッシュな活動を活き活きと伝えるものであった。実際に会った大島芳彦には、風雲児、飛ぶ鳥を落とす勢い、それこそ「進撃の建築家」の趣があった。

▼1……「箱の産業から場の産業へ――日本の住宅生産　過去・現在・未来」、二〇一五・四・二四、八束はじめ・布野修司対論シリーズ、第五回ゲスト＝松村秀一、『建築討論』005号、日本建築学会、二〇一五・七。

▼2……アーキニアリング・デザインフォーラム(Archi-Neering Design Forum：略称A-Forum)」。アーキニアリング・デザイン(AND)とはArchitectureとEngineering Designとの融合・触発・統合の様相を意味する。A-Forumは、このANDの理念実現のための「集いの場(フォーラム)」となることを目指す。斎藤公男、和田章、神田順、金田勝徳をコア・メンバーとして二〇一三年設立。布野は二〇一五年より「建築の設計と生産(アーキテクト／ビルダー)AB研究会」メンバーとして参加。

▼3……「建築家の終焉!?――『箱』の産業から『場』の産業へ」第一三回けんちくとーろん(AF＝

ブルースタジオ

ブルースタジオは、大地山博▼4、大島芳彦、石井健▼5という武蔵野美術大学建築学科の同級生三人に率いられている。立川の旧米軍ハウスでのシェアハウス体験が原点というからてっきり、その名は武蔵野美術大学（武蔵美）の先輩村上龍の『限りなく透明に近いブルー』（一九七六年芥川賞）に由来すると思ったら、「藍は藍より出でて藍よりも青し」からで「師匠を超える」という思いを込めたという。命名は、グラフィック・デザインに転じていち早く独立してブルースタジオを設立（一九九七）した大地山である。大島芳彦が石本建築事務所を辞して、家業を継いで大島土地建設の代表取締役に就任すると同時に合流したのは二〇〇〇年である。

大島は、もともとは彫刻家になりたかったという。武蔵美で油絵を学んだ母親の影響がある。高校生（桐朋高等学校）の時パンク系のバンドをやっていたといい、武蔵美では「いかにひねくれるか、斜に構えるか」が自分の価値だと思い、「全部とにかく否定してやろう」「とにかくまずは疑ってみる」という気持ちだったという▼6。二〇年のタイムラグがあるけれど、僕らの学生時代の気分に似ている。僕らは「雛芥子」▼7という集団で活動していた。「雛芥子」というのは「武蔵野タンポポ団」▼8を意識した命名である。武蔵美では、兄貴分の「遺留品研究所」（真壁智治、大竹誠、中村大助、村田憲亮）が暴れまくっていた。学生時代に時空を共有（活動をともに）しながら熾烈に議論する、そして、散らばってそれが修業

Forumアーキテクト／ビルダー研究会Architect / Builder Study Group共催）「建築の設計と生産——その歴史と現在の課題をめぐって05」コーディネーター・安藤正雄、布野修司、斎藤公男、パネリスト・松村秀一、大島芳彦、島原万丈、日本建築学会『建築討論』二〇一七summer 04–06。

▼4……鹿児島県生まれ。一九九三年武蔵野美術大学造形学部建築学科卒。一九九五年INTEC CG。一九九七年ブルースタジオ創業。一九九八年ブルースタジオを法人化し代表取締役社長。

▼5……一九九三年武蔵野美術大学造形学部建築学科卒。一九九三—二〇〇一年TIS & Partners。二〇〇一よりブルースタジオ執行役員。不動産商品開発と建築設計を中心業務としつつ、マーケティング調査、ビジネスモデル開発、ITプラットフォームの設計などにも従事。特に国内の個人向けの中古住宅＋リノベーション分野

した上で再結集する、クリエイター集団誕生の理想の軌跡に僕には思える。

海外遊学

学生時代、「真面目に大学教育通りに勉強をしてこなかった」ために留年し、磯崎アトリエで模型づくりのアルバイトをし、ユーラシアを東欧まで歩いた。ベルリンの壁の崩壊(一九八九)、そしてソ連邦の解体(一九九一)という転換期だ。バブルが弾け空白の一〇年へ突入した一九九〇年代前半である。森田一弥(進撃の建築家⑦)も同じ頃ユーラシアを放浪している。森田は、西欧建築ではなくアジアの建築を見たかったといい、左官修業に向かうのであるが、大島が向かったのは南カルフォルニア建築大学SCI-Arcである。それでいてロンドン大学のバートレット・スクール The Bertlett UCLにも通った。SCI-Arcがウィーンの応用美術学校やバートレットなどと交換プログラムを持っていて、サマースクールにP・クックそしてE・ミラーレスが教えに来ていた縁である。

三年の海外遊学を終え二八歳になろうとする時、石本建築事務所に就職する。多少寄り道したかもしれないけれど、堂々たる建築家としてのスタートである。もともと散々遊んで親に迷惑をかけたのでちゃんと就職するつもりだったという。本人の意識の上では、真っ当に建築を追求してきたということであろう。NHKの番組でも、不動産業には興味がなく、独創的な建築をつくりたいと思っていた、と述懐している。転機となっ

では市場の黎明期より第一人者として活動。

▼6……大島芳彦「新築でもリノベでも構わない。建物やまちに生まれる状況そのものが僕らの作品だと思っている」田中元子インタビュー『awesome!』No. 03、October、二〇一四。

▼7……東京大学工学部建築学科一九六九年進学の学生で結成。メンバーは杉本俊多、千葉政継、戸部栄一、村松克己、久米大二郎、三宅理一、川端直志、布野修司他。原広司『建築に何が可能か』、メルロ・ポンティ『知覚の現象学』など読書会を続けた。また、講演会、シンポジウムなどを組織した。ゲーテ・インスティチュートにある表現主義映画を全部借りてきて見たり、佐藤信や津野海太郎などの演劇集団「黒テント」を呼んで安田講堂前でテント芝居(緑魔子、石橋蓮司出演)をプロデュースした。夜は、先輩たちに、日本の建築産業をめぐる問題について連続

［**図1**］『政経グラフ』にて特集された大島芳春と大島土地

たのは、家業の継承である。

土地のデパート

ブルースタジオの拠点は中野である。ドキュメンタリー映画など単館系の映画を上映する「ポレポレ東中野」の向かい側だ。不動産業は祖父の代に遡る。祖父大島芳春は、戦前期に東京さらに関東一円の土地を扱う不動産業の草分けで、戦後の郊外開発に当たっては五島慶太と渡り合ったという大物である。北海道江別出身、上京して早稲田専門学校に在学中、アルバイトで土地分譲会社の星野土地（新宿）に通っているうちに「土地事業こそわが生涯の仕事」と思い定めて中退、一九二五年に東洋土地を設立（一九二七年、大島土地と改称）した。初期には郊外での造成分譲をしたが、やがて「便利な市街地を・狭くても一般市民が買える価格で」をモットーとして駒込、板橋、目白、滝野川などで分譲事業を進めるようになったという［**図1**］。全日本不

講義を受けた。この頃の「雛芥子」の活動を記したのが、故坂手建剛編集長が創刊した『TAU』である（「〈柩欠季〉のための覚書」（一九七三・一））。続けて、「虚構・劇・都市」「ベルリン・広場・モンタージュ」といった原稿を書いたのが僕の建築ジャーナリズム・デビューである。

▼**8**……日本のジャグ・バンド。フォークシンガー高田渡を中心に、吉祥寺のライブハウスぐゎらん堂に集まるミュージシャンたちで結成された。高田渡、シバ以外のメンバーは流動的で不定だった。一九七二年の年末まで活動。その後もぐゎらん堂主催のイベントなど折に触れて再結成することがあった。「走れコウタロー」の山本コウタローもいた。

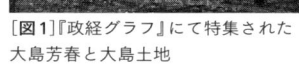

動産協会創設と宅地建物取引業法施行に尽力し、初代協会副会長を務めた。『政経グラフ』の「特集大島土地号」の表裏表紙はそのすごさをうかがわせる［図1］。父親がその後を継いだ。そして、その父親を継ぐことになる。間違いなく、大島芳彦には大島芳春の血が流れている。建築業から不動産業への転業ではない。建築家の職能を拡張していく可能性を家業の流れに見出していくのである。

リノベーションの世界

家業を引き継いだ頃、所有管理する物件に借り手がつかない、買い手がいない事態に直面する。リノベーションを始めるのは自然の流れであった。松村秀一らがコンバージョン研究会を始めるのが二〇〇一年、一九六八年生まれの馬場正尊▼9が博報堂、石山修武研究室を経て「Open A」を設立したのが二〇〇二年、振り返れば、世紀の変わり目に潮目の転換がある。

当初からリノベーション事業がうまくいったわけではない。すべて任せるといわれて自由に設計しても、借り手、買い手がつくとは限らない。立地・価格・広さで不動産価値が決められ、市場が形成される時代ではないことに気づかされる。売り手（貸し手）の思い、買い手（借り手）の思いが一致しなければ動かない。物件に物語を！「この人（＝キャスト）、この場（＝シーン）、このタイミング（＝シナリオ）でなければできない、〝物語〟をデザインす

▼9……一九六八年佐賀県生まれ。オープンエイ代表取締役、東北芸術工科大学教授、建築家。一九九四年早稲田大学大学院修士課程修了。博報堂勤務の後早稲田大学大学院博士課程に復学。雑誌『A』編集長を経て、二〇〇二年オープン・エー（Open A）を設立。都市の空地を発見するサイト「東京R不動産」を運営。著書に『エリアリノベーション――変化の構造とローカライズ』（二〇一六）、『PUBLIC DESIGN 新しい公共空間のつくりかた』（二〇一五）、『都市をリノベーション』（二〇一一）、『「新しい郊外」の家』（二〇〇九）など。

［**図2**］SodaCCo（Before ▷ After）

る」という基本理念が確信された。

リノベーションは一大潮流になっていく。二〇一一年に北九州から始まり地方都市再生のためのワークショップとして、各地で開催されるようになった「リノベーションスクール」でも、大島は大きな役割を果たしていく。学生とともに都市の木造密集地帯の住みこなし方を考える「木賃アパート再生ワークショップ」を展開する一方、業界を束ねる一般社団法人リノベーション協議会では理事・副会長を務める。

SodaCCo

SodaCCoとは、子どもとクリエイターが「育つ」（「育っ子」）という意味の造語である。オイルショック直前（一九七一―七三）に建設され、化粧品会社が使用していたオフィスビル［図2］を、代官山を拠点としてきた「地」の企業が買収、リノベーションした「物件」である。一～三階は子ども・キッズをテーマとした事業者向けのテナントスペース、四～六階にコアテナントしてクリエイター専用シェアオフィス「co-lab代官山」▼10が入居する。

確実に時代のニーズに応えている。若きクリエイターたちが自転車で通ってきて仕事をする様子は実にいい雰囲気である。代官山でもヒルサイド・テラス方面とは町の雰囲気は異なる。徹底して市場調査をした。地価や家賃などオープンデータを机上で調べる従来型の調査ではない。基本的には、僕らの臨地調査（フィールド・サーヴェイ）と同じだ。歴

［図3］
アーバンリゾートグループ佐藤商会本社ビル
左｜before
右｜after

▼10……「co-lab」を立ち上げた田中陽明も同窓生である。今や渋谷キャスト、二子玉川、日本橋横山町、墨田亀沢、そして代官山に展開、コラボレーション誘発のため

史的な形成過程を含めて地区の成り立ちを読む。隈なく歩き回ると意外に子ども関連の店が多い。孫を連れたジージ、バーバの姿も少なくない。SodaCCoの企画はこうして組み立てられた。オーナーが地元の商店街を束ねてきた「地」に根を張った存在であったことも大きい。その本社ビルのリノベーションも手掛けた[図3]。

TOKYO* STANDARD

しかし、リノベーションは必ずしも割がいい仕事ではない。手間ひまは新築よりもかかるけれど設計料だけでというわけにはいかない。宅地建物取引業というのは売り手から三パーセント、買い手から三パーセント、合わせて六パーセントを手に入れる。多大なエネルギーをかけて設計しても、住宅スケールの仕事では、三パーセントももらえない実態は昔からそう変わらない。かつて、設計施工を一貫して担うアーキテクト・ビルダーという職能の可能性を展望したのは代願料(建築確認申請のための計画概要書作成代)二〇万円という時代である。東洋大学時代に、理解を得られずあえなく潰されたけれど、土地と建物を合わせて企画計画設計、維持管理するリアル・エステート(不動産)学科の設立を提案したことがある。

実は、全くの偶然だけれど▼11、娘の家族がブルースタジオにリノベーションを頼む▼12というので、モデルルームを見に行って、あれこれ聞いた。個人を対象とする業務は石井健

のクリエイティブ・プラットフォーム(シェア・オフィス)をうたう。

▼11……娘が、ブルースタジオって知ってる? と聞く。中古マンションをリノベーションして住みたいと関連の本や雑誌、ネットをいろいろ調べたらしい。作品を見ると、マンションの一室に鉄製のらせん階段がぽつんと置かれたり、なかなか格好いい。Open Aの馬場正尊などの名前が一緒にあるから、リノベーションの仲間と直感、面白いんじゃない、と答えた。娘たちは、ブルースタジオ開催のセミナーにも行って、「物件」探しから頼むことになった。

▼12……ブルースタジオは、個人向けおよび法人向けサービスを行う設計チーム、不動産事業部、経営戦略本部およびプロモーションなどを担当するAMPRチームの4部署からなっている。

の担当であるが、総勢三〇名（現在は三七名）のうち設計が二五名、不動産関係が五名というバランスはどうかと思ったのである。基本的には、標準仕様（TOKYO＊STANDARD）を用意しオプションを加えるというシステムであり、一定の施工業者との提携関係が構築されている。問題は、物件探しである。大手不動産会社が情報を支配している中で割って入るのは必ずしも容易ではない。施工そのものは、二〇坪程度のマンションであれば、実際そうであったが、職人ひとりで対応できる。娘たちは何度か打ち合わせを重ねて満足できるプランを得たようだ。ブルースタジオのウェブ・サイトには「menue」というタイトルで紹介されている▼13［図4］。

郊外団地

NHK「プロフェッショナル――仕事の流儀」がピックアップしたのは、首都圏郊外の団地再生「ホシノタニ団地」［図5］、大東市のまちづくり計画、鹿屋の廃校となった小学校の再生「ユクサおおすみ海の学校」などである。リノベの仕事は、都市計画、アーバンデザインの領域に拡がる。それぞれの場所をフィールド・サーヴェイする様子が印象的

［図4］マンションリノベーション「menue」

▼13……「キャンプや音楽が好きで家族でフェスにも行くTさん家族。長男の小学校入学に間に合うならと家づくりを決意し、バスが便利な三鷹エリアでマンショ

であった。前述のA-Forumの研究会での「つかいこなす時代の暮らしの価値」と題した講演では、「ホシノタニ団地」と椎名町のまちづくり「シーナと一平」を紹介してくれたのであるが、「常識を疑え、敷地に価値なしエリアに価値あり、結果に価値なしプロセスに価値あり、暮らしの価値とはコミュニケーションの価値である、価値ある不動産・家・街とは、主体性を持つ当事者による共感によってつながれた持続性のあるコミュニケーション、価値が無いと思っている日常の風景に、身のまわりの人々に、あたりまえの食卓に今一度目を向けてみよう……」と畳みかけるようなアジテーションに圧倒された。

偉大なる日常に潜む価値を再発見していくのだから、その仕事の拡がりはとどまるところを知らない。しかし、いかにカリスマ大島芳彦といえども、すべての地域に関わるわけにはいかない。根底にある基本的な問題は、「あなたでなければ、ここでなければ、今でなければ」という当事者意識である。一方で、建築家として、まちづくりの仕掛け人として、リノベーションの魔術師としての戦略、ブルースタジオとしての企業戦略は当然ある。

どうやらひとつのターゲットは郊外団地の再生らしい。大島芳春の大島土地の分譲地の沿線分布図が頭に浮かぶ。一方でチームとしては、マンション再生やSodaCCoのようなリノベーションも引き受けていく。また、地域で子どもを育てる「まちのこども園代々木公園」(二〇一七)の設計も手掛けている。まちの再生、ひいては東京全体の再生を

ンを購入。和のテイストを取り入れたいという希望だったので、寝室と子ども部屋の壁には漆喰を、玄関は洗い出しの床に日本庭園のように飛び石を配置。子どもたちが裸足でその上を跳べるよう、大きさや向きを慎重に配置した。寝室と子ども部屋は引き戸でつながり、すべて開けると、寝室からリビングを通って廊下へ、そして玄関へと、子どもがぐるぐると走り回れるようになっている」

図1、図2(Before)、図3、図4上・下左2点、図5
提供:ブルースタジオ

視野に入れた、その仕事の拡がりは頼もしい限りである。

「衣食」は文化として成立している。しかし、「住」は文化になりえていない、と大島芳彦はいう。全く同感である。建築は「物件」であり続けている。新築にしても相も変わらず数多くの建築が「物件」として設計され続けている。リノベーションとは、そもそも、使われなくなった建物(死体)を蘇生(Re-Innovation)する行為である。「物件」はそのままであれば死体でしかない。「物件」を共感の環と当事者を生む「物語」へ、というスローガンはすべての建築家に投げかけられている。

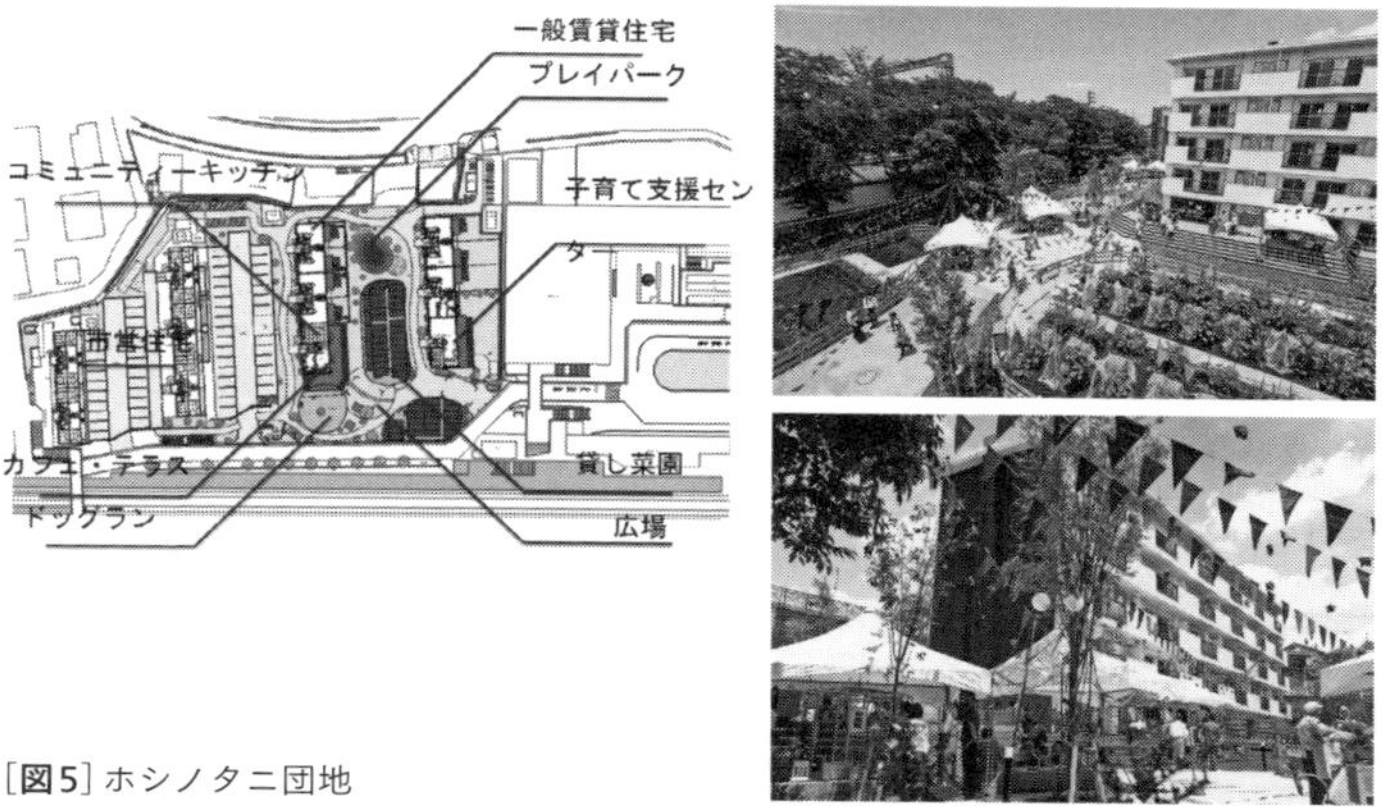

[**図5**] ホシノタニ団地

III

建築・形態・都市

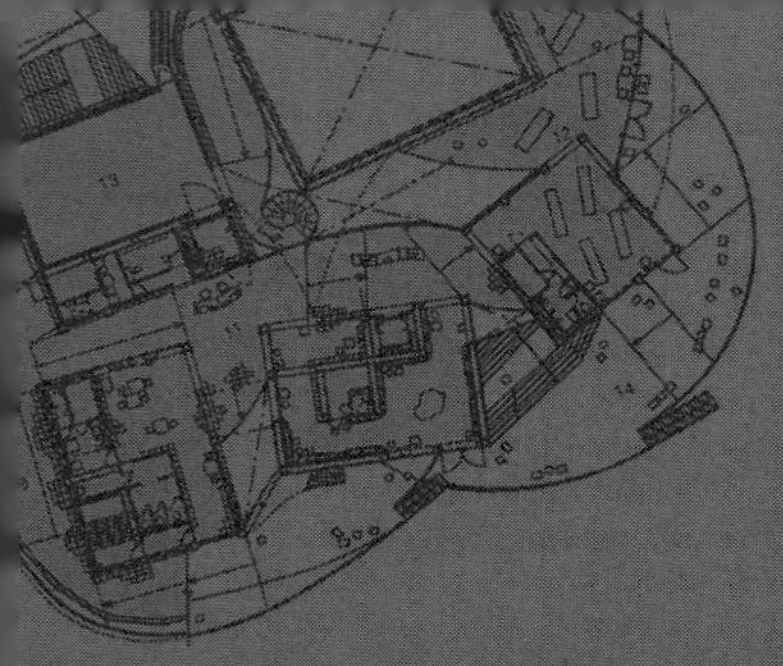

4

平田晃久

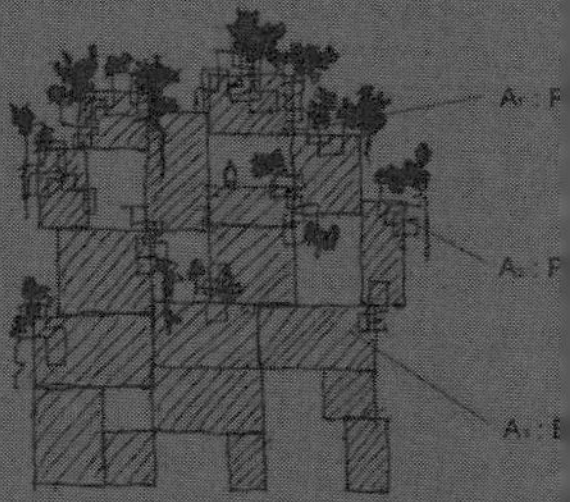

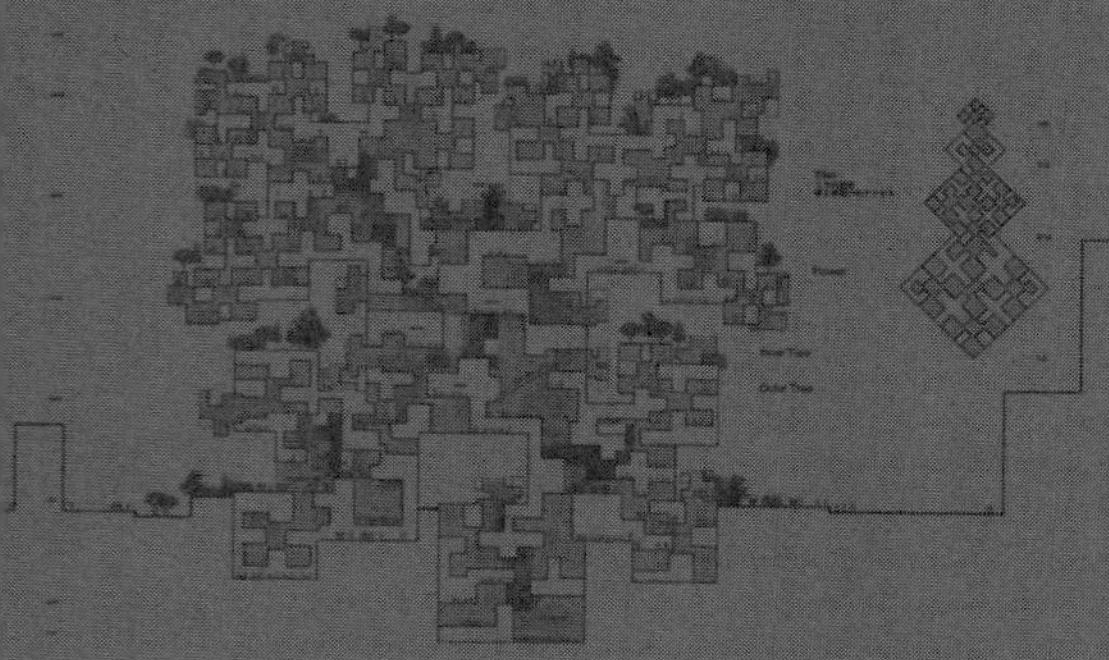

「からまりしろ」の探求
生命論的建築を目指して

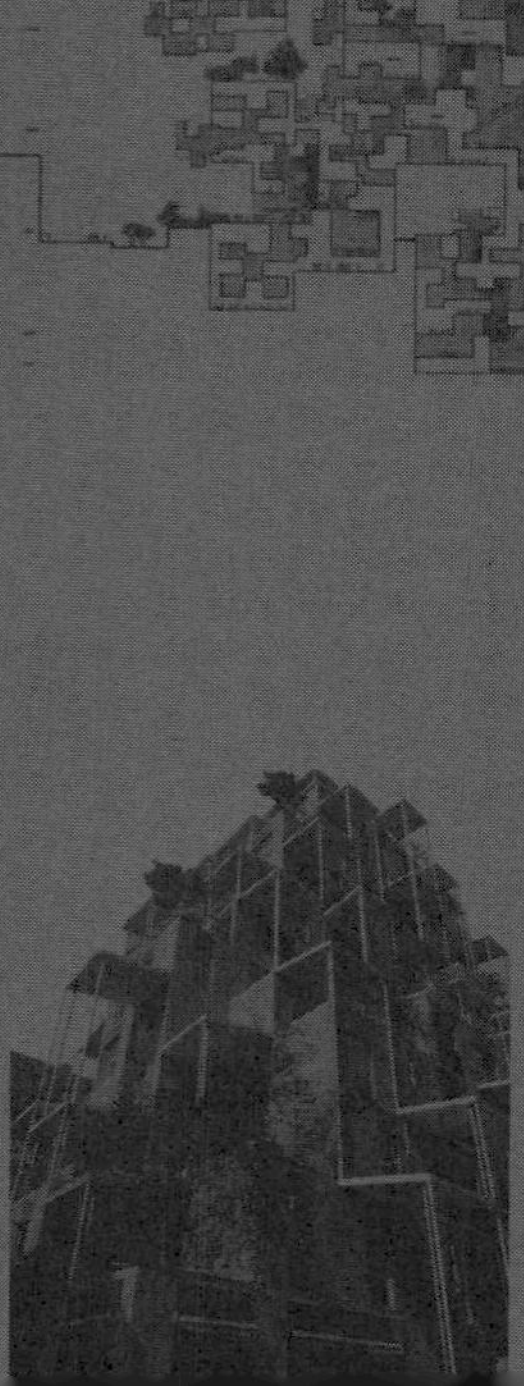

平田晃久 ひらた・あきひさ
建築家｜平田晃久建築設計事務所主宰｜京都大学教授

1971年	大阪府生まれ
1994年	京都大学工学部建築学科卒業
1997年	京都大学大学院工学研究科建築学専攻修士課程修了
1997−2005年	伊東豊雄建築設計事務所勤務
2005年−	平田晃久建築設計事務所設立
2015年−	京都大学准教授
2018年−	京都大学教授

●主な作品・プロジェクト・著書・活動

「桝屋本店」2006（JIA新人賞）
「sarugaku」2007
「Bloomberg Pavilion」2011
「第13回ヴェネチア・ビエンナーレ国際建築展 日本館パビリオン」2012
（イタリアヴェネチア・ビエンナーレ第13回国際建築展金獅子賞、
伊東豊雄・畠山直哉・他2名との共働受賞）
「Alp」2010（LANXESSカラーコンクリートアワード2015）
「太田市美術館・図書館」2017（村野藤吾賞2018、BCS賞等）
「Tree-ness House」2017
「9h Projects」2018
主な著書に『Discovering New』（TOTO出版）等。
バウハウス（ドイツ）、ハーバード大学（アメリカ）、Architecture Foundation（イギリス）等で講演。
東京、ロンドン、ベルギーなどで個展、
MoMAにて“Japanese Constellation”展（2016）を合同で開催。

平田晃久も、僕が京都大学に着任して最初に出会った学生のひとりである。半年後に着任した(一九九二・四)竹山聖の影響が大きいと思う。独立してアトリエ事務所を開いた建築家の多い「黄金の学年」である。当時の京都大学の設計教育は古色蒼然たる状況であった。ロットリングが普及し、インスタントレタリングやカラートーンが使われ始めた時代であるが、ケント紙に鉛筆仕上げが基本で、その他はご法度であった。振り返ればそれもひとつの見識だったと思うけれど、問題は、ひとりの教師が卒業まで同じ学生を指導する、また、講評がなく、まるでレポートのように採点がなされている体制であった。僕はこれでも東洋大学では、太田邦夫指導のもと、山本理顕(建築少年Ⅳ)、毛綱毅綱、元倉真琴といった錚々《そうそう》たる若き建築家と組んで設計教育をしてきていた。即日設計、翌週徹底講評という設計演習は楽しかった。「都市に寄生せよ」(『住宅戦争』参照)、パンテオンを核シェルターにするとか、「反住器」(毛綱毅綱)を五倍にして都市施設として活用せよとか、出版しようと思った数十の課題のストックがある。

MEDIA ROAD

平田の作品で記憶に残っているのは卒業設計「MEDIA ROAD」［**図1**］（一九九四年度京都大学最優秀卒業設計（武田五一賞）である。吉田キャンパスの建物群を曲がりくねった四角い空中回廊のようなチューブでつなぐ作品だ。既存の施設に、全く異質の空間を暴力的に貫入させている。「京都大学本部構内の既存建築群に貫入するかたちで、新しい建築を埋めこむことによって、大学を活性化し、学部学科の枠を超えた情報や人の流れを生み出そうとするプロジェクト」といういかにも学生らしいセッティングであったが、鋭いのは、「既存の建造物を取り壊し、そこに新しく建設するという蜿蜒《えんえん》と繰り返す破壊と建設のサイクルを超えて、既存の建築群をいわばひとつの『地形』あるいは『素材』のようにみなすことによる新しい建築について考えた」ことである。竹山聖は、「場面、場面でその都度、場当り的に対応を検討・調整・決定してゆくという、まさにアンチ全体計画的な、微分的方法をとっていることが、このプロジェクトのもっとも魅力的な点である。まさにプロセスそのものの建築化といっていい。全体計画という言葉に胚胎される思考の硬直を打ち破る手だてが、あらゆる表現のジャンルで試みられている現在、ひとり建築のみが漫然と、「全体」という夢想を貪り続けている。「全体」などというものはないのだ、という若々しい決慈と直観、そして神聖なる悪意が、このプロジェクトの光彩の源である」（竹山聖、

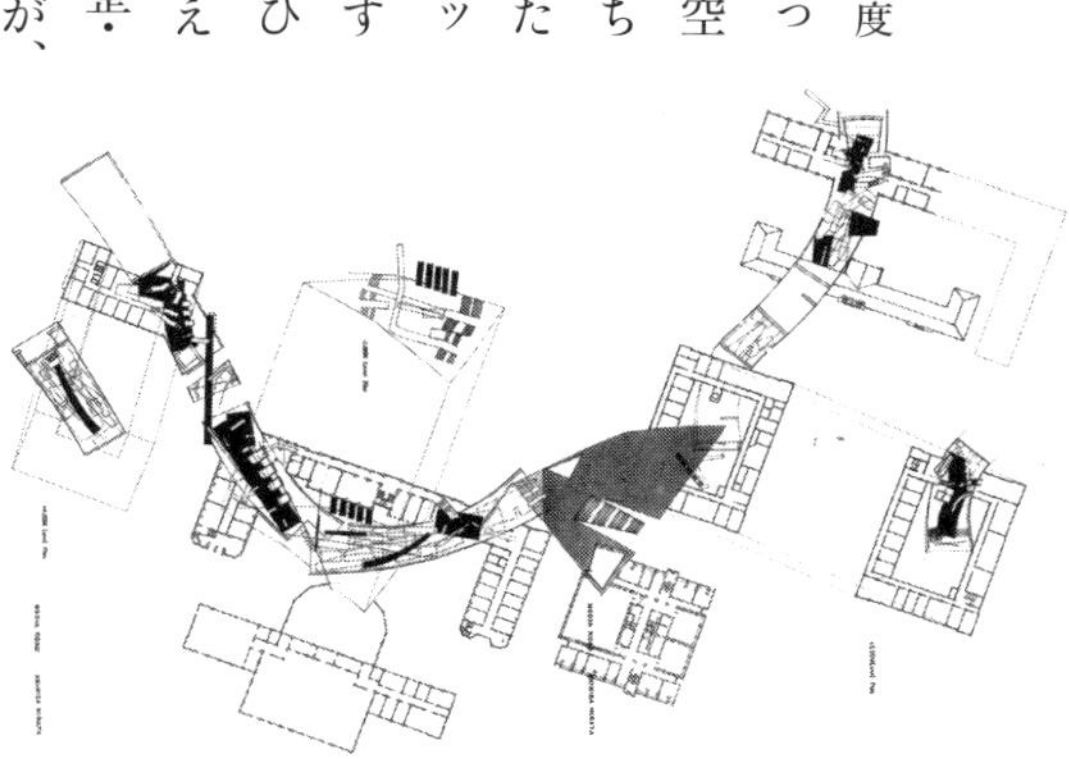

［**図1**］卒業設計「MEDIA ROAD」平面図

卒業設計作品集のための推薦文、『近代建築』『卒業設計』一九九五）と評した。このアンチ全体計画的な、微分的方法は平田に一貫している。

「太田市美術館・図書館」

卒業設計のことを思い出したのは、「太田市美術館・図書館」のなんとも複雑な空間の連なりを体験したからでもある。プランを見ても、図面を見慣れた建築家でも、容易に空間全体をイメージできない。五つの箱からなっていることに気がつくと、全体の流れるような空間が浮かび上がってくるが、中心に置かれた回り階段は、プランで見ると、何らかの生命体、タツノオトシゴの尻尾のようである［図2］。

伊東豊雄（建築少年III）の「台中国家歌劇院」（二〇一六）の洞窟のような空間が思い浮かぶが、伊東事務所に在籍したのは一九九七〜二〇〇五年の八年間で関わっていない[▼1]。ただ、その原型となる「ゲント市文化フォーラム」のコンペ（二〇〇四）は担当した。伊東は、コンペではイタリアの建築家アンドレア・ブランジ、構造設計家の新谷眞人、それからベルギーの若手建築家二人とチームを組むが、空間モデルを様々に検討する中で［図4］、ある日スタッフのひとりが一晩中考えて「こういう構造はどうですか？」と模型を持ってきて、伊東はその構造に深く共感したという。このスタッフが平田であった。

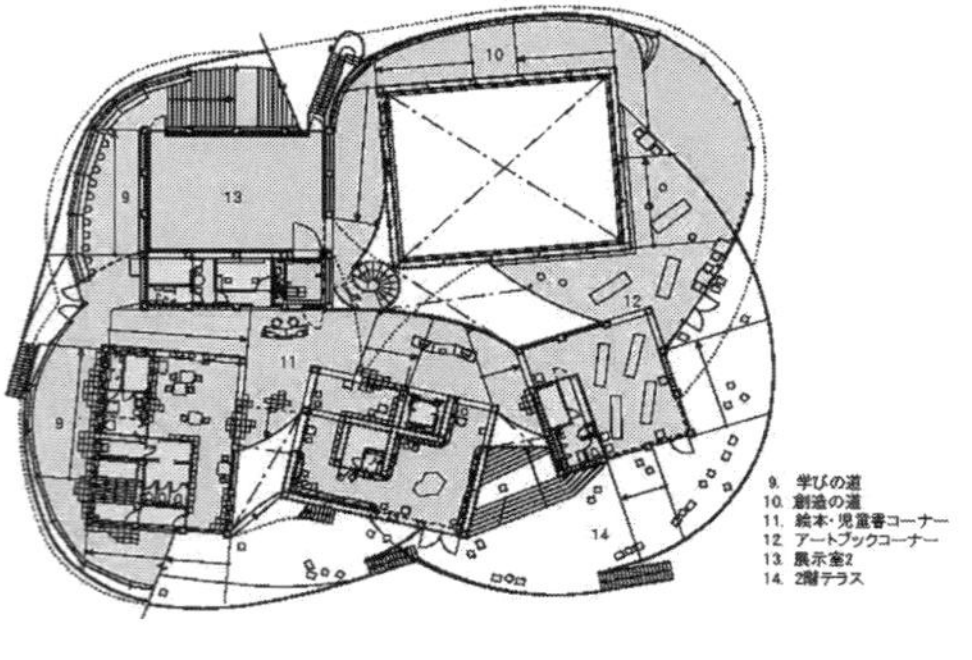

［**図2**］太田市美術館・図書館
平面図
次頁｜全景（上）
読書スペース（下左）とらせん階段（下右）

伊東はそのコンペ案について「グリッド（格子）に分割された二枚の平面に市松に描かれた円を上、下膜で結んでいく、すると三次元の連続面で空間がふたつに分かれます。それをもう一段縦に重ねると不思議な連続体ができます。Bの空間はAの空間の奥で水平につながっています。水平にも垂直にもつながっていく連続体ができるのです。この考え方を応用して、プリミティブなモデルをつくりました。（中略）私たちが考えるホールは、要項で求められているシステマティックなホールとは全く違ったのですが、コンペに勝てなくても面白い方をやろうと割り切りました」▼2と述懐している。

「ゲント市文化フォーラム」と比較すると、「太田市美術館・図書館」の方が武骨である。かたちをつくりだすアプローチも異なる。平田は、「台中国家歌劇院」の実現を「これまでの建築の歴史の中で実現されてこなかった夢のかたちが、確実にある」といいながら、「それは同時に、ひとつの時代の終わりを画する建築でもあるのではないか」ともいう。▼3すなわち、平田自身は、「ゲント市文化フォーラム」を超える展開を目指しているのである。その鍵概念となるのが、「からまりしろ」である。

「からまりしろ」

「からまりしろ」とは何か。英語ではBase for Tanglingである。タングルTangleとは、巻

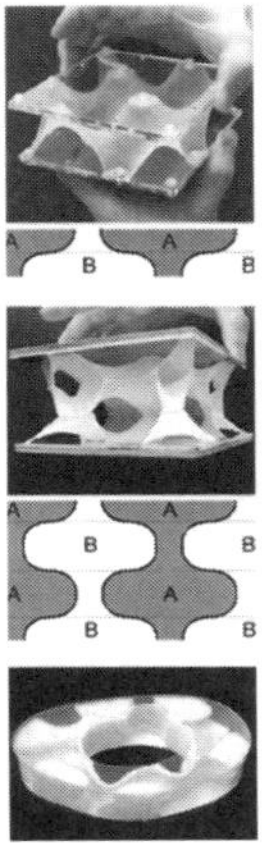

右｜［**図3**］TOD'S表参道ビル
左｜［**図4**］ゲント市文化フォーラム指名設計競技案

▼1……「せんだいメディアテーク」（二〇〇〇）は、一九九五年のコンペの結果であり、「台中国家歌劇院」のスタートは二〇〇五年である。平田が担当した主な作品は「TOD'S表参道ビル」（二〇〇四）［**図3**］である。

▼2……伊東豊雄「もののもつ力」東西アスファルト共同事業組合講演会、二〇〇六。

▼3……「生態系としての公共のはじまり　多数の個を巻き込んで建築をつくる」『新建築』二〇一七・五。

き込む、もつれさせる、絡ませる、掛かり合わせる、といった意味である。Baseが「しろ」あるいは「余地」である。糊代《のりしろ》の「しろ」である。空間と空間をつなぎ合わせる「媒介空間」とか、「中間領域」とか、「セミパブリック・セミプライベート」といった既往の概念をなんとなく想起したが、もう少し、動的で、複雑な概念である。平田があげるのは、アルプスの山肌にぶつかって生まれる雲、海藻のひだの間に産み落とされる魚卵の例である。そういう空間、場所というのではなく、そういう場面、情景が産み出されるのが〈からまりしろ〉である。

平田は『建築とは〈からまりしろ〉をつくることである』（現代建築家コンセプト・シリーズ8、LIXIL出版、二〇一一）という。そして、学位論文は「生命論的建築の研究――〈からまりしろ〉の概念をとおして」と題する。読み応えのある学位論文である。テーマは、近代建築批判そのものである。▼4 すなわち「からまりしろ」の概念が対置されているのは、「均質空間」なのである。「均質空間」という言葉で意識されているのは原広司（建築少年Ⅷ）の建築論である。その有孔体理論、BE（ビルディング・エレメント）論、均質空間論、集落（住居集合）論、様相論に学びながら建築について考えてきた僕らの世代には、その引き受け方は頼もしく思える。建築理論の展開が痩せ細って久しいが、平田には建築理論をリードしていく知力がある。

▼4……京都大学学術情報リポジトリに公開された「論文内容の要旨」そして「論文審査の結果の要旨」は難解である。成果は、「2「生命論的建築」を設計する手がかりとして、人や出来事とかたちがからまることのできる余地を意味する〈からまりしろ〉の概念を提示し、階層構造をなしながら重層する、生きている世界の秩序に接続するような建築の原理となる〈からまりしろ〉の特性としては、①からまりのニッチ性、②からまりの階層性、③からまりの他者性が重要であることを指摘した」などと書いてあるが、韜晦《とうかい》というか、煙に巻くというか、建築の分野でも、エンジニア系の研究者にはわからないであろう。論文そのものはもう少しわかりやすく素直である。

箱とリム

抽象的な概念を弄ぶ建築論とは一線を画す。建築の実践を通じて、その実作品の積み重ねを理論化するのが基本的な構えである。〈からまりしろ〉という概念を考える端緒となったのは桝屋本店(二〇〇六)という[図5]。「からまりしろ」という概念によって、一見複雑に思えた全体構成が単純に思えるから不思議である。構成の単位は、大きさの異なる五つの箱(耐力壁付ラーメン構造のボックス)とそれに絡まる鉄骨造のリム(車輪の外縁部にあって全体の形状を支えている円環)である。リムは、ボックスに直交する鉄骨梁とそれを先端で支える鉄骨柱そして梁間に架けるデッキ・プレートからなる。このリムでつくられる空間が「からまりしろ」である。

この「からまりしろ」は、建築の構成概念にとどまるわけではない。建築に関わる人びとを巻き込むトゥールでもある。公開ワークショップの過程では、三〜六個の箱による四案を用意したというが、五個の案が選ばれた。結果として複雑な形態が出来上がるのであるが、ワークショップ参加者は、箱をあれこれ並べ替えればいいから、そう難しくはない。美術館と図書館を融合するプログラムとして、実に、巧妙な仕掛けであった。第一に評価できるのは、この建築が多彩に屋外空間を取り込むことにおいて、面積で測られる規模以上の豊かな空間をつくりだしていることである。それに「からまりしろ」の部分に様々なアイディア、ディテールを巧みに取り込んでいることである。そして、図

[図5] 桝屋本店
(撮影:Nacása & Partners)

書館と美術館の複合施設を扱う上で、既往の施設計画論を一挙に超える方法の提示がある。山本理顕（建築少年Ⅳ）の「邑楽町役場庁舎」のケースを思い出したが、平田は、邑楽町の均一なレゴ・システムとも、伊東豊雄の「台中国家歌劇院」におけるある種のアルゴリズムに基づいたひとつの形式によって全体を統合するのとも違う、建築の設計は、もっと建築をつくるという出来事が織り込まれたものになる、という。

生命論的建築

平田は、目指すべき建築を「生命論的建築（Biological Architecture）」という。それは、「均質空間的な理念とは原理的に対立するもの」であり、「ポストモダニズムとは反対の方向性から建築にアプローチする」ものであり、「形態表現主義的な建築とも異なる」▼5。「生命論的建築」の三つの柱となるのは、「生命概念の拡張」「脱人間中心主義」「『かたち』と『はたらき』の再発見」である。人工物としてつくられる建築を生命あるものとして捉えるのが「生命概念の拡張」であり、「人間もまた生命を持つものの一員として生命圏を構成するのであって特権的に自然界を支配する存在ではないというのが「脱人間中心主義」である。「『かたち』と『はたらき』の再発見」というのは、建築の「かたち」は生きている人間の集団の「はたらき」が複合することによって生まれるのであって、その原理を再発見するということである。

▼5……近代建築を支える基本理念としての機能主義についても、機械的機能主義に対して有機的機能主義が対置されてきた。また、建築のメタボリズム（グループ）は、建築に「新陳代謝」という動的な概念を導入してきた。そして、現在、バイオミミクリーあるいはバイオミメティックスが関心を集める。しかし、平田は、「生命論的建築」という概念をメタファーとして用いるのではないと予めいう。そして、ピーター・アイゼンマンやザハ・ハディドのCADを用いたバイオモルフィックな形態操作とは異なるという。ただ、メタボリズムについては、その考え方を部分的に発展的に引き継ぐが、「同時に全くそれとは異なる有機的な世界観に基づく」という。

「観察のタイムスパンを千年のような長期に設定すれば、建築や都市もまた絶えず更新し変わり続ける動的な存在である」と平田はいう。アジアのフィールドを歩き出してもう四〇年になるけれど、明らかにしようとしてきたのは、人類が長い年月をかけて築き上げてきた都市や集落のかたちであり、その空間構成の仕組み、その組織原理である。僕らの続けてきたフィールドワークを、いつの頃からか「都市組織研究」と呼ぶようになったけれど、目指してきたのは、無数の人生が積み重なってつくりあげられる都市建築のあり方に学ぶことである。ただ、「建築」は、本質的に「自然」ではないし「生命」でもない。平田は、「人工物を自然と区別しているのは人間の意識に過ぎない」「自然と人工を連続的に捉える考えに可能性がある」と、「意識」と「考え」の問題とするけれど、基本的には「建築」することは、自然を傷つけることを本質とする。問題は、「傷つけて癒す」(拙稿『楓』一九九八)こと、建築を自然の循環系に置くということであろう。産業革命以降、建築生産の工業化によって、地域の生態系と建築との関係が切り離されて以降、自然と人工との連続的関係が失われてきたことが問題の本質である。しかしもちろん、一個の建築の設計によって、そうした大問題を一挙に解けるわけではない。論の中心は「かたち」の「はたらき」である。「かたち」の理論の中に問題の本質を胚胎《はいたい》しうるかどうかである。

図1、2(平面図)、4〜7、8左、9、10
提供:平田晃久建築設計事務所

種としての幾何学――「植物」を「育てる」ように設計する

「生命論的建築」の手掛かりとして第一に考えるのは、生命ある自然、有機体、具体的には植物(あるいは動物)である。当初は、「ゲント市文化フォーラム」の延長として、「からまりしろ」を誘発する幾何学に集中する。具体的には、「gallery.sora.」(二〇〇七)、「Csh」(二〇〇八)という椅子、「Architecture Farm」(二〇〇八)[図6]、「animated knot」(二〇〇九)、「Prism liquid」(二〇一〇)、「Coil」(二〇一一)といった作品がある。「Architecture Farm」と名づけらた台湾の住宅プロジェクトでは、限られた気積の中で表面積を最大化しようとする時に現れるかたちの原理を用いて、建築をつくろうとした。限られた拡がりの中で「ひだPleats」の表面積を最大にする「ひだの原理」[図7]、限られた拡がりの中で「ひもString」の長さを最大化する「ひもの原理」、内外を隔てる境界を「ねじれTwist」を発生させる『結び目』の幾何学」、ひとつの点に集まる角度の合計が三六〇度を超える同形の三角形の組み合わせでできる『ハイプレーン』の幾何学」などを検討してきた。それらを用いる幾何学を「種としての幾何学Geometry as the Seed」といい、その幾何学を 遺伝子のように扱い、植物を「育てるBreed」ように建築を設計するというのが当初の構想であった。近代建築が理念化する均質空間とそれを支える直交座標系の構造システムを超える幾何学の検討は、新たな空間を生成するヒントが得られる可能性はある。ただ、グリッドという概念は、必ずしも、直交座標系に限定されるわけではない。一般的には、多様

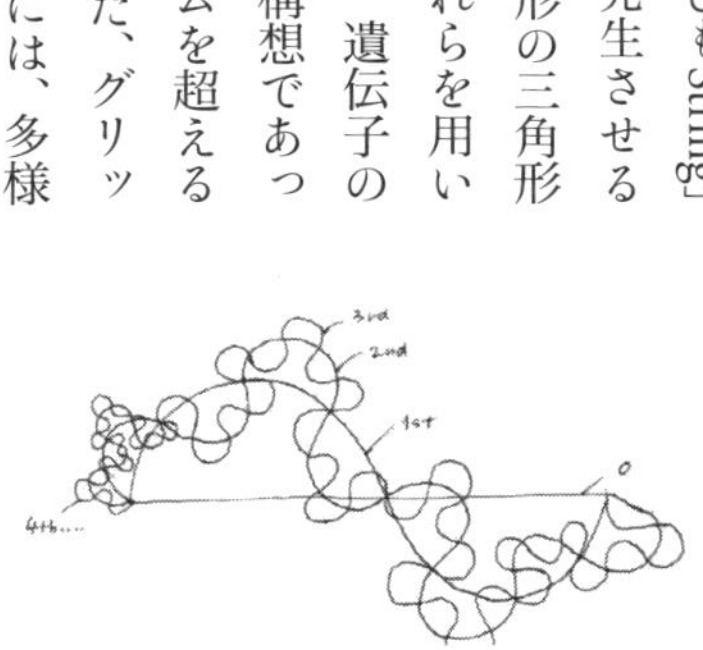

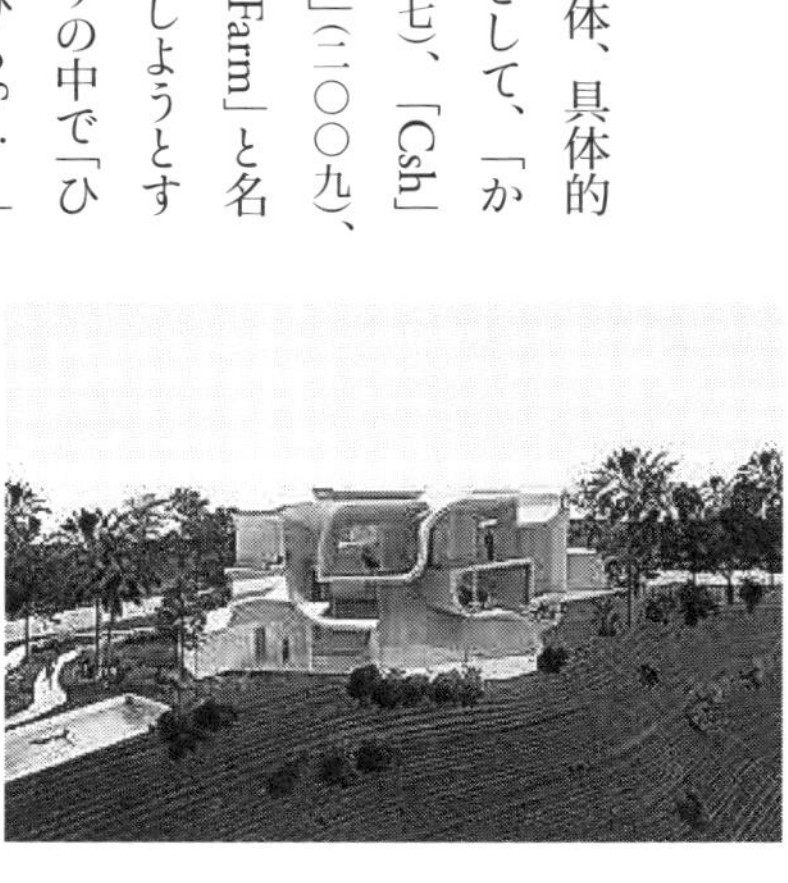

[図6] Architecture Farm(右)
[図7] ひだの原理(上)

体や二次元表面を一連の小さなセル（細胞）で充塡し、セル単位に識別子を付け、インデックスに利用するひとつのシステムがグリッドである。▼6 ただ、それが空間全体を覆うシステムとして、ひとつのアルゴリズムに限定されるかどうかが問題である。平田の建築理論のポイントは、幾何学を用いて「育てる」ということである。

流れの中でつくられるかたち

自然をモデルとする「からまりしろ」の幾何学の探究（単体的原理1）に加えて、平田は、もうひとつの「環境とからみ合う建築」の原理を追求する（単体的原理2）。具体的には、音、熱、光、空気（風）、水の流れ、さらに人の流れなど、流れとの関係によってつくられる「かたち」の原理である。「Long House」（二〇一二）や「釜石復興公営住宅」（二〇一三）といったプロジェクトがわかりやすい。こうした環境シミュレーションは、既に実際様々に用いられている。「単体的原理1」が「かたち」の自律的な生成原理に関わるとすれば、「単体的原理2」は、「かたち」と外部環境の関係の原理に関わる。

しかし、建築は、その二つの原理で成立するわけではない。そこで問うのが「〈からまりしろ〉の複合的原理」であり、そこで扱われるのが「Tree-ness House」（二〇一七）、「Tree-ness City」（二〇〇九）、「Taipei Roofs」（二〇一七）、「Taipei Complex」（二〇一一）、「Taipei Complex2」（二〇一五）といった一連の集合住宅・複合建築プロジェクトである。

▼6……地球全体の表面を覆うようなグリッドはグローバル・グリッドと呼ばれる。要するに、グリッドとは世界を覆う空間システムのことである。すなわち、グリッドについて考えることは世界を覆う空間システムを考えることになる。正方形または矩形のグリッドは、直交座標（緯度と経度）との変換が容易であるためよく使われてきたのである。一般にこれらのグリッドは二種類に分類できる。ひとつは経線と緯線に沿って分割するもの（等角）で、各領域の面積は等しくない（高緯度ほど面積が小さくなる）。もうひとつは面積が一定になるようにするもので（等積）、一辺の長さが等しいが、緯度や経度の変化は等しくない。

Tree-ness House

「Tree-ness House」[図8]は、その計画から八年近くの時を経て竣工に至った、五階建ての貸しギャラリーと住居の複合建築である。建築類型としては、一般的にいえば、ショップハウス(店舗併用住宅)である。日本に限らず、アジアの諸都市で最も一般的に見られる都市型住宅の形式である。

この建築を、幹や枝や葉からなる一本の樹木のように設計する。その全体は、A1ひだに絡む植物、A2ひだ状の開口、A3ボックスの積層の三つの組み合わせ[[A_1/A_2]/A_3]によって構成される[図8]。まず、高さの異なる単純なコンクリートの箱を、箱と箱の間の隙間の空間を考慮しながら、また、壁を上下でそろえるなど荷重の伝達を考慮しながら積み重ねる(A3)。そして、箱状の空間に開口をひだ状の出窓のように設ける(A2)。さらに、このひだ状の開口に植物を絡ませる(A1)。わかりやすいといえばわかりやすい。植物の種類はそれぞれの場所の日照条件や内部の要請に適合するように選ばれる。建物全体がひとつの空中(立体)庭園となる都市型住居のプロトタイプである。「GAZEBO(雑居ビルの上の住居)」(山本理顕、一九八六)を想起した。数層の中庭式住宅であるが、箱

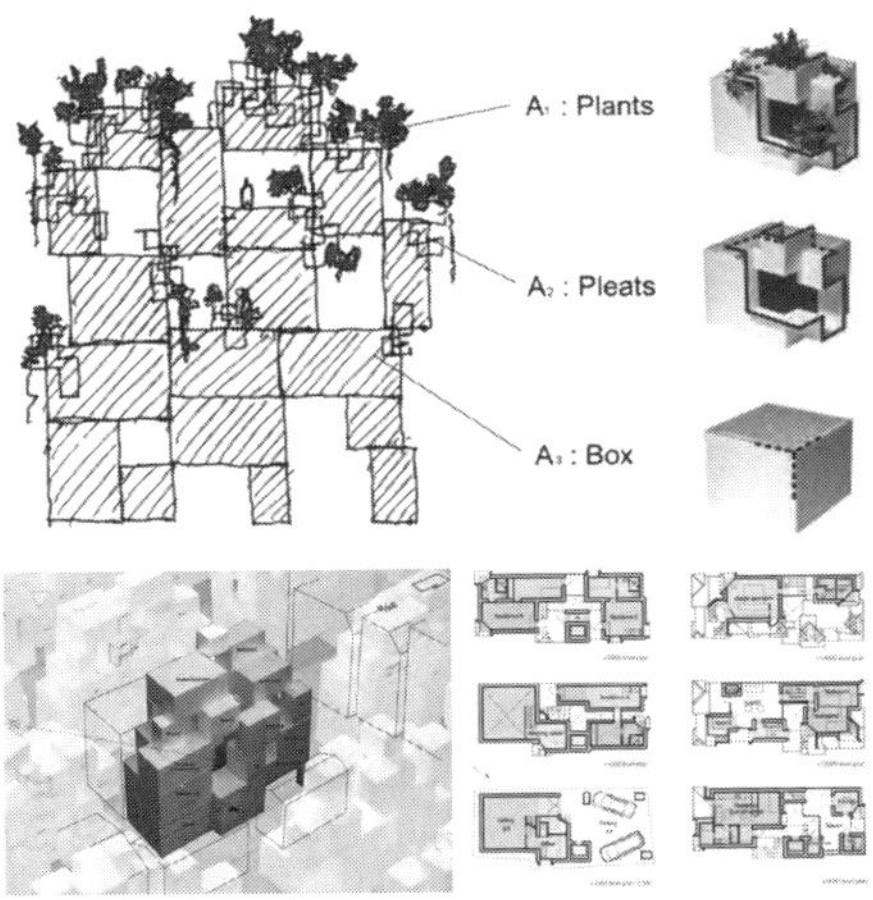

[図8] Tree-ness House
左｜ボックスの積層の3つの組合せ

の高さの組み合わせで床レベルはスキップできる。平田は、A・ロースの「ラウム・プラン」を意識した、という。

Tree-ness City

「Tree-ness House」を単位とする都市モデルとして提案されたのが、青山病院跡地（東京）を敷地とした架空プロジェクトの構想「Tree-ness City」（二〇〇九）［図9］である。伊東豊雄を座長とする研究会の成果として『二〇XX年の建築原理へ』（伊東豊雄・平田晃久・藤本壮介・佐藤淳著、INAX出版、二〇〇九）にまとめられているが、目的は明快である。大手ディベロッパーによって行われている再開発手法は、建築の高層化によって地上に緑地や公共用地を生み出そうとするル・コルビュジエの「三〇〇万人の現代都市」（一九二二）あるいは「ヴォアザン計画」（一九二五）をモデルとするが、低層住宅群がもっと連続しながら立ち上がる高層建築はないか、巨大な垂直な箱ではなく、十分な光や風や水が内部まで浸透していくようなひだの多い建築はないか、密集し、混沌としながらも複雑で自然環境と深く関わる濃密な生命体のような高層建築を描くことはできないか、ということである。

都市あるいは街区への展開として、「Tree-ness House」を単位として、あるいは箱を単位として、その集合システムを提案するという構えが取られているわけではない。都市的規模の単体建築としての提案である。地権者の権利関係を前提にモデル化するのはあ

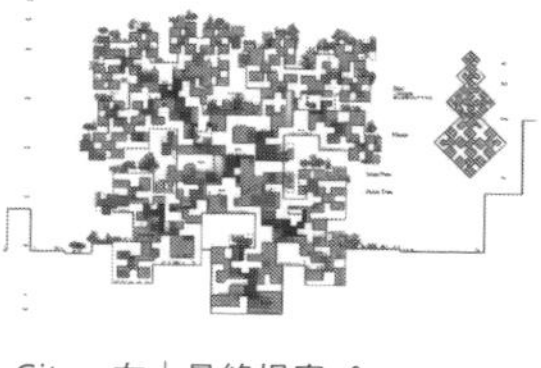

［図9］Tree-ness City　右｜最終提案パース　上｜Operation2：Voidの形成＋ひだ化
［図10］Taipei Complex2。パースと階層構成（次頁右）

まりに複雑という理由からである。全体として、「Tree-ness House」と同様な手法が取られている。すなわち、ボリュームを増殖させて樹形をつくり(1)、樹状のボリュームの間にヴォイドを形成させ(2)、ボリュームに開口を設ける(3)という三つの操作によって構成される。「Taipei Complex2」(二〇一五)[図10]では、ラーメン構造のフレームに諸要素を埋め込んでいく手法が提案される。そして、台湾に竣工した「Taipei Roofs」(二〇一七)[図11]では、集合住宅(マンション)という形式として具体的な実現をみた。

アジアの都市を歩き始めて四〇年、この二、三年、かつて調査した街区を再び歩き始めたのだけれど、つくづく思うのは、すべての都市がどんどん似てくる、ということである。人工環境化がますます進行し、熱帯地域にアイスリンクやスキー場がつくられる。大都市には同じような超高層ビルが林立する。そして、居住地は、単純な箱を積み重ねるだけの高層住宅に変わりつつある。考え続けてきたのは、それぞれの都市に固有な都市型住宅の型であり、街区のかたちである。平田の「Tree-ness House」そして「Tree-ness City」の構想は、ひとつの大きなヒントを与えてくれている。

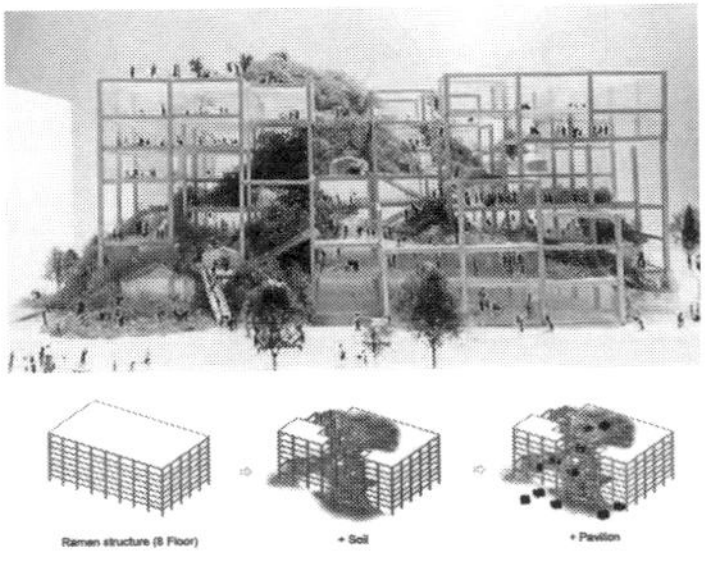

[図11] Taipei Roofs

5

伊藤麻理

公共建築に哲学を

挑戦し続けるコンペ

伊藤麻理 いとう・まり
建築家｜UAo主宰

1974年	栃木県生まれ
1997年	東洋大学工学部建築学科卒業
1999年	東洋大学大学院工学科建築学専攻修士課程修了
	スタジオ建築計画勤務（－2000年）
2001年	Atelier Kempe Thill architects and planners（オランダ）
2006年	アトリエインク設立
2006年－	東洋大学非常勤講師
2009年	一級建築士事務所Urban Architecture Office.合同会社に改称
2013年	UAoに改称

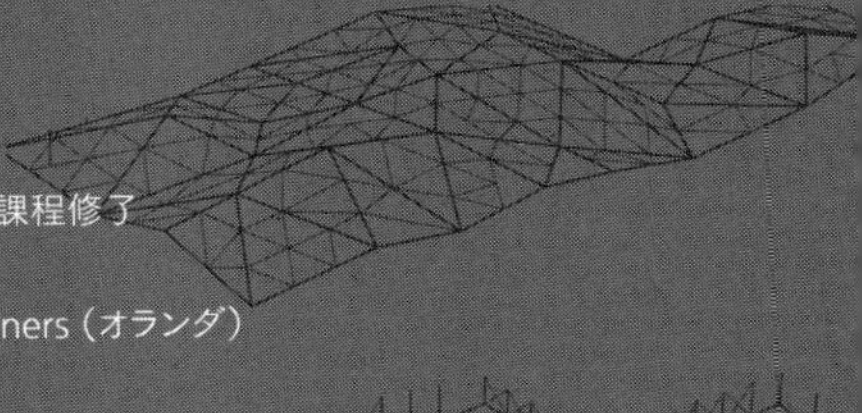

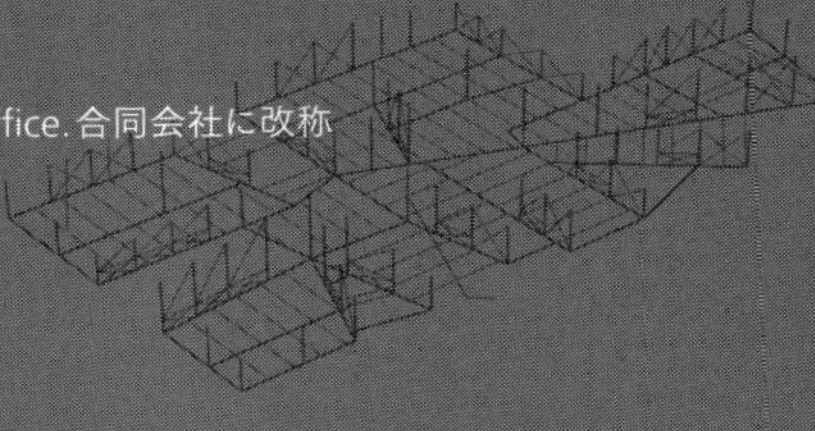

●主な作品
「群馬県総合情報センター」2009
「FKI House」2011
「ABE House」2011
「KMB House」2011
「サイエンスヒルズこまつ」2013（第56回BCS賞、第16回公共建築賞優秀賞）
「（仮称）那須塩原市駅前図書館等」2016－、2019竣工予定
「HYH House」2016

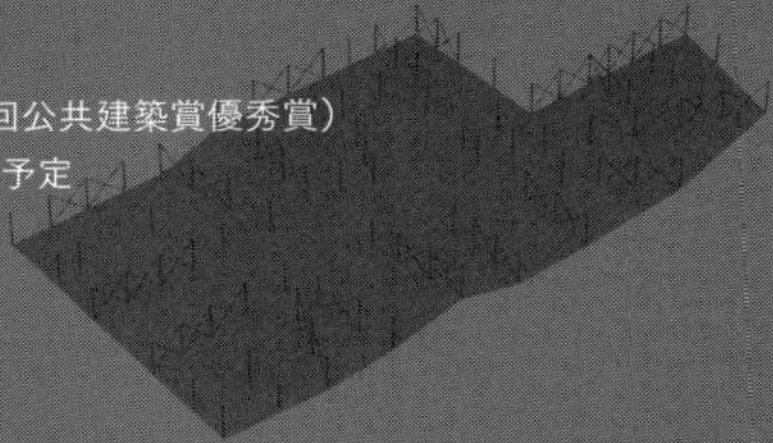

伊藤麻理の名を初めて知ったのは、鋸南町(千葉県)の「道の駅――保田小学校(都市交流施設整備事業設計業務プロポーザル)」コンペ[1](二〇一三・一二)の時である。ファイナリストの中に紅一点で入っていたのである。「サイエンスヒルズこまつ」(二〇一三・一〇竣工)の設計者で、東洋大出身だということだった。その応募案は、「サイエンスヒルズこまつ」を思わせるような帯状の曲面を組み合わせる構成案であった。[2] そして、「元倉真琴さんとのお別れの会」(二〇一八・一・二〇)で、鋸南町のコンペに応募しましたよ、と挨拶されたのが直接の出会いであった。建築設計競技の審査委員は幾度となくやった。結果には納得したということでほっとしたが、ひとりの勝者には喜ばれるけれど、それ以外のすべての応募者には残念がられる。元倉真琴が東洋大学の大学院に教えに来ていた縁で「スタジオ建築計画」に一年ばかり勤めた(一九九九―二〇〇〇)。「サイエンスヒルズこまつ」は元倉真琴(スタジオ建築計画)+伊藤麻理(UA o)の共同応募である。そして、若くして公共建築を実現するチャンスを得た。その後も、コンペには挑み続け、「(仮称)那須塩原市駅前図書館」(二〇一六・三)のコンペにも勝った。実力は今や証明済みである。所員も一〇人にもなるという。

▼1……委員長=布野修司、委員=宇野求・斎藤公男・広田直行、川名副町長(副委員長)他三名の町側審査委員含め計八名。

▼2……審査評は以下である。「提案番号八番=意匠がアイディアに満ちて、かつ、詳細まで検討されている。既存のものをほとんどいじらないことに徹し、ひとつだけ大きなことをやる点は価格低減にも効果のある面白い提案である。一方で、対象がスポーツに限定されており、さまざまな地域住民へのサービスを提供する施設としての機能が不十分であるとの懸念があり、上位三者に提案力が及ばなかったといえる」

那須塩原市駅前図書館

事務所は、渋谷駅から歩いてもほどないところにある。近所には設計事務所が少なくない。かつて、**原広司**（建築少年Ⅷ）のアトリエ・ファイがあり、**北川フラム**（アートフロント）が経営する「傘屋」があって、しばしば通ったなつかしい場所である。

東洋大学布野研究室出身の長谷部勉▼3と尋ねた時には、事務所には、施工業者も決まって着工直前であった那須塩原市駅前図書館の模型がバーンと置かれてあった[図1]。那須塩原は生まれ故郷である。設計にはひときわ思いを込める。図書館は一階を広く市民に開放する意欲的な構成である。市内の美術館や学校、老人施設など様々な場所をマラソンでめぐる「アーバントレイル」構想、他地域からも広く講師を呼んで議論する「ラーニング」企画など意欲的な提案がある。しかし、公共建築の実現過程には様々な問題があることを実感してきているようだった。僕も、隈研吾建築設計事務所が勝った守山市立図書館（二〇一八・七オープン）のコンペで委員長を務めたばかりで、図書館をめぐる行政内部の調整の難しさを含

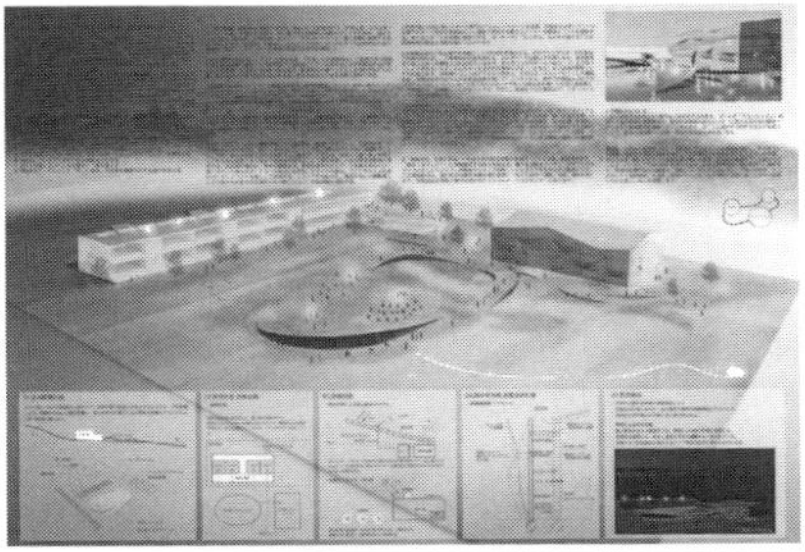

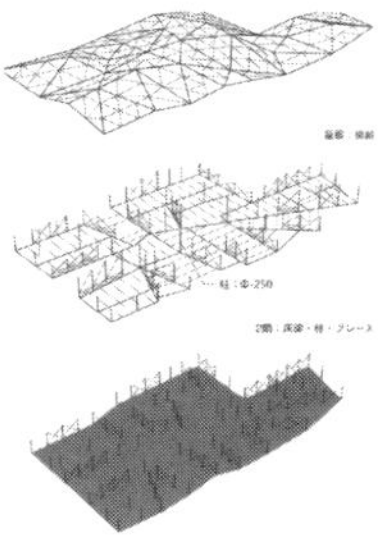

[**図1**] 那須塩原市駅前図書館コンペ案
中｜同、模型
下｜同、構成図

▼3……一九六八年山梨県生まれ。一九九一年東洋大学工学部建築学科卒。一九九一年堀池秀人都市・建築研究所勤務。二〇〇〇年服部建築計画研究所勤務。二〇〇二年H.A.S.Market設立。二〇〇五年―総合資格学院非常勤講師。二〇〇六年―東洋大学非常勤講師。

めていろいろ話した。アーキニアリング・フォーラムA-Forumで最近市町村の公共建築をめぐって議論をしているというと、その後、顔を出してくれるようになった。

［**図2**］上｜左から八巻秀房、伊藤麻理、長谷部勉
下｜長谷部勉の住宅計画案

パラダイス

東洋大学理工学部（川越キャンパス）の建築学科は、二〇一一年に創立五〇周年を迎えた。僕は、一九七八年五月に講師となり、一九九一年八月まで一三年余り教員として過ごした。東洋大学の卒業生の中で、華々しくコンペに勝って公共建築を手掛けるアトリエ派の建築家は初めてじゃないか、コンペで勝った時にはうれしかったと長谷部はいうが、長谷部もまた期待の星である［図2］。

東洋大学建築学科の五〇周年記念のシンポジウム（二〇一一・一〇・二九）のことは、**藤村龍至**（進撃の建築家②）の節で触れたが、国公私立五大学を渡り歩いた僕の経験から振り返っても、八〇年代から九〇年代にかけての東洋大学建築学科は、実に自由な、研究費は学科全体で共有、若い先生は勝手に使いなさいという、若手にとっては夢のようなパラダイスであった。前田尚美他教授陣の盾のもと、**太田邦夫**、安岡正人、上杉啓、**内田雄造**と錚々たる助教授陣が活き活きと活動していた。

▼**4**……一九〇三―一九八六。東京生まれ。一九二六年東京帝大卒。MIT大学院修了。大蔵省入省、営繕局にて国会議事堂建設担当。一九三〇年東京帝大工学部講師、一九三一年助教授、公衆衛生院建築衛生部長兼任。一九四〇年教授。一九六三年退官、東洋大学工学部教授。一九八三年日本建築学会大賞。

▼**5**……一九三七―一九九二。飯田市生まれ。一九六一年東京大学建築学科卒。一九六七年大学院数物系研究科博士課程（吉武・鈴木研究室）修了。一九六八年、東京

学科の創設者は環境工学の平山嵩[4]で、東大閥で編成されていたけれど、アンチ「本郷」の雰囲気もあった。僕を東洋大に招いてくれた内田雄造は安田講堂に立て籠もって逮捕された闘士であったし、東京理科大で全共闘運動を支援したとして解雇されて裁判中だった**宮内康**[5]を非常勤として採用していたのである。

コールハースのオランダ

太田邦夫研究室で「オープンプラン」をテーマとする修論を書いた。そして、スタジオ建築計画に一年勤めた。しかし、元倉真琴が東北芸術工科大学の教授に就任(一九九八―二〇〇八)したこともあって、海外の設計事務所へ眼をむける。学生時代から**レム・コールハース**が大好きで、その下で働いてみたかったという。ロッテルダムのクンストハル美術館Kunsthal Rotterdam(一九八九)が好きだというが、空間の流動性という意味では、「サイエンスヒルズこまつ」「ブダペスト美術館」に通じる。

ポートフォリオを持参してＯＭＡ(Office for Metropolitan Architecture)の門を叩いたけれどうまくいかない。当時、**伊東豊雄**(建築少年Ⅲ)がＯＭＡに事務スペースを借りていた。同時期に、後に中国中央電視台(ＣＣＴＶ)新社屋を手掛け、ＯＭＡのパートナーとしてニューヨーク事務所代表となる重松象平[6]がＯＭＡに入所している。

結局、アンドレ・ケンプAndré Kempe(一九六八生まれ)とオリヴァー・ディルOliver Thill

理科大学講師。一九六九年設計工房を開設。東京大学時代から学生運動に加わった経験から、当時の全共闘運動に共感し、行動する。六九年、宮内嘉久編集『建築年鑑』の編集に関わり、七〇年反万博運動にも関わる。一九七一年には東京理科大学闘争で学生を支援したことにより、大学当局から免職の通告を受けるが四年間にわたる裁判により勝訴する。著作に、『怨恨のユートピア』(井上書院、一九七一)、『風景を撃て――一九七〇―一九七五』(相模書房、一九七六)がある。状況劇場稽古場、山谷労働者福祉会館、青森県七戸町美術館(現鷹山宇一記念美術館)などの建築作品があるが、設計だけでなく建設も利用者とともに、ものづくりを行うことが重要という主張を身をもって示した(「怨恨のユートピア」刊行委員会編『怨恨のユートピア――宮内康の居る場所』れんが書房新社、二〇〇〇)。

（一九七一生まれ）というドレスデン工科大学出身の同級生のドイツ人二人がコンペ（Kop van Zuid, Rotterdam, 1999）に勝って立ち上げたばかりのＡＫＴ（Atelier Kempe Thill architects and planners）（二〇〇〇設立）の仕事を手伝うことになる。二人で始めたアトリエ（ツーマンバンド）は今や中規模（二〇人程度）の組織事務所になっている。端正なカチッとしたいかにもドイツ人建築家らしい作風である。また、仕事もオランダ、ドイツからベルギー、フランス、オーストリア、さらにモロッコ、エジプトに拡がっている。

　同世代の邂逅《かいこう》がヨーロッパで様々にあった。ソ連邦の崩壊、ベルリンの壁解体以降のヨーロッパには、何かを生む「梁山泊」がいくつも発生した。その中心のひとつがコールハースのオランダである。一九九二年に欧州連合条約が調印され、翌年欧州連合が発足した。通貨統合が進められ、一九九八年に欧州中央銀行が発足、翌年には単一通貨ユーロが導入される。伊藤麻理は、そうしたヨーロッパの激動の雰囲気を呼吸しながら出発したのである。

ＵＡ。

　帰国するきっかけとなったのは、姉の住宅の設計だというが、二〇〇六年にアトリエインクを立ち上げた。仕事はないから、「塩尻市図書館複合施設」（二〇〇六、審査委員長・山本理顕（建築少年Ⅳ））関谷小百合案で第一次選考（五案）通過など、とにかくがむしゃらにコ

▼6……一九七三年福岡県久留米市生まれ。一九九六年、九州大学工学部建築学科卒。ベルラーヘ・インスティチュートを経て、一九九八年よりＯＭＡに所属、二〇〇八年にＯＭＡニューヨーク事務所代表。ハーバード大学デザイン学部大学院、コーネル建築学部大学院の非常勤講師。ハーバード大学では、二〇一三年よりデザイン学部大学院ＧＳＤにおいてAlimentary Design Studioを担当。建築家。建築設計集団ＯＭＡのパートナーおよびニューヨーク事務所代表。

ンペに取り組んだ。そして、幸運にも、群馬県の東京ショールーム(銀座)「群馬総合情報センターＧＩＳ」のコンペ(二〇〇八)に勝った。仕掛け人は、群馬県で数々の二段階公開ヒヤリング方式のコンペの実施を支えてきた新井久敏である。テナントビルの一、二階二七二・〇二平方メートルのインテリアの設計であり、大きな実績は必要ない。全国から一〇七の応募があった中での最優秀賞である。デビュー作品となる。三四歳だから決して早いデビューとは言えないけれど自信も得た。残念ながらこのショールームは群馬県が撤退して今はない。しかし、つくづく思うのは、こうした小さなコンペの力である。残念なことに、行政手間がかかるからであろう、日本ではこうしたコンペは実に少ない。

そして続いて挑んだのが「サイエンスヒルズこまつ」(二〇一一)だ。この仕事でＵＡｏを株式会社とし(二〇一三)、建築家の基盤を確立することになる。このコンペの場合、応募資格に欠けた。そこで「スタジオ建築計画」とのＪＶで応募のかたちを採った。「スタジオ建築計画」の元倉眞琴は応募内容に一切口を出さなかったという。竣工まで自力でやりきった。伊藤麻理にとっては、元倉からの優しい素晴らしい贈り物となった。若くして大規模な公共建築を設計する機会を得るとともに、今後、ほとんどの公共建築のコンペに応募する資格を得た。ＵＡｏ(Urban Architecture Office)という命名には、念頭にコールハースのＯＭＡがあるのだろう。「建築士ではなく、いわゆる建築家でもなく、いうなれば、都市計画を描く『アーバンアーキテクト』という概念」で仕事に取り組みたいという(『ＫＪ』二〇一六・八)。

サイエンスヒルズこまつ

一方で、「IWM House」(二〇一〇)、「SUI House」(二〇一一)、「FKI House」(二〇一一)、「ABE House」(二〇一一)、「KMB House」(二〇一一)など、不思議な雰囲気の住宅作品がある。「サイエンスヒルズこまつ」や「ブダペスト美術館」(二〇一四)[図3]の流麗な曲線に対していささか武骨な印象であるが、ひと味違った感性である。

「サイエンスヒルズこまつ」[図4]は小松駅のすぐ南に丘のように盛り上がっている。ものづくりを基盤とする産業拠点をうたう絶好の敷地である。駅の直近に人目を引かんと置かれた真黄色の巨大なトラクターにまず驚くが、少し離れて、折り重なった屋根が古墳のように見える。その敷地は、北陸随一といわれる弥生時代の大規模環濠集落の遺跡地(八日市地方遺跡)であった。シンボル性が要求された建築であることはすぐさま理解できた。「建築とランドスケープの融合」を一貫するテーマとするが、加賀平野の南に遠望できる白山連峰が意識されている。

よくできている。デッドスペースが気にならないかことさら隅々まで見たけれど、スケールに余裕があるからであろう、大きな破綻はない。四つのウェーブと名づける鉄筋コンクリートの曲面体を「ほどよくずらして」並べたのが基本構成である。ウェーブの屋上はすべて緑化され、歩けるようにする。室内で行われる多様なアクティビティを機能的には分離しながら視覚的にはつなげる。プランやセクションを見ているだけではな

[図3]ブダペスト美術館コンペ案

[図4]サイエンスヒルズこまつ(次頁)

かなか空間がイメージできない。平田晃久（進撃の建築家④）の「太田市美術館・図書館」でも感じたけれど、この空間感覚は明らかに新たな道具を手にした新世代のものである。「ほどよくずらして」並べるためには、模型で考える必要があるが、３Ｄ－ＣＡＤによるチェックが不可欠である。伊藤麻理の場合、驚いたことに、すべて自ら細部まで設計するのだという。学生時代からＣＡＤは自在に使ってきた。▼7

公共哲学

アトリエ派の未来のひとつの姿がここにある。すなわち、基本的にひとりのアーキテクトがＣＡＤ－ＣＡＭさらにＢＩＭによって、建築の設計を統括できるのである。コンピューター技術はそれを可能にする。アトリエ派の建築家こそ武器として様々な道具を身につけるべきである。

伊藤麻理は、最近の「新香川県体育館」のコンペも含めて公共建築のコンペに応募し続けている。コンペを基本にするのはヨーロッパ体験が大きいと思う。東欧出身のＡＫＴの二人もコンペでチャンスを得たのである。三つのコンペに勝って公共建築の設計施工の現場を体験する中で、「公共」とは何か、「公共建築とは何をつくることなのか」を考えるようになった、という。

▼7……施工が大変だったことはいうまでもない。熊谷組の山村芳裕統括所長以下、サイエンスヒルズこまつ・西村章課長・君島康之作業所長がその苦労を語っているが（熊谷組ウェブ・サイト七六、二〇一四）、一方でやりがいがあった仕事であったことがわかる。伊藤麻理も現場は楽しかったという。

図1（上・下）、図3　提供：伊藤麻理

公共建築は〝公共哲学に基づく〟はずだ……公共哲学とは、「わたし」と「あなた」という対立と調整ではなく、「わたしたち」で一緒に物語を描くことだと考えている。……しかしながら要綱には「公共哲学」に及ぶ考えが示されていないことが多い。
(『KJ』二〇一六・八)

この問題はもとより伊藤麻理ひとりのものではない。しかし、すべてのコンペに勝つことはありえないであろう。事務所の経済的基盤について、UAoはしたたかに考えている。大手の建設不動産業者と組みながら、集合住宅のモデル開発[図5]にも取り組んでいる。伊藤麻理とUAoには、素晴らしい前途がある。もしかすると、とてつもない大組織に成長するかもしれない。しかし、「公共哲学」を問う、初心忘るべからず、である。一作品一作品を自ら位置づけながら、設計方法を鍛えながら伸びていってほしいと思う。

[図5]集合住宅のモデル開発

6

アルファヴィル

竹口健太郎
山本麻子

フォルマリズムの探求

異化・同化・転化

山本麻子 やまもと・あさこ
建築家｜アルファヴィル共宰

1971年　滋賀県生まれ
1994年　京都大学工学部建築学科卒業
1995–96年　パリ建築学校ラ・ヴィレット校留学（日本政府給費留学生）
1997年　京都大学大学院工学研究科生活空間学修士課程修了
1997年　山本理顕設計工場勤務
1998年　アルファヴィルを共同設立
2005年　京都大学大学院工学研究科生活空間学博士課程単位取得退学
2015年–　京都大学非常勤講師
2016年–　大阪工業大学非常勤講師
2019年–　京都造形芸術大学非常勤講師

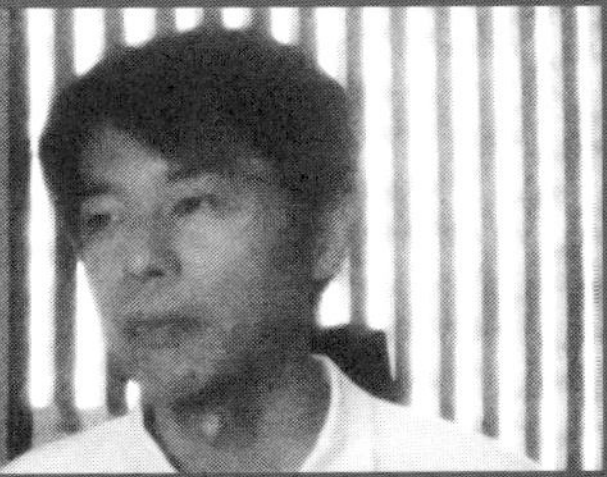

竹口健太郎 たけぐち・けんたろう
建築家｜アルファヴィル共宰

1971年　京都府生まれ
1994年　京都大学工学部建築学科卒業
1995–96年　AAスクール留学（ロータリー財団奨学生）
1998年　京都大学大学院工学研究科建築学修士課程修了
1998年　アルファヴィルを共同設立
2011年–　神戸大学非常勤講師
2017年–　立命館大学非常勤講師
2018年　京都工芸繊維大学大学院工芸科学研究科建築学博士課程修了
2018年–　神戸大学客員教授

●主な作品
「W-window House」2005
「House Twisted」2008（Hise Award、スロベニア）
「高野山ゲストハウス」2013（渡辺節賞、JIA関西建築家新人賞、Daylight Space Award［オーストリア］）
「カトリック鈴鹿教会」2015（日本建築設計学会作品賞、中部建築賞）
「絆屋ビルヂング」2017
「西大路タウンハウス」2019

●展覧会
「Primary Structure」2011（プリズミックギャラリー）
「SDレビュー入選展」2013（代官山ヒルサイドフォーラム）
「ヴェネチア・ビエンナーレ国際建築展」2016（European Cultural Center、ヴェネチア）
「Invisible Architecture」2017（Mueu Carlo Bilotti、ローマ）
「CO-DIVIDUAL ARCHITECTURE」2017（Farm Cultural Park、シチリア）
「第六感を超えて——阿頼耶識」2018（絆屋ギャラリー）

●著書
『Alphaville Architects』（Equal Books、2013）
『Come Giardini』（Libria、2013）

アルファヴィルの二人、**竹口健太郎**、**山本麻子**もまた僕が京都大学で最初に出会った学生たちである。いずれも一九七〇年代初頭生まれで、僕の学生時代に生まれ、育った世代である。同世代の建築家として、藤本壮介（一九七一生まれ）、小堀哲夫（一九七一生まれ）、吉村靖孝（一九七二生まれ）などが思い浮かぶ。

二人の大学院時代、山本麻子の修士論文▼1のために、孫躍新（天津在住）、王勝（北京在住）の四人で大連南山地区の満鉄社宅を調査したことがなつかしい▼2。阪神・淡路大震災の年であり、研究室が担当した尼崎市一五万戸の被災度調査をようやく終えた直後である。北京滞在中に、先頃その実行犯が相次いで死刑執行された「地下鉄サリン事件」（一九九五・三・二〇）が起こった。当時の中国は、北京や天津の車道を無数の自転車が走る、そんな時代だった。南山地区は、再開発が課題になっていた。大連市長をしていた、二〇一二年に失脚した元重慶市長、薄熙来と会って握手したことを思い出す。二〇一四年に二〇年ぶりに訪れて、「南山風情旅游街」への変身にただただ驚いた。山本麻子は当時の文部省給費留学生としてパリ建築学校ラ・ヴィレット校へ留学、同時期に竹口健太郎はＡＡスクールへ留学する。帰国後、**山本理顕**（建築少年Ⅳ）が埼玉県立大学のコンペで

▼1……山本麻子「中国・大連の南山地区に残る日本近代住宅に関する研究」修士論文（京都大学）、一九九七年三月。振り返れば、山本麻子の父、山本有造は、経済史学の泰斗であり、日本帝国史、日本植民地史の一環で、満州国については多くの実績があったことが大連を論文のテーマにした背景にあったと思う。

▼2……一九九五・三・一九—四・一、中国—北京—天津—大連、中国建築学会訪問、大連調査（布野修司・孫躍新・山本麻子・王勝）。

勝って人が欲しいというので山本麻子を推薦、スタッフとなったが、一年ほどで京都に戻り、一九九八年四月、竹口と二人でアルファヴィル設立、京都を拠点に設計活動を開始した。

アルファヴィル

アルファヴィルといえば、J・L・ゴダールの映画『アルファヴィル』（一九六五年ベルリン国際映画祭金熊賞受賞、日本公開一九七〇年）である。ヌーベルバーグの映画、特にゴダールの映画は、僕らの学生時代の映画である。建築少年である前に映画少年となった僕は、毎週のように映画館通いをしていたのであるが、中でも「アートシアター新宿文化」がお気に入りであった。『気狂いピエロ』『中国女』も続いて見たし、大島渚、篠田正浩、吉田喜重らの映画もここで見た。しかし、世代が違う。事務所名の由来について改めて尋ねてみると、やはり、ゴダールの映画にヒントを得たという。京大時代からパリ留学時を通じて古いのから新しいのまでゴダールの映画はかなり見たのだという。ゴダール・リバイバル？ である。[3] わが娘の部屋にも主演女優アンナ・カリーナのポスターが貼ってあった。

J・L・ゴダールの映画では「感情や思想の自由など個人主義的な思想が排除された都市」がアルファヴィルであるが、[4] アルファヴィルとは、フランス語の造語で、英語では

▼3……『現代思想』（青土社）の臨時増刊号に「総特集 ゴダールの神話」（一九九五・一〇）があり、二〇〇二年に四刷されている。ドイツのバンドに「アルファヴィル」（一九八二年結成）というのがあるらしい。また、村上春樹が『アフターダーク』（二〇〇四）という小説の中で映画『アルファヴィル』に触れている。

▼4……コードナンバー〇〇三を持つシークレット・エージェント、レミー・コーションがアルファヴィルを建設したフォン・ブラウン教授を逮捕抹殺し、アルファヴィルを管理する人工知能アルファ六〇を破壊する物語である。

〈アルファ・シティー〉、日本語では〈ある(A)都市〉という意味である。近未来のどこかの都市を舞台にしているけれど、セットは使わず、パリのようでパリでないような都市がアルファヴィルである。見慣れた都市を改めて見直す視線、異化する視線を常に持って建築設計に取り組んでいこうという所信を込めたのだという。

京都から世界へ

事務所設立二〇周年を迎えるに先立って、二人は、英文の作品集『Alphaville Architects』(EQUAL BOOKS、二〇一五)を上梓する。作品集の冒頭の「アルファヴィル」論(解説)で倉方俊輔が触れているので思い出したのであるが、設立以前、修士在学中に手掛けた作品に山本有造[▼5]家の別荘がある。図面を見せられた記憶がある。倉方によれば、既に、斜め線による空間分割、内と外とのシームレスな連結というアルファヴィル建築の特性をみることができる。二人ともどこかで建築修業をすることなく独立したから、学生時代のまま設計活動を続けてきた印象がある。しかし、いきなり独立といっても仕事がなければ始まらない。事務所を立ち上げたばかりの頃、僕の当時の自宅近く、高野(左京区高野)で設計したカフェを見せてもらったことがあるが、苦労している様子であった。作品集に掲載されている作品の中では、白川通りの、いかにもローコストの美学を追求したかのようなCafe House[図1]が初期の佳品である。

▼5……一九四〇年京都市生まれ。京都大学名誉教授、元中部大学特任教授。数量経済史、日本経済史、日本帝国史、日本植民地史、貨幣・金融史。博士(経済学)。一九六七年京都大学大学院経済学研究科修士課程修了。三和銀行を経て、京都大学人文科学研究所助手、神戸商科大学助教授、京都大学人文科学研究所助教授、同教授、中部大学人文学部教授を経て、同大学特任教授。(二〇一一年三月退職。主要著作に『日本植民地経済史研究』(名古屋大学出版会、一九九二)、『両から円へ 幕末・明治前期貨幣問題研究』(ミネルヴァ書房、一九九四)、『「満州国」経済史研究』(名古屋大学出版会、二〇〇三)、『「大東亜共栄圏」経済史研究』(名古屋大学出版会、二〇一一)など。

▼6……「アルファヴィル」のウェブサイトは次のようにうたう。

一九九〇年代半ば、ソ連邦解体後のヨーロッパは、若き建築学徒にとって実に刺激的な場所であった。**大島芳彦**（進撃の建築家③）も、**伊藤麻理**（進撃の建築家⑤）もそうであるが、二人は胎動する何かを受け止めたのだと思う。そして同時に、生まれ育った世界の古都・京都を拠点とすることも決意した。以降、京都から世界へ向けた発信が常に意識されている。ウェブサイトによるグローバルな情報発信は、[6]建築ジャーナリズムの世界を大きく変えてきたが、今や世界中からアルファヴィルを訪れる学生、インターン生、建築家がいる。

「京都を中心に、常に空間の新しい可能性を考えながら活動しています。……スケールの違いによらず三次元的に自由な発想、そして光に留意したシンプルでありながら陰影と奥行きのある空間を心がけ、国内外へ提案してきました」

斜線・斜面・斜壁

作品集に取り上げられた作品群を見ると、全体を貫いているのは明らかにフォルマリスティックな手法である。かたちの自律性が追求されているように思える。そして、やたらに斜め線が目立つ。House Folded［図2］、House Twisted［図3］など、まるでＸＹＺの直交座標軸を憎むかのようである（三次元的に自由な発想！）。New Kyoto Town House［図4］やSlice of the City［図5］にしても、ファサードは近隣に合わせながら、内部には斜め線が挿入される。確かに、倉方のいうように、デコンストラクションの時代に建築の遺伝子が組み込まれて、その面白さに没入してきたように思える。

一九六〇年代末から一九七〇年代にかけて、近代建築批判を標榜する多彩な表現が生

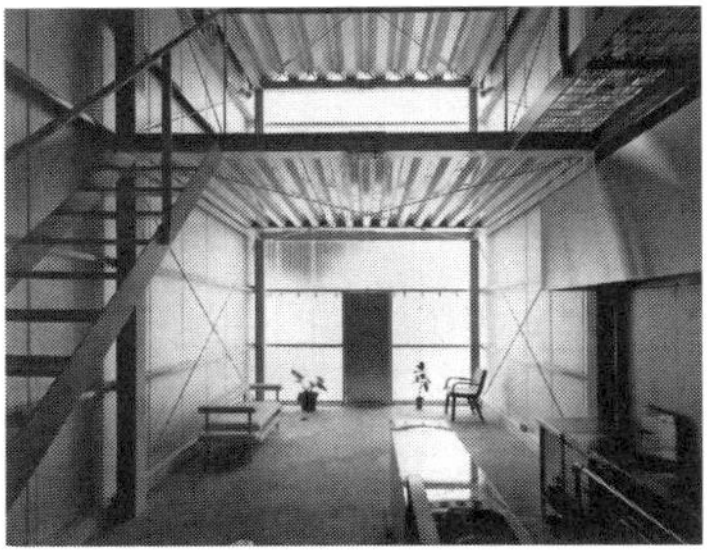

［図1］
Cafe House
（撮影：杉野圭）

み出された。その批判の方向は大きくはコンテクストかコンセプトかということになるが、歴史的様式（プレモダン）へ、装飾へ、地域へ、ヴァナキュラー建築へ、バラックへ、概念建築へ……と様々であった。しかし、それらはモストモダン・ヒストリシズム（あるいはリージョナリズム）、○△□の建築などと仕分けされ始め、「ポストモダンの建築」と総称されることになる。

近代建築批判という課題は、デザインの問題にとどまるものではない。建築の産業主義的生産消費のシステムが問題である。形態操作の水準にとどまるとすれば、限界は予めはっきりしている。通常、形態のみの操作には建築家自らが飽きる。そして、ディテールの洗練、材料や構法の探求へと建築を深化させていく。新奇な形態を追い求め続ける**伊東豊雄**（建築少年Ⅲ）について「かたちの永久革命」と評したが、当の本人が「新たなかたちを生み出し続けるのは疲れるよ」とつぶやくのを直接聞いたことがある。「みんなの家」に一旦行き着いたのもわからないわけではない。「常に空間の新しい可能性を考えながら」という意気やよし！であるが、その行き着く先を考える必要がある。

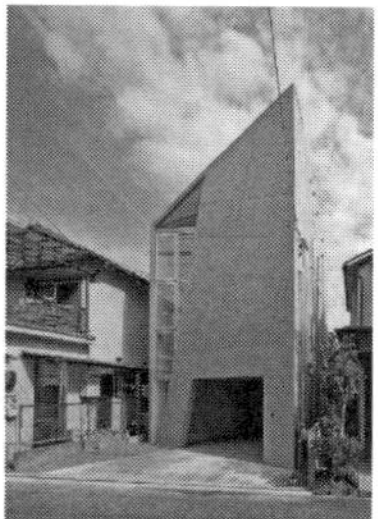

［**図2**］House Folded（上2点）
［**図3**］House Twisted（下右）
［**図4**］New Kyoto Town House（下中）
［**図5**］Slice of the City（下左）

（撮影：中村絵［図2］、Sergio Pirrone［図3］、杉野圭［図4・7］、矢野紀行［図5］）

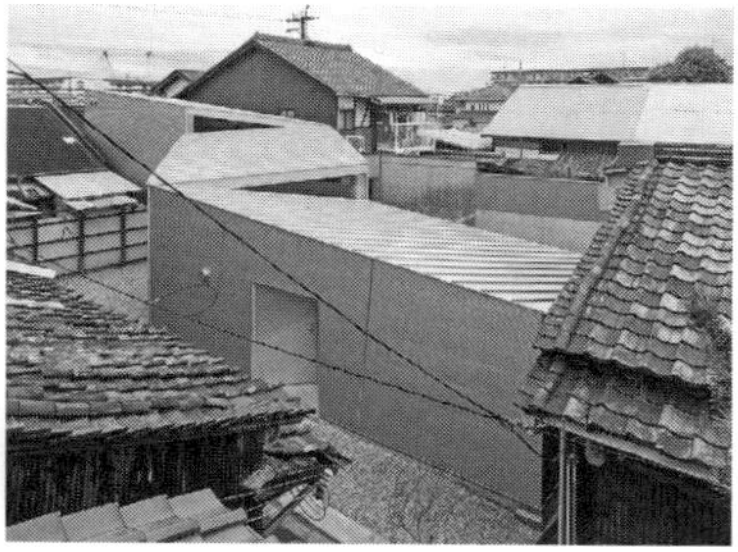

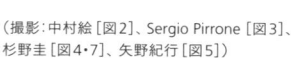

異化するコンテクスト

彦根に「アルファヴィル」の作品が三つある。Skyhole（二〇一四）という戸建住宅［図6］、Hikone Studio Apartment（二〇一五）という集合住宅［図7］、そして教会である。戸建住宅は「アルファヴィル」らしい作品である。ただ、住宅スケールの建築にしては「幾何学的手法」を優先しすぎている。彦根では、キャッスルロード（戸所岩雄）あるいは四番町スクエア（内井昭蔵）のような歴史的町並みを復元するかのようなファサード・コントロールの手法が展開されてきたが、京都では至るところでその規制と闘うことが課題となる。

ファサードはコンテクストに合わせながら、内部空間は3DCADで自在につくりだすというのはひとつの手法である。New Kyoto Town Houseはそうした例である。しかし、ファサードに縛られ過ぎるとファサードと建築（空間）構造が分離されることになる。商業建築には一般的に見られるファサーディズム、虚偽構造（シャム・コンストラクション）、看板建築の系譜である。峻拒《しゅんきょ》すべきは、勾配屋根を一律規制するといったファッショ的な景観規制である。「アルファヴィル」のフォルマリズムの探求は、もとより、皮相なファサーディズムとは無縁である。そして、形態の自律性のみを追求するわけでもない。フォルムが生成されるコンテクストをどう捉えるか、異化するコンテクストとは何かが問題となる。

［図6］Skyhole（右）
［図7］Hikone Studio Apartment（左）

図と地

アルファヴィルのこれまでの作品は、専ら、既存のコンテクストを異化することに重点を置いてきた。しかし、近年の「絆屋ビルヂング」（二〇一七）［図8］、「庭路地の家」（二〇一七）［図9］、「ホステル翠 粋伝庵はなれ」（二〇一八）［図10］は、外に向かってその存在を強調する構えがない。木造であり、木造で斜線、斜壁の妙味を追求しようとする「絆屋ビルヂング」の他は「アルファヴィル」にしては温和《おとな》しい。ひとかわむけたような気がしないでもない。「絆屋ビルヂング」の場合、街区のいわゆる「アンコ」に立地しており、景観に関わる規制はそう厳しいわけではない。容積率は、クライアントの要求に対して余裕がある。ジュエリーアーティストの地石浩明の話を聞いて、故人を偲ぶ形見としてつくられるモーニング・ジュエリーという世界があることを初めて知った。全国から依頼者が訪ねてくる、そして故人の一生に向き合う、そういう仕事の工房、ギャラリー、そして住居が一体となった空間が日本の古都京都のど真ん中にあることはなんとなく相応しいように思えた。ここかしこに宿泊施設が増えつつある京都であるが、街区の「アンコ」部分にこうした工房が組み込まれた建築類型が新たに成立する可能性はあるのではないか。

そして、「庭路地の家」「粋伝庵はなれ」の二つも、京町家の建築類型（プロトタイプ）として地の一部となっていく可能性がある。図と地を区別して方法展開するのもひとつの選

［図8］絆屋ビルヂング

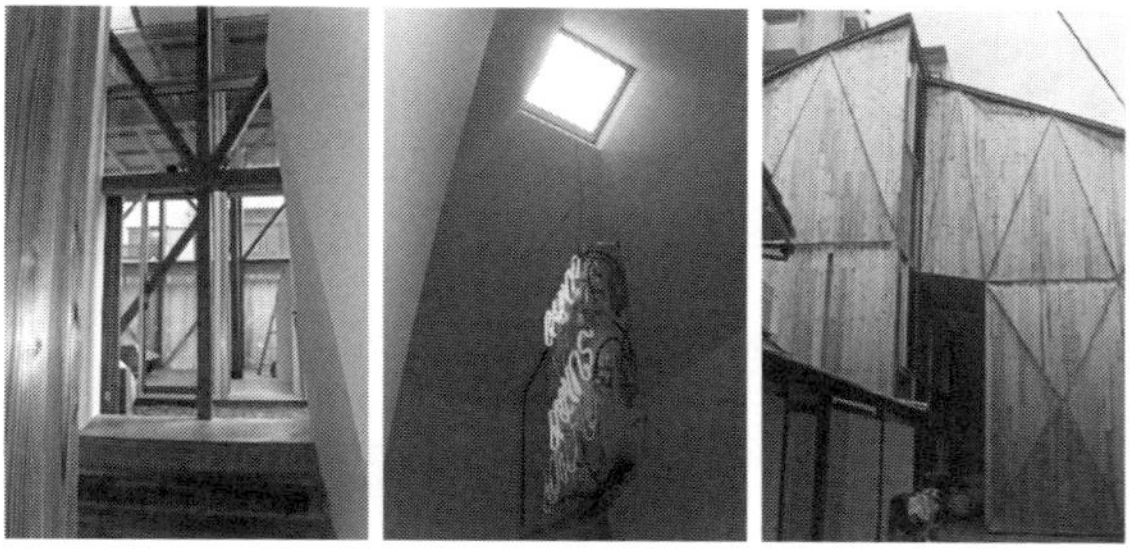

［図9］
庭路地の家（次頁上）
（撮影：杉野圭）
同3Dスキャニング（下）
（©Matthias Vollmer）

択である。「庭路地の家」は、大家と学生中心のコレクティブハウス、「粋伝庵はなれ」は民泊施設である。狭い敷地、狭小な空間に新たな関係を育む集合空間をつくりだそうと格闘していることがよくわかる。一階の細長い住宅は、東孝光の「塔の家」に拮抗しうる最小限住居であり、二階に個室群を搭載することにおいて集合化の契機を内蔵している。「粋伝庵はなれ」は、ベッド空間を立体的に組み合わせるおしゃれな「ドヤ」である。

こうして、形態自体の持つ強いメッセージ力によってコンテクストを異化する作品とは別に、コンテクストに同化しながら新たなコンテクストをつくりだしていく作品の二つを、どう理論化していくのかが、アルファヴィルに問われることになる。断片的な言葉、概念によって形態を説明するだけではなく、形態生成の理論をより丁寧に展開する必要があるのだと思う。

［図10］
ホテル翠 粋伝庵はなれ

図2左
提供：アルファヴィル

IV

職人·素材·技能

7

森田一弥

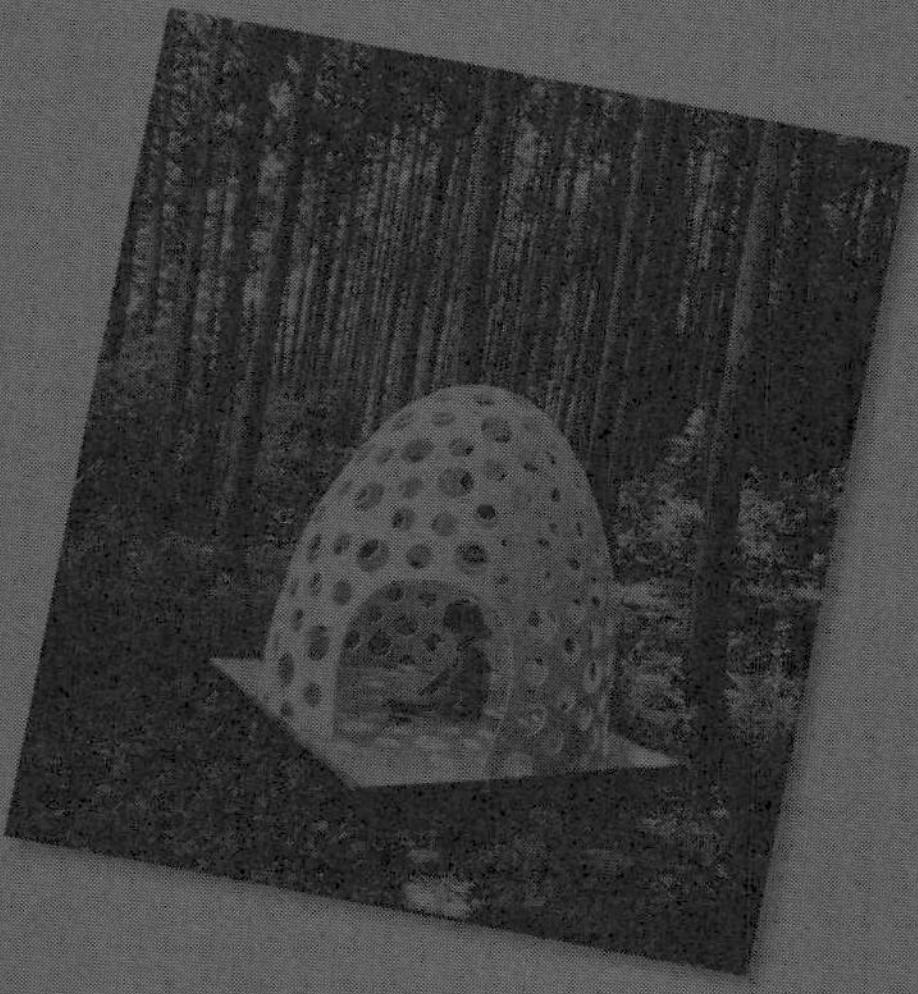

土の探求

左官技術のトランス・ナショナル

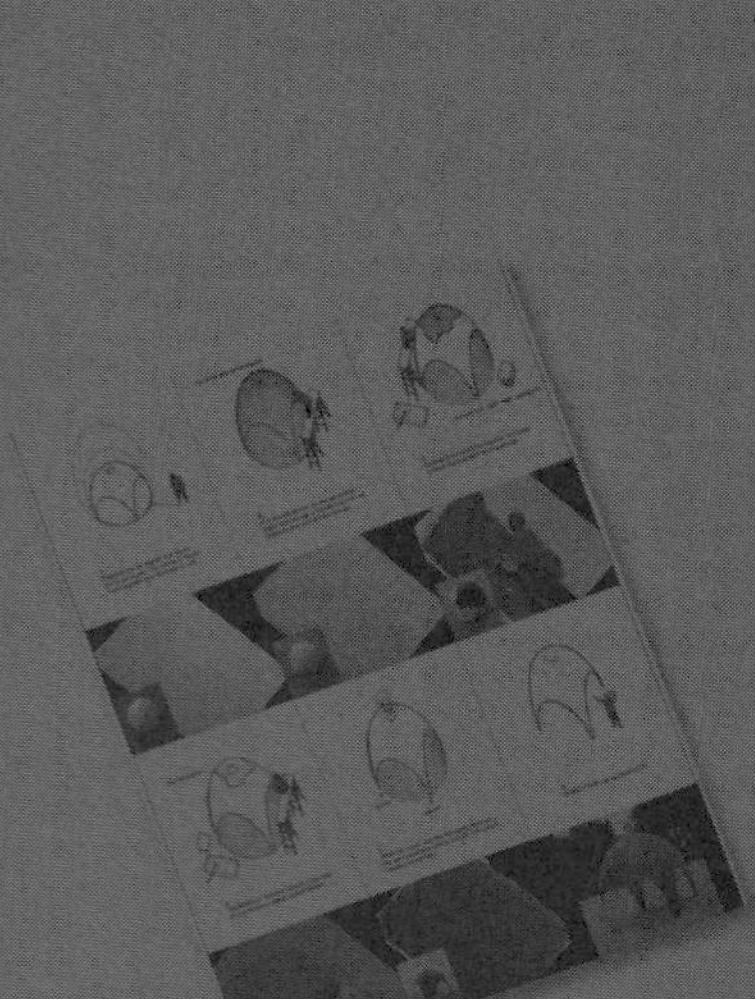

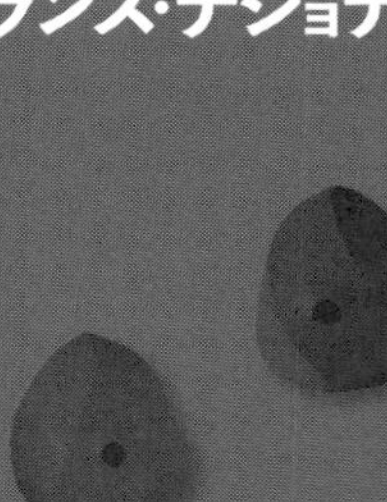

森田一弥 もりた・かずや

建築家｜森田一弥建築設計事務所代表

1971年	愛知県生まれ
1994年	京都大学工学部建築学科卒業
1994−95年	アジア・ヨーロッパ・アフリカ諸国を陸路で建築行脚する
1997年	京都大学大学院工学研究科生活空間学専攻修士課程修了
1997−2001年	京都「しっくい浅原」にて左官職人として修業、金閣寺など文化財建築の修復工事にたずさわる
2000年	森田一弥建築工房設立
2007−08年	Enric Miralles Benedetta Tagliabue Arquitetes 勤務（スペイン／ポーラ美術振興財団 若手芸術家在外研修員）
2011−12年	カタルニア工科大学バルセロナ建築学校 客員研究員（スペイン／文化庁 若手芸術家海外研修員）

●主な作品｜「繭 Mayu」2000

「Concrete-pod」2005

「Shelf-pod／君府亭」2007

「Brick-pod」2012

「御所西の町家」2014

「紫竹の町家」2016

「法然院の家」2017

「Lattice-pod ／朝田善之助記念館」2018

●著書｜『京都土壁案内』（写真＝塚本由晴、解説＝森田一弥、学芸出版社、2012）

●受賞｜JCDデザイン賞2001新人賞、AR Emerging Architect Award 2006（イギリス）Highly commended、大阪建築コンクール渡辺節賞、京都建築賞奨励賞 他森田一弥は京都市左京区に事務所を構えている。左京区といっても広く、静市《しずいち》静原町《しずはらちょう》、かなりの山奥である。周辺には長閑《のどか》な農村風景が拡がる[図1]。しかし、その眼はグローバルに開かれており、仕事も世界を股にかけて拡がりつつある。自宅兼用で所員数に比して事務所スペースがやや狭そうであったが、ごく最近、近くに事務所を設けた。インターンで来ている外国人も所員も京都の街中からバイクで通ってくる。ICT社会だから国際的コミュニケーションも問題はない。

[図1] 森田一弥設計事務所の所在地(上)と所員たち(下)

森田一弥も、僕が京都大学で最初に出会った学生のひとりである。学部学生の頃は休みを見つけては渓流でカヌーをしていたし、最初からどこか独立独行の雰囲気があった。大学院に入ると同時に休学する。大学で教えられるのは日本建築史と西洋建築史だけだからアジアの建築を見たかったと振り返っていう。大学院時代について記憶にあるのは、コンペで実施が決まった加子母木匠塾▼1の作品(宿泊所)である。

▼1……一九九一年夏、岐阜県高根村で、藤沢好一、安藤正雄、布野修司によって開塾。当初は「飛驒高山木匠塾」と称した。その後、加子母村(現中津川市)に拠点を移し、現在も活動を続ける。参加大学は、芝浦工業大学、千葉大学、東洋大学、京都大学、京都造形大学、大阪芸術大学など。加子母木匠塾を母胎に、川上木匠塾(奈良県)、多賀木匠塾(滋賀県)などに拡がっていった。当初一〇年の活動については『群居』四七号特集「木匠塾」に記録が掲載されている。

▼2……森田一弥「チベット・ラサの都市形成史に関する研究」修士論文(京都大学)、一九九七。

▼3……石山修武はコルゲート・パイプによる「幻庵」(一九七五)によって鮮烈デビューした後、続

［図2］加子母木匠塾の作品。外観と開口部

真っ黒に塗られた木造キューブで様々な開口部が仕組まれている［図2］。小さな空間だけれど、後の「Shelf-pod」に結晶する創意の才能の片鱗が示されていた。

左官修業

修士論文は、チベットのラサについて書いた▼2。チベットは当時も容易に訪れることができる場所ではなかった。僕もポタラ宮だけは見たいと思いながら今日に至るまで果たしていない。森田の修論も、単独調査がもとになっている。円環状の巡礼路を持つラサは都市構造として極めて興味深い都市であり、その後、研究室では、柳沢究（現京都大学准教授）が同様の円環構造を持つインドのヴァーラーナシーをターゲットにすることになる。博士課程への進学を考えていたが、いくつかの事情がそれを許さなかった。それで意を決したのか、もともとそのつもりだったのか、「しっくい浅原」で左官の修業を始める。一九九七年から六年間、金閣寺をはじめとする国宝、文化財級の建築の補修に関わるのである。

しかし、なぜ、左官だったのか。左官といえば、**石山修武**（建築少年V▼3）の「伊豆の長八美

いて「菅平の家」のようなコルゲートのシリーズを展開する一方、木造のジオデシック・ドーム（「渥美二連ドーム」一九七六）、「卵形ドーム」（一九八一）をつくるなど実に多様な活動を展開するのであるが、オーソドックスな建築家として認められることになるのが吉田五十八賞を受賞する「伊豆の長八美術館」である。これは身近にいたからよく覚えていて『建築少年たちの夢』（第五章「セルフビルドの世界　石山修武——建築トリックスター　石山修武の軌跡」）にも書いたけれど、石山が自ら仕掛けたものである。ほぼ一年かけて構想をまとめ、全国の左官が読む『左官教室』（特集「伊豆長八読本」）に発表、時の松崎町の依田敬一町長が乗ったのが経緯である。その後の実に見事なまちづくりへの連続展開は『職人共和国だより——伊豆松崎町の冒険』（晶文社、一九八四）にまとめられている通りである。

術館」(一九八四)を思い出す。壁を塗る技術の取得には見るからに年季が要りそうである。鏝板《こていた》に左官素材を受けて捏《こ》ね鏝で垂直の壁に貼り付けていく一連の動作は芸である。その職人芸に魅せられたからというわけではない。また、鏝絵、漆喰彫刻に興味を持ったということでもない。もともとは、京都の文化財の修復現場で働きたかったという。伝手を頼る中で、三重県で左官修業した後に上京し、文化財の現場でさらに腕を磨いて京都を拠点に独立(一九九〇)した「しっくい浅原」の浅原雄三を紹介された。森田が入門した当時の「しっくい浅原」は、全国から腕利きの職人たちが入れ替わり立ち替わり出入りし腕を競う、左官界の「梁山泊」となっていた。自分が練って運んだ土の材料が美しい壁に仕上げられていく腕利き職人たちの仕事を毎日目の当たりにして、「自然素材を自分の身体で思うがままに操るすべを身につけた人間の格好良さと、そうしたプロセスを経て出来上がる建築の魅力に心底惚れ込んでしまった」のであった。▼4

京都土壁文化

森田一弥が、左官職人そのものになろうとしたのではないことははっきりしている。左官職人をしながら、**渡辺豊和**(建築少年Ⅵ)が主宰する「春秋塾」という建築塾に**渡辺菊眞**(進撃の建築家①)と一緒に通っていた。一級建築士の資格を取るとすぐさま事務所を立ち上げている。また、事務所を登録する一方、柳沢究、山田脇太らとともに「神楽岡工作

▼4……左官の仕事のうち、鏝を持って壁を塗る作業はほんの一部である。第一、入門しても数年は現場で鏝を持つことはないのだという。現場の養生・掃除、材料の準備・配給、道具洗い、「一服」(休憩)のお茶・菓子の準備が見習いの仕事という。現場のセッティング、段取りを徹底して学ぶのである。壁塗りについては、見て盗む、仕事の後に練習するのだという。二、三年すると、ようやく人目に付きにくい押入れの中や庇の隙間を塗ってみるのが許される。「一服」の時に年配の職人さんの話を聞くのは、実に貴重で、「至福の時間」だったという。

▼5……樋貝憲治(造園)、門藤芳樹(構造設計)、水谷馨(庭師)、井上大藏(建築保存・修復)、鈴木健太郎(数寄屋大工)、奥村彰浩(建築設計・ガラス屋)、久住鴻輔(左官)、佐野健介(庭師)、戸田直美(家具デザイン・製作)他。神楽岡工作公司は、設計者、研究者、職

公司」[5]というグループを結成している（二〇〇〇）。独立した個人のネットワークが仕事の基礎になることが意識されていたと思う。さらに、「誇大妄想建築展」と題する建築ドローイングの個展（二〇〇一、日本イタリア会館、京都）を開いている［図3］。

建築家として自立していく上で左官修業が大きな財産になったことはいうまでもない。京都の水準の高い伝統建築、いわば日本建築の粋を現場で徹底的に見る機会を得るのである。『京都土壁案内』（塚本由晴との共著、学芸出版社、二〇一二）［図4］には、左官修業で培った眼が随所に示されている。取り上げられているのは、「法界寺阿弥陀堂」「妙喜庵待庵」「三十三間堂」「東本願寺」「大徳寺」「渉成園」「角屋」「京都御苑拾翠亭」「京都御所」「下御霊神社」「一力」「長楽館」、京都を訪れる誰もが足を運ぶ建築である。土壁にも、「蛍壁」「ぱらり壁」「大津磨き」「引きずり壁」「ベンガラ壁」「なまこ壁」「太閤塀」「築地塀」「瓦塀」など実に豊かな世界があることを改めて思う。そして、京都では、聚楽土、稲荷山黄土、九条土、桃山土、浅葱土、錆土などと呼ばれる個性豊かな土が採れた。聚楽土は聚楽第付近、錆土は東山、後は南区から伏見区にかけての一帯の土である。歴史的な建物を解体する場合にはそうした土が出るから、それを集めて使うこともある。

繭Mayu＝ポッド

最初の仕事は「繭Mayu」（二〇〇〇）である。そして、内装の仕事「BAR たかはし」

人など異なる職能の人々が集まり、協働することでより高いレベルの創作活動を行う場として二〇〇一年春に設立された。活動拠点は京都吉田山山麓の古町家。名称は所在地名である。

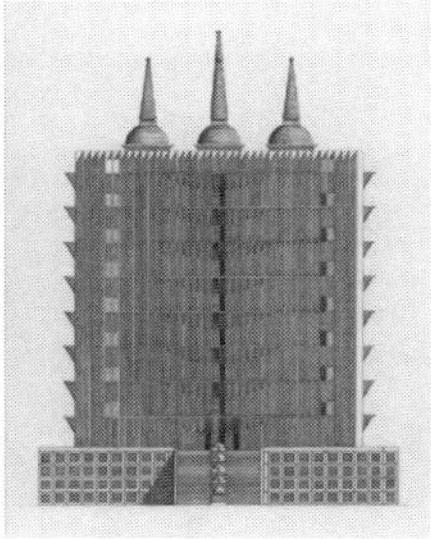

［図3］誇大妄想建築展
［図4］『京都土壁案内』

（二〇〇二）、「ラトナカフェ RATNA CAFÉ」（二〇〇二）が続く。「繭」は、京都に典型的な「ウナギの寝床」状の敷地に大正末期に建てられた京町家をカフェ・店舗に改装した。柱、梁以外ほとんど使い物にならず、解体された町家や修復中の寺院などから古建具や古土、古瓦等を寄せ集めてそれらを最大限利用した。若手職人や建築を学ぶ学生など多くの人が参加した設計施工一貫のセルフビルドというかミューチュアル・エイドの建築である。「繭」は「JCD（日本商環境デザイン協会）デザイン賞 新人賞」（二〇〇一）を受賞する。ラッキーであった。そして、マンション内の茶室「寿庵」（二〇〇四）など次第に仕事が舞い込むようになる。町家のリノベーション、内装は、その後も仕事の一貫するベースとなる。左官修業時代に培った職人たちのネットワークがその仕事を支えている。

なぜ「繭」という作品名だったのか。繭cocoonとは、幼虫を保護する覆い、膜のことである。森田は、一方で、「ポッドpod」と呼ぶ「Concrete-pod」（二〇〇五）など一連の作品をつくり始める。ポッドとは、種、豆のサヤ、格納庫、魚とり籠などとあるが、繭のような細長い卵形の薄膜容器のことである。

ブリコラージュ

「繭」では、伝統的京町家の部品、部材をかき集めた。古材や古建具、古土などをかき集めて、京町家を再生させた。ブリコラージュの手法である。しかし、「ラトナカフェ」

［図5］の場合、金属製の階段とブリッジが眼を引く。ここでも、当初の材料と技術を前提に再生するために廃棄された建具、照明器具、板材、壁土などを可能な限り集めている。既存部分には、可能な限り、建物が建てられた当時と同じ材料、技術を用いようとしている。しかし、伝統的な町家の復元修復を目指すのでも、伝統的日本建築の素材のみにこだわるわけではない。鉄製の階段やデッキはむしろ意識的に用いられている。腰板には亜鉛塗鉄板が用いられ、床に焼成煉瓦が用いられるように、新たに設けた箇所、階段、ブリッジ、撤去した床などには全く新たな工業材料を用いている。左官についても、新旧の技術を使い分けている。コラージュというより、対比的手法というべきか。ポイントで工業材料を用いるところは新興数寄屋風である。

森田が、方法としてブリコラージュを意識していたことは、自ら「コラージュハウス」(二〇〇四)と呼ぶ改修増築の作品を手掛けていることが示している。「現在の京都で見慣れたガラスやタイル、コンクリートブロックやガルバリウム鋼板、昔ながらのスギ板や土壁など新旧の素材、空間、技術をコラージュ絵画のように組み合わせて、現代にふさわしい快適で変化に富んだ空間を実現したいと考えた」のである。

建築の履歴――素材・工法の記憶

方法としてのコラージュあるいはブリコラージュ、新旧の対比といった手法は、その

［図5］ラトナカフェ

後、必ずしも一貫して追求されてきたようには見えない。「大津磨き」など培った左官技術をもとにした町家のリノベーションの仕事もある。新たな方向性が見えるのは、「御所西の町家」(二〇一四)[図6]である。森田いわく「建築が本来内蔵するはずの豊かな時間性を、再び建築に取り戻すための小さな試み」である。「既存の空間が経てきた時間だけでなく、建築を構成する各種の『形式』や『工法』のもつ『時間=歴史』にも着目し、未来だけでなく過去に向けてそれぞれを変化させることで、単なる素材の新旧の対比だけでなく、より多元的な時間を感じられる空間が立ち現れることを目指した」という。「繭」「ラトナカフェ」の段階で考えていたのは、その建物が建てられた時代と現代との対比である。しかし、その建築を成り立たせた「形式」や「工法」については、さらにその歴史を遡行し、それを表現するのだという。どういうことか。

荒壁のままの箇所がある。どころか、「大直し塗り」「中塗り」など、本来は下地の層をそのまま見せている箇所がある。すなわち、工程がわかる表現になっている。残した既存の壁の部分は、中塗り壁の上に一部大津壁が塗られているが、黒ずんで古く見える。塗られた時期は古いが、工法的には新しい。大津壁を剝がすと中塗りが現れるが、この剝がして塗り直す(補修する)というのは最近の手法である。古い壁を撤去し、断熱材を充塡して、竹小舞を編み、荒壁を塗った「荒壁」は、あちこちがひび割れしていて、町家成立以前の壁の表情である。新しいけれど、工法的には最も古い。コンクリートや板の間を撤去して設けられた土間は、土を固めただけの原始的な「たたき」である。にがりと石灰と砂利を混ぜた三和土（たたき）よりも工法的には古く、土間の起源ともいえる土間だ。外トイレの天井には、原始的な漆喰の一種「ぱらり壁」を塗った。京町家の木部は、ベンガラと松煙を混ぜた顔料で塗装されるのが基本であるが、新しくした柱梁は、塗装なしとした。新旧の対比に工程の前後、二重の対比関係を意図した。トイレと庭の垣根の杉皮は、杉が建材になる工程を可視化した。森田は、「土壁のレイヤー状になった工程と同時に工法の歴史的な進化の過程も可視化させる」のだという。

時間のコラージュ、というかモンタージュである。素材と工法の新旧の時間が重層する。不思議な雰囲気であるが、土、木の自然素材がベースだからパッチワークのようには見えない。森田は、「この空間で過ごす時間が、建築の長い歴史の追体験のようなものに感じられたら嬉しく思う」という。続けて、「法然院の家」（二〇一七）［図7］のように、修理、塗装を繰り返してきた建築物の歴史、居住者の生活史を刻んだその痕跡を残しながら改修する方法が模索されている。

タデラクト——マイノリティ・インターナショナル

左官修業を始めて、左官技術が驚くくらいに原始的で普遍的であることを

［図6］御所西の町家（上3点）
［図7］法然院の家（下3点）

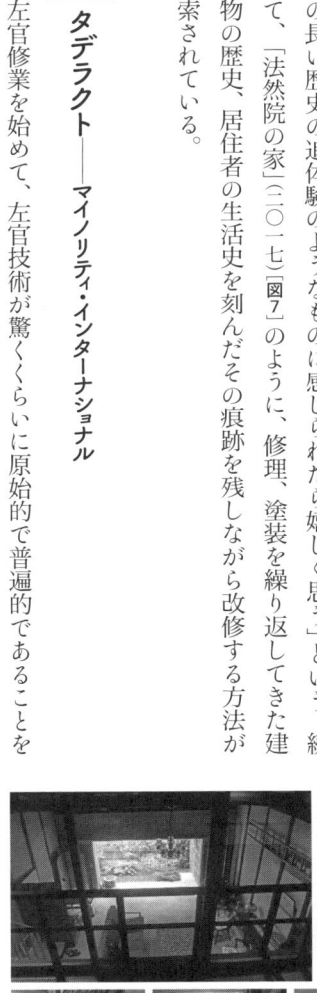

強く感じた。学生の時にアジア、アフリカを旅しながらみた民家の構法と大差ないのである。森田には「Tadelakt-flower」(二〇〇九)と呼ぶ鳥の巣箱の試作[図8]があるけれど、タデラクトというのは、モロッコ産漆喰のことだ。事務所が軌道に乗る間もなく、スペインに留学したのも、左官技術はイタリア、スペインが最も伝統があるからである。タデラクトの存在を知ったのも、さらにカタラン・ヴォールトに惹きつけられたのも、二度のヨーロッパ修業においてである。カタラン・ヴォールトについては早速自宅に小さな小屋をつくった。「紫竹の町家」(二〇一六)の入口階段[図9]には密かに使われている。あくなき土の可能性への追求はとどまることを知らない。

「マイノリティ・インターナショナル」▼6と森田はいう。こういうことらしい。鉄とガラスとコンクリートの近代建築のインターナショナリズムはマジョリティである。しかし、ローカルであっても、その地域で伝統的に培われてきた建築技術の中にインターナショナルに通用する技術がある。左官の技術がまさにそうである。今ではマイノリティでも、少なくともトランス・ナショナルな技術である。木や竹などの生物材料にしても、その利用方法には地域を超えた共通性がある。学生時代の世界放浪については冒頭に触れたが、根っからのコスモポリタンなのかもしれない。ネパールの診療所づくり、マドゥライ(インド)のエコハウス・プロジェクト、中国、フィリピン、今のところ大きく進展したプロジェクトはないけれど、フットワークよく世界を飛び回り続けている。

▼6……森田一弥「マイノリティ・インターナショナル」『雑口罵乱』四(二〇一〇)。

[図8]「Tadelakt-flower」(上)
[図9] 紫竹の町家の入口階段(左)

土の探求——素材論

素材の探求は、土と左官を出発点とした森田の建築の原点である。リノベーションの仕事あるいはインテリアの仕事をこなす中で、土、木、金属、そして竹へと素材の特性を見極めつつある。無機材料と有機材料、「大きな物質」と「小さな物質」、面と隙間という対比しながら考察する素材論(『洞窟/格子論』他)は一級である。同世代の建築家の中では群を抜いていると思う。[▼7]

土soilといっても様々であるが、左官素材で用いられるのは、いわゆる粘土clay、径2ミクロン以下の粒子として定義される土である。水を加えると柔らかくなり、乾くと固まる性質を持つ。また、他に石灰、石膏、そしてセメントを扱う。石灰すなわち漆喰である。石灰岩(すなわち炭酸カルシウム$CaCO_3$)を焼くと生石灰(酸化カルシウムCaO)となり、水を加えると粉末状の消石灰(水酸化カルシウム$Ca(OH)_2$)となる。この消石灰に水を加えて練ると二酸化炭素CO_2と結合して炭酸カルシウムとなって固まる。この一連の軟化—固化の化学反応は古来世界中で用いられてきた。石膏は、彫塑やギプスの材料として親しいが、硫酸カルシウム$CaSO_4$で水と化学反応して固まる。セメントは、水や液体によって固化する粒子、粉体一般をいうから、石灰、石膏のほか、樹脂や膠、アスファルトも含むが、代表的なのはポルトランドセメントである。セメントはピラミッドの昔から使われてきた。ただ、左官材料は一般的には構造材料としては使えない。

▼7……京都大学布野研究室出身の建築家で、森田の後輩に岩崎泰(岩崎建築研究室)がいる。卒業後、数寄屋に特化した設計事務所で修業、そして独立して今や数寄屋建築の第一人者である。森田、魚谷など京都を拠点にする建築家は何かとお世話になっているという。

森田は、並行して、左官材料の構造材としての可能性を追求してきた。一連の「ポッド」作品がある。しかし、「ポッド」は今のところ「アート作品」として扱われる「工作物」にとどまらざるをえない。カタラン・ヴォールトも、日本の現状では一般化は難しい。いくつかオールタナティブを用意する必要がある。

始原のポッド

土そのものは古来建築の構造材として使われてきた。土を固めて壁をつくる版築の手法、煉瓦のようなピースにしてそれを積む方法はそれこそ世界中に見ることができる。そうした土の建築の伝統を現代に再生することはできないか。**渡辺菊眞**（進撃の建築家①）は、N・ハリーリのアースバック構法による土嚢建築の利用を考えたけれど、森田が考えたのが「ポッド」である。そして、注目するのがカタラン・ヴォールトである。

「Concrete-pod」（二〇〇五）［**図10**］は、「コンクリートアートミュージアム」に出展するために制作された作品である。厚さ一五ミリの超薄型コンクリートによる小さなドームは、白セメントに軽量骨材と藁の繊維を入れ、鏝で型枠に塗りつけることで製作できる。いわく、「直径、高さは一七〇〇ミリ、『家具』以上『建築』未満の、茶室のようなスケール感を持つ空間、琉球畳を敷いた内部は、ランダムに空けられた穴によって外部とつながりながらもドームによって適度に囲われているため、『室内』の安心感と『室外』の開放

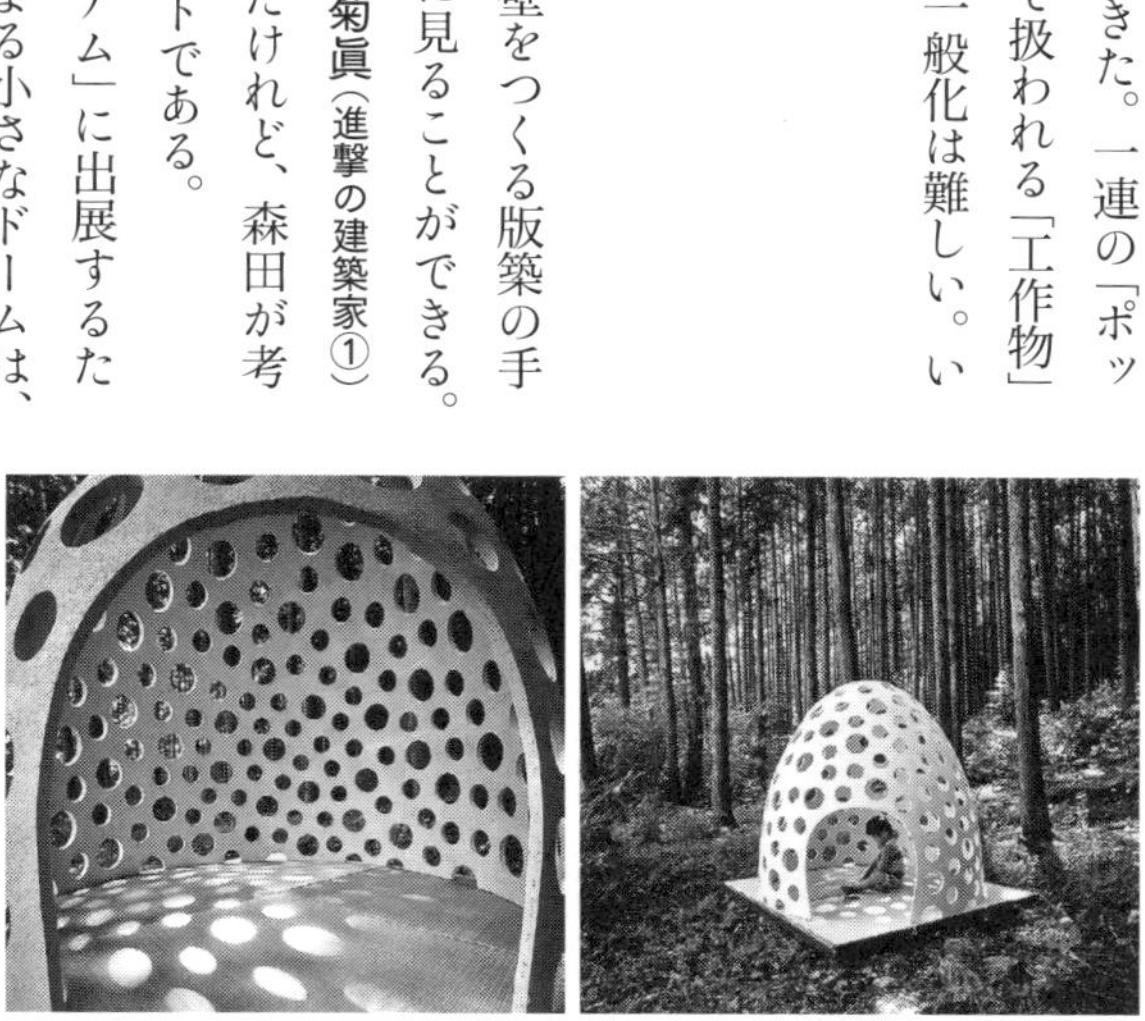

［**図10**］Concrete-pod

感を同時に体験することができる空間である」。

森の中に置かれて、様々な表情を見せる「Concrete-pod」の映像は、実にインパクトがある。AR Emerging Architect Award優秀賞(二〇〇六)を受賞したのもよくわかる。今からでも遅くはない、なんとか「建築」にする手はないか。「茶室」でもいいけれど、最小限のシェルターがいいのではないか。「始原のポッド」である。大げさにいえば、空間の原型として「方丈庵」あるいは「ゲル」に匹敵する、プロトタイプになりうるかもしれない。それには石山修武(建築少年V)の「幻庵」のような名前が欲しい。

仮設住宅ユニット

「Concrete-pod」以前、「神楽岡工作公司」で「SHELL-TER」(二〇〇二)という「コンクリートシェル構造のドームによる仮設住宅ユニット」の提案[図11]を行っている(第一三回タキロン国際建築コンペ「仮の恒久住宅」応募作品、二等入賞)。「Concrete-pod」は、その試作版である。そして、具体的な展開を追求したのが「サカン・シェル構造SAKAN Shell Structure」(二〇〇七)である。そして、「アート」作品として「Brick-pod」(二〇一二)を試みている。「SAKAN Shell Structure」[8][図12]は、海外の土の文化圏で、災害時の緊急シェルターとして使うといったセッティングである。仮設であれ、空間全体にしても開口部にしても、住居としての一定の規模が必要である。「Concrete-pod」の型枠手間を考えて、風船(空気

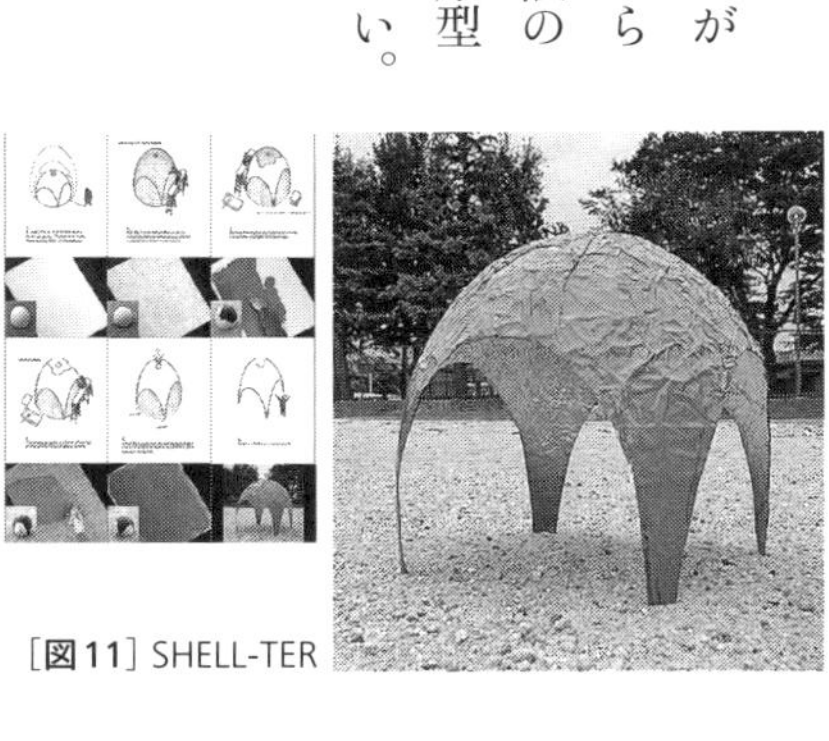

［図11］SHELL-TER

▼8……構造＝小澤雄樹、構法原案・左官工法＝森田一弥(森田一弥建築設計事務所)、設計・平面計画＝柳沢究、企画・全体統括＝山本直彦。施工協力＝小川テック、久住鴻輔(久住左官)。

膜）を膨らませ、その上に繊維補強セメントを塗って成形することを考えた。セルフビルドによる無筋モルタルシェル構法である。空気膜を使い回すことで、効率的に建設できる。単位ドームを連結する空間システムの提案である。

「Concrete-pod」の行きつくひとつの先は見えたといえるであろうか。ドームを連結させていく方法とその連結の形態は、**渡辺菊眞**（進撃の建築家①）の土嚢建築の場合とよく似ている。もちろん、驚くにはあたらない。ドームを連結させる建築は人類が各所で培ってきたものである。「SHELL-TER」の形態にしても、ドーム、ヴォールト、ペンデンティブなど、既にわれわれが知っている建築言語である。

格子――架構の原理

「御所西の町家」のファサードは、木の格子で覆われている。路地の奥に位置するもとの町家にはなかった。しかし、路地から室内への視線を制限しつつ通風を確保し、空調や給湯器の室外機を隠すためにファサード全体を覆った。それに先立つ「西洞院の町家」（二〇〇六）は、通りに面しているが、一階も二階も真新しい格子が付加され、内部の壁、天井にも格子が用いられる。そして「篁《たかむら》」［図13］は、床を除いて、全面格子で仕上げられている。竹と木の繊細な格子は、竹製品を扱う店にいかにも相応しい。

「篁」に即して、「有機物による空間は原理的には素材と素材の『隙間』のデザインであ

［図12］SAKAN Sell Structure

り、その意味で『格子』であることを逃れられない。また無機物による空間は、継ぎ目のない『面』を形成可能であることが最大の特徴であり、その典型が『洞窟』であるともいえる。この店舗（篁）では、地球上に存在する二種類の素材の代表として、それぞれ木と竹による『格子』、土と金属による『洞窟』を用いつつ空間を構成することで、竹という素材の本来の美しさを浮かび上がらせると同時に、地球上の素材による空間の創造行為そのものを象徴的に表現している」と森田はいう。「ポッド」は面で構成され、洞窟をつくる。それと対比的に、隙間のデザインということで格子なのである。仕上げ（表面）材としての左官材料はそれだけで建築を構成できるわけではない。格子も、一般的には、風、光、熱、視線……の制御に関わる平面要素である。空間の創造のためには、いかに建築を組み立てるかがポイントである。インテリアの仕事は建築の組み立てを要しない。リノベーションの場合、特に「京町家」の改修の場合、「京町家」という範型がある。そのパラダイムを前提としての再生、再創造である。

本棚の家——木造格子壁「Shelf-pod／君府亭」

土に続いて追求すべきは、まずは木である。木造による空間構成システム、柱梁構造、井籠組（ログ）、これも古来いくつかの解答をわれわれは手にしている。そして、森田は、いち早く、これまでにないひとつの解答を提案している。「Shelf-pod／君府亭」（二〇〇七）

［図13］篁（たかむら）・

である（大阪建築コンクール新人賞「渡辺節賞」二〇〇六）［図14］。膨大な蔵書を収納したいという要望がその解答を導いたということもあるけれど、ひとつには、「ポッド」シリーズが頭にあったと思う。「シェルフ・ポッドShelf-pod」という命名がそのことを示している。木材によるポッド・モデルである。

主構造は、厚さ二五ミリ・幅三〇〇ミリの板を相欠きにして組み合わせた木造格子（高さ三六〇、幅三〇〇、奥行き三〇〇ミリ）壁である。なるほど、森田にとって「格子」はキーワードである。木造格子には構造用合板の背板が適宜張られ、水平応力に対抗する強度を得る。発想はよくわかる。基本的には、二階吹抜けの大きなワンルームである。「ポッド」すなわち洞窟空間であるが、屋根まで一体化することは考えなかった。すんなり、方形の屋根を架けた。ただ、イスラーム建築のスタラクタイト（鍾乳紋）、ムカルナスを想起させるさりげない意匠がある。大きなワンルーム空間には、格子の横板の高さを基準にして自在に床レベルが設定可能であり、開口も必要に応じて採ることができる。そして、格子の隙間は、本をはじめとして、様々な物が置ける飾り棚でもある。「構造」や「内装」、「家具」や「装飾」を一体化する見事なシステムである。

玄関すなわちムカルナスのような覆いの入口の接続空間（下駄箱、物入れなどの棚）を入れるとキッチンダイニングで、高さ九〇〇ミリの作業台、流しが壁まわりに走る。右手の居間の床は九〇〇ミリ高い。すなわち、階高一八〇〇ミリで五段上がる。床下は大きな収納空間として使う。降りると洗面、トイレ浴室である。居間からさらに右肩まわりで

［図14］Shelf-pod／君府亭
左｜外観
次頁｜寝室から居間を見下ろす

九〇〇ミリ上がると居間に開かれた書斎であり、さらに九〇〇ミリ上がると寝室である。玄関の上である。実によくできている。キット販売可能なシステムである。いくつかのバリエーションと集合住宅の展開が考えられるのではないか、などと思った。

新「京町家モデル」——門形ラーメン

しかし、システムはシステムであり街区を構成する型となるとは限らない。格子の棚を持て余すクライアントもいるかもしれない。森田には、五角形の平面をした「津島の家／Pentagonal-house」（二〇一〇）のような作品がある。敷地の形から発想したというけれど、一連の作品中では異質に思える。

「様式」が外にある建築家と内にある建築家がいる、という区分けがある。「様式」というのは、一貫する姿勢、作法、規範などと置き換えてもいいけれど、森田一弥は、土へのこだわりが示すように、何か一貫するもの、原理を追求するタイプだと思う。そうした意味で、もうひとつの解答と思えるのが「紫竹の町家」（二〇一六）である［図15］。京都の北辺に立つ地下一階地上二階建ての住宅であるが、**魚谷繁礼**（進撃の建築家⑬）たちが提案した「京町家モデル」とは別のもうひとつの「現代の町家」のプロトタイプになる可能性がある。

架構は門形ラーメン、中央に吹抜けをとったスキップフロアで、無理のない平面構成

［図15］紫竹の町家

図3、10（右）、11、12、16
提供：森田一弥建築設計事務所

である。中庭を設ける余裕がないとすれば、通風、昼光をどう取り入れるかは大きなテーマである。夏には南北に設けた窓から季節風を取り入れ、冬には南の大きなガラスの開口と屋根面から太陽の熱を室内に取り入れる、的確な断面構成である。そして、熱循環のためのチューブが中央の吹抜けに煙突のように建てられる。屋根面で受ける太陽熱を室内に取り入れ、最上階に集まる暖かい空気を地下室に循環させる新たな装置である。先立って、インドで環境低負荷型の住宅モデルを目指した「マドゥライの住宅／Zero Emission House in Madurai」[図16]がある。太陽光発電、クールチューブ、雨水利用などエコハウスの技術が組み込まれている。残念ながら実現できなかったが、エコ・サイクル・ハウスは地球環境時代の建築家共通のテーマである。

左京区に「Lattice-pod／朝田善之助記念館」[図17]が竣工した(二〇一八)。合わせ柱、合わせ梁というかダブル格子の興味深い架構方法だ。そして、高槻市の都市公園敷地内にある、元京大農学部の大倉三郎が設計した施設を歴史資料館へと改修する公募プロポーザルに初めて勝った。前途洋洋である。

[図17] Lattice-pod／朝田善之助記念館

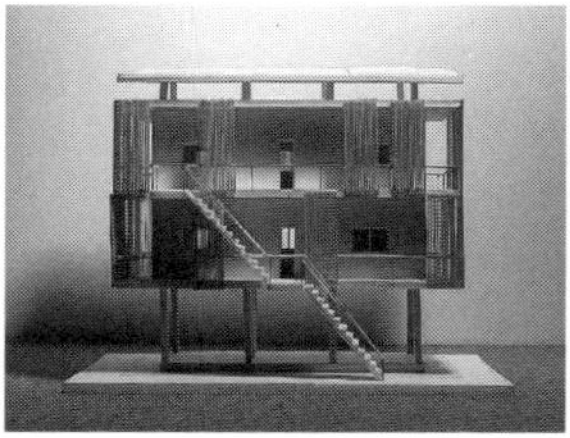
[図16] マドゥライの住宅

8

齊藤 正

善根の精神
塩飽大工衆の再生へ

齊藤 正 さいとう・ただし

建築家｜齊藤正轂工房代表

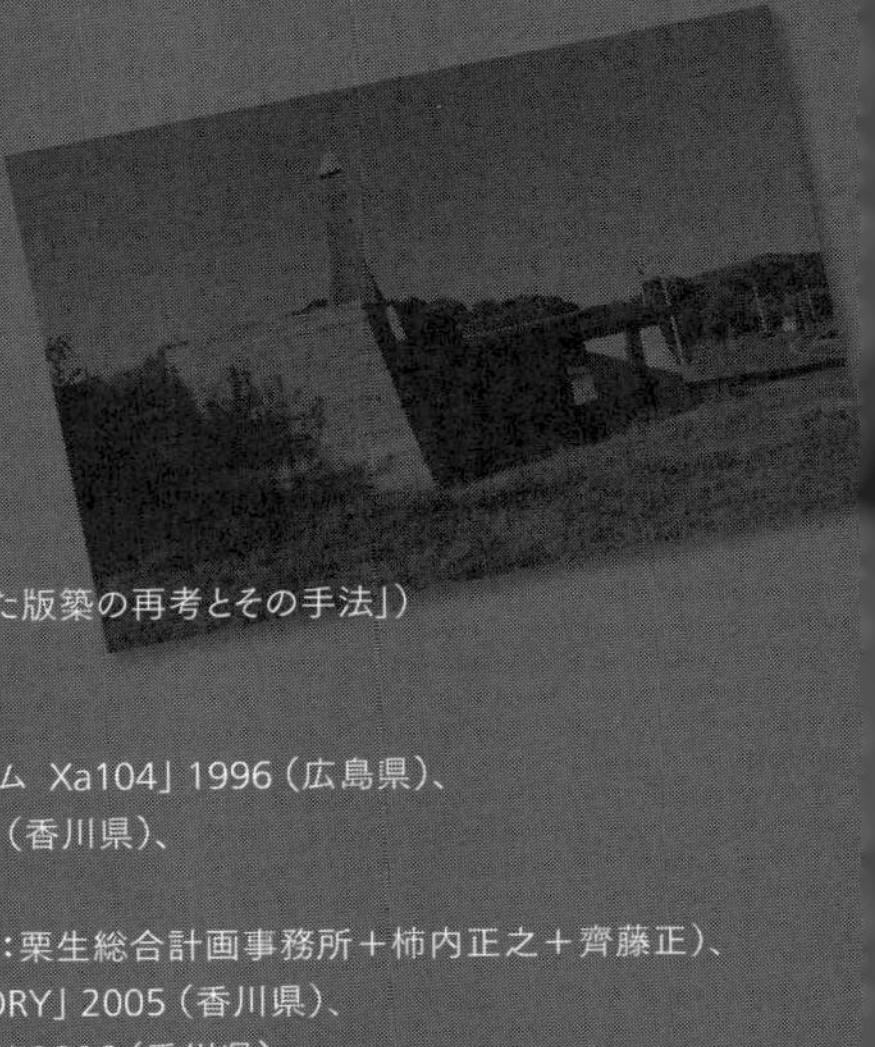

1965年	香川県生まれ
1988年	近畿大学工学部建築学科卒業
1989−92年	栗生総合計画事務所勤務
1992年	齊藤正轂工房一級建築士事務所設立
2000年	近畿大学工学部建築学科非常勤講師
2005年	APECアーキテクト登録
2007年	事務所名を齊藤正轂工房に改称
2009年	中川幸夫プレ美術館運営委員会設立
2019年	博士（工学）取得（「意匠的側面からみた版築の再考とその手法」）

●主な作品

「満濃の家」1995（香川県）、「ロードサイドミュージアム Xa104」1996（広島県）、
「馬指の医院」1997（香川県）、「多度津の家」2003（香川県）、
「上下歴史文化資料館」2004（広島県）、
「浜名湖花博 国際花の交流館」2004（静岡県、設計：栗生総合計画事務所＋柿内正之＋齊藤正）、
「馬指の医院増築」2004（香川県）、「CONSERVATORY」2005（香川県）、
「VEGETATION Vol.1」2006（香川県）、「NEST-NEST」2006（香川県）、
映画「UDON」オープンセット（2006、香川県）、「CUREBLOOM」2006（香川県）、
「KICHI」2006（香川県）、「n-OM1」2006（東京都）、「サンクリーン歯科」2007（香川県）、
「Fabrica10.0.1」舞台装置（2007、東京都）、「イスノキ」2009（香川県）

齊藤正と初めて会ったのは、フィリピンのレイテ島タクロバンで開かれた台風ヨランダ（二〇一三・一一）後の復興計画をめぐる国際シンポジウム▼[1]の会場であった（二〇一五・八・六）。滋賀県立大学のヒメネス・ベルデホ・ホアン・ラモンが中心となって復興支援のための展覧会を企画し、東日本大震災直後に被災者にお風呂を供給した「善根湯」プロジェクトの展示を要請したのがきっかけで、シンポジウムにも参加したのである。プレゼンテーションは、阪神・淡路大震災（一九九五）のポリタンク支援に始まり、新潟県中越地震（二〇〇四・一〇）、東日本大震災（二〇一一・三）、そして直前のフィリピン・ボホール大地震（二〇一三・一〇）における支援経験の報告であった。齊藤正の支援活動の中には、エボラ出血熱で苦しむリベリアへの遺体収容袋▼[2]の送付支援もある。

タクロバンの復興支援に関わり、復興をテーマに修士論文▼[3]を書いた馬淵好司は、タクロバンで齊藤正と会い、その活動に共鳴し、ともにネパール地震（二〇一五・四）の支援に出掛けた。そして、齊藤正轂工房に勤めることになった。

▼1……Tacloban City, The University of Shiga Prefecture, Japan-Philippines Conference for Urban Redevelopment of Tacloban City, 5-6（二〇一五・八）。

▼2……リベリアでは、人が亡くなった時に遺体を抱きしめ洗い清める習慣があり、それが理由で感染するケースがしばしばあった。一般に使用される遺体袋は分厚く、遺体も確認できないものであったが、透明で薄く、ジッパーで開閉できる気密性の高いものとし、火葬の際に遺体を取り出さなくていいものを自社開発し、香川県とともに送ったボランティア活動である。

▼3……「タクロバン（レイテ、フィリピン）における居住環境と住宅生産システムに関する研究

轂工房

轂工房、英語で「Atlier Nave」。naveすなわち轂《こしき》である。轂とは、「車の輪の中央の太い部分で、放射状に差し込まれた輻《や》の集まっている所」をいう。日本建築史の専攻で、密教建築研究で知られる恩師の澤登宜久の命名という。老子の有名な「無用之用」の条、『大道廃有仁義』の「三十輻共一轂。当其無、有車之用。埏埴以為器。当其無、有器之用。鑿戸牖以為室。当其無、有室之用。故有之以為利、無之以為用」▼4を示して、「三十輻共一轂」、すなわち、中心は空であるけど、三〇の輻が集まってくる、そういう事務所を目指せ、といわれた。

学生の頃は、自由奔放に走り回っていたらしい。不思議な縁を思ったのは、太田省吾（一九三九—二〇〇七）の転形劇場（一九六八—八八）の芝居を見に行って、写真家の古舘克明（一九四七—二〇〇三）、宮本隆司（一九四七—）と知り合ったという。古舘とは、鈴木忠志▼5の早稲田小劇場▼6が利賀村に移って国際演劇祭を開始した頃出会った。宮本隆司とは、同時代建築研究会の『悲喜劇　一九三〇年代の建築と文化』（現代建築企画室、一九八一）で知り合った。宮本は巻頭グラビアを担当している。いずれも同世代である。齊藤は、しばらく、古舘の撮影助手をしながら全国を駆け回ったという。そして、栗生明（一九四七—）の作品（カーニバルショーケース、一九八八、兵庫県篠山市（現丹波篠山市））の撮影現場に立ち会った縁で、就職することになる。そして、一級建築士の資格を得て、独立する（一九九二）。

——台風ヨランダとバランガイ37・シーウォールをめぐって」（二〇一六・三）。

▼4……三十の輻が放射状に集まって、ひとつの車輪の中心部とともにある。そこに無（空間）があるから、車輪の働きをする。土をこねて、それで器をつくる。その器に無（空間）があるからこそ、それは、器としての用を為すのである。壁をうがって戸口や窓をつくり、それで以って、部屋をつくる。部屋の中に無（空間）があってこそ、それは部屋の用を為す。従って、有が有としての価値があるためには、そこに何らかの無の働きがあるのである。

▼5……一九七四年岩波ホール芸術監督、一九八八年水戸芸術館芸術総監督を経て、一九九五年静岡県舞台芸術センター芸術総監督。二〇〇〇年舞台芸術財団演劇人会議理事長。一九九四年テオドロス・テルゾプロス（ギリシャ）、ロバート・ウィルソン（アメリカ）、

玉葱栽培

事務所を立ち上げて四半世紀、その代表的な仕事は事務所開設二五周年を記念する「轂展」（二〇一七・八・二九―九・三）［図1］に展示されていたが、最初の仕事は個人住宅（「満濃の家」香川県仲多度郡まんのう町、一九九五）である。コンペで勝った「ロードサイドミュージアムXa104」（広島県三次市、一九九六）、「馬指の医院」（丸亀市、一九九七）など、順調なスタートと思いきや、以降、五年間、全く仕事がなかったという。

バブルが弾け、「空白の一〇年」と呼ばれることになる時代である。地域で仕事を獲得するのは容易ではなかった。それにコンペで得た仕事が途中で中止になる不運も重なった。仕事はなくても下請けはするな、というのが師の教えである。そこで、田圃を借りて農業を始めた。玉葱栽培である。丸亀は玉葱の産地である。▼7

［図1］事務所開設25周年記念「轂展」

香川県には、戦後、麦の代作として導入され、丸亀の他、観音寺市、三豊市、善通寺市で栽培される。「みがきたまねぎ」として全国でも高い評価を受け、五〜七月の占有率は約一割を占め、一一〜三月にも「冷蔵たまねぎ」として数多くの市場に出回っているというが、手掛けたのはこの「冷蔵たまねぎ」という。相場を見ながら出荷をコントロールする、農作物の生産消費のメカニズムを学んだ。

ユーリ・リュビーモフ（ロシア）、ハイナー・ミュラー（ドイツ）などとともにシアター・オリンピックス国際委員会を結成。一九九五年第一回シアター・オリンピックスは、アテネ、デルフォイで開催。一九九四年日中韓三ヵ国共同の「BeSeTo演劇祭」を創設。

▼6……鈴木忠志は、早稲田大学在学中に脱新劇を目指して学生劇団「自由舞台」を創立。大学卒業後、一九六六年「自由舞台」から「早稲田小劇場」と改称した。同劇団には、劇作家の別役実、俳優の小野碩らが在籍し、小劇場運動の旗手としての役割を果たした。一九七六年、活動の拠点を富山県利賀村（現南砺市）に移し、一九八四年には「SCOT（Suzuki Company of Toga）」と改称した。二〇一六年から中国・北京郊外の万里の長城の麓にある古北水鎮で、鈴木の演劇理念と訓練を教えるための演劇塾が開始されている。

▼7……玉葱の生産は、北海道が

表現としてのモダニズム

三〇代後半にさしかかる、二一世紀を迎える頃から仕事が得られるようになった。「轂展」を一覧すると、明らかに一貫する形態へのこだわりがある。水平の屋根、庇、横長の箱形は、かなりの作品に共通する。「VEGETATION Vol.1」（専用住宅、丸亀市、二〇〇六）、「ガラスのクリニック」（診療所、丸亀市、二〇〇八）、「牛山クリニック」（診療所、高松市、二〇一二）などがそうである。そして、二層以上の場合、一層部分をピロティ状の表現、すなわち、全面ガラスなど素材を替えて上層部を浮いた表現とし、横長の箱形を強調する。「志度の家」（専用住宅、さぬき市、二〇一〇）、「ハレルヤ」（福祉施設、丸亀市、二〇一三）、「誠心保育園」（保育園、丸亀市、二〇一三）［図2］などがそうである。齊藤正が基礎としてきたのはモダニズム建築の手法である。栗生明、古谷誠章の系譜に連なるといえるだろうか。その到達点は、自社ビルである「イスノキ」▼8（事務所・ギャラリー・ショップ・温室、丸亀市、二〇〇九）である。しかしそれにしても、この「イスノキ」の型枠は自ら組んで、自らコンクリートを打ったというから、相当な職人技である。

善根

すなわち、洗練された一連のモダニズム建築作品の一方、齊藤正には、どこか泥臭い

五割強、次いで佐賀県、兵庫県（主に淡路島）、愛知県、長崎県、静岡県、大阪府（主に泉州地区）が主な産地である。

［図2］誠心保育園

匂いがある。セルフビルドもそうであるが、災害支援のためにどこにでもかけつける、現場の匂いである。災害援助のための母体として立ち上げた社団法人はZENKON-nex▼9という。きっかけは、東日本大震災の復興支援としての善根湯の建設活動である。そして、瀬戸内国際芸術祭2013秋会期に、本島《ほんじま》に土とセメントと水と人力だけでつくられた版築建築「とぐろ」を建設したことを契機に「続・塩飽《しわく》▼10大工衆チーム」が集結したのだという。

善根というのは仏教用語である。「よい報いを生み出す原因としての善行。諸善のもとになるもの」「種々の善を生じる根本のこと」である。善本、徳本ともいい、無貪、無瞋、無痴を三善根という。齊藤は、小さい頃、一〇〇円玉の入った善根袋を身につけさせられていて、困った人がいたらあげなさいといわれていた。ボランティア精神は子どもの頃から身についたものである。もちろん、単なるボランティアではない。エボラ出血熱の遺体袋もそうであるが、熊本地震では、梱包用のベルトを筋交いに使用することを提案するなど、建築家としての創意工夫の提案がある。

塩飽諸島は、大小合わせて二八の島々からなるが（岡山県側は笠岡諸島）、名人大工橘貫五郎（官五郎とも）を生んだ本島がその中心である。塩飽諸島が潮だまりになること、そのため税関また勤番所が設けられていたこと、大岡越前守が漁場争いを裁いた伝説、法然が配流されたこと（讃岐配流、一二〇七）、大名ではなく、人名《にんみょう》による自治が行われていたこと、奇妙なかたちの人名墓［図3］など、興味深い歴史、伝承、遺構がある。

▼8……柞原という地名に由来する。柞（イスノキ）は、玉座をつくる素材で、かつて香川の各地に群生していたという。

▼9……活動内容として、以下を挙げる。激甚災害に備えてのZENKON湯の備蓄普及事業、地域の活性化を促進させるまちづくり事業、塩飽レストランや人命救助講習会などイベント企画運営事業、地域の歴史などを多角的に分析した調査や研究、地域に根ざした職人を育成する職人学校の運営、様々な技術を持ったメンバーたちの商品の販売、災害時にZENKON湯などを被災地に届ける人材の派遣、文化レベルの向上のための芸術活動の推進やギャラリーの運営、地域の防災訓練などのイベントでのZENKON湯の建て方実演、地域を巻き込んだ新しい農業・酪農・林業の運営。

▼10……名の由来は「塩焼く」とも「潮湧く」ともいう。

HANCHIKU

「とぐろ」［図4］は小さな建築である。訪ねた時には、瀬戸内芸術祭に参加した際の趣はなく、夢の跡といった風情であった。竣工時の写真を見ると、サウナの前に浅い水が張られている。浴室内にピンホールで瀬戸内大橋を逆さに映す仕掛けがあった。建設中は、朝一番のフェリーで本島に渡ってひとりで作業をし、最終便で帰宅する日々だったという。やがて多くのボランティアの参加を得て、完成にこぎつけた。この建設作業に参加したひとりが「版築ハウス」の施主という。

齊藤の版築は土を固めてつくるいわゆる版築ではない。伝統的な版築は、ほぼ土や石礫と少量の石灰や稲藁等の凝固材を混ぜるのであるが、見るからに硬い。セメントが混ぜられている。乾きが遅く、工期を間に合わせるためにセメントを使ったという。我流のHANCHIKUといっていい。土、砂、セメントの比率は試行を繰り返したという。土は、その土地の土を使う。固まり方はそれぞれ異なるという。

齊藤の版築は、今のところ、構造材として考えられてはいない。「版築の家」（二〇一七年文化庁芸術選奨文部科学大臣新人賞）［図5］は、基本的には木造である。版築壁は、施主自らの手になる。これまで、齊藤は、自然素材、地域産材についてのこだわりを必ずしも見せてこなかったけれど、HANCHIKUをどう展開していくのかは興味深い。

［図3］笠島伝統的建造物保存地区（左）人名墓（上）

米博

齊藤正には、丸亀西中学校の同級生の映画監督本広克行[11]の作品『UDON』のオープンセットのような仕事もある。「建築とは何か。人の生活を外敵から守るバリアとして包み込むもの。その構造体を建築と呼ぶのか？ 社会そのものに作用するものを建築と思いたい。伝統を守ること。まちを蘇らせること。被災地を支援すること。病気の治療と予防。おいしい食事。私にとって、すべてが建築である」という。必ずしも、「建築」の狭い世界に自らを閉じるつもりはない。

LOCA PROJECTというプロジェクトが西予市で進行中である。LOCAとは、廊下＋ローカル＋スペイン語のクレイジーをかけているというが、旧宇和町小学校をオフィスやレンタル・スペース、カフェとしてリノベーションし、新たな「学び舎」として再生を目指すという。施設は新たに米博（宇和米博物館）と呼ばれるが、コンペで勝ち、ZENKON-nexが指定管理者として運営に当たる。馬淵好司がその担当である。建築を拡張していく方向は見えているようである。

[11]……本広克行は、一九六五年丸亀生まれ。映画作品は、「踊る大捜査線」シリーズ（『踊る大捜査線 THE MOVIE 湾岸署史上最悪の三日間！』一九九八、『踊る大捜査線 THE MOVIE 2 レインボーブリッジを封鎖せよ！』二〇〇三、『踊る大捜査線 THE MOVIE 3 ヤツらを解放せよ！』二〇一〇、『踊る大捜査線 THE FINAL 新たなる希望』二〇一二）で知られる。

［図4］とぐろ。善根湯の煙突（次頁上）
［図5］版築の家（次頁下）

V

地域へ、そして地域から

9

「鯨の会」の仲間たち
八巻秀房
飯島昌之

アーキテクト・ビルダー、地域住宅工房

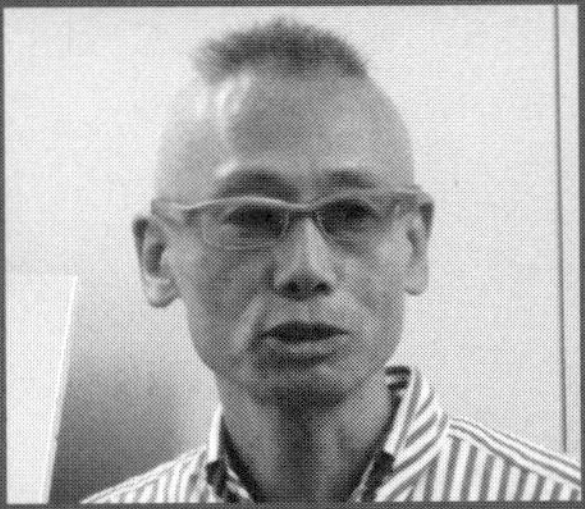

八巻秀房　やまき・ひでふさ

建築家

1959年　東京都生まれ
1982年　東洋大学工学部建築学科卒業
1984年　同大学大学院修士課程修了
全国住宅消費者連盟勤務
木造住宅の企画・開発および設計業務
1986年　一級建築士免許取得
1987年　『「家づくり」みんな、ここで失敗する！』
（かんき出版）出版
1991年　山中文彦と共同で「家づくりネットワーク」を設立
2002年　「木材供給システム優良事例コンクール」
において林野庁長官賞受賞
2006年　独立
コミュニティアーキテクト・ラボ一級建築士事務所を設立
MIDworks飯島昌之と共同で設計監理業務を開始
2013年　山の木一級建築士事務所設立

飯島昌之　いいじま・まさゆき

建築家

1967年　長野県生まれ
1990年　東洋大学工学部建築学科卒業
1990年　計画技術研究所勤務（−93年）
1993年　塚田大工にて大工修行、
古民家の移築を学ぶ（−97年）
1999年　一級建築士事務所エムアイディーワークス開設
2008年　事務所名をMIDworksへ変更
コミュニティアーキテクト・ラボ一級建築士事務所
八巻秀房と協業開始

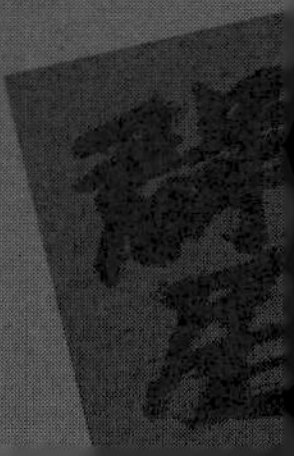

一九七八年四月の中頃、東京大学工学部一号館から一台の古びた小型トラックにそう多くない荷物を積んで川越（鶴ヶ島）の東洋大学川越キャンパスへ向かった。トラックを手配し運転してくれたのは中村良和、僕が最初に出会った東洋大生である。川越街道はひどく混んでおり随分と話し込んだ。その時のことは今でも忘れない。中村は、前田尚美研究室の研究生であったが、同時に、北区の滝野川で工務店を営んでいる父親のもとで大工の修業中であること、続いて、電気屋、建具屋など下職の見習いを数ヵ月ずつ続けるつもりであること、そうした上で、親父の後を継ぐつもりであること、全く新しい建築家のタイプを目指すことなどを語り続けた。その時、ひとつの世界が開かれたような気がした。振り返ってみれば、僕自身も、祖父は大工で、親父は工業高校の建築学科卒業である。大東京にもそういう世界があるというのは新鮮であった。

僕の大学学部の四年はあっという間に過ぎた。「三里塚」という現場で実に多くのことを学んだがろくに講義を受けてはいない。卒業は一ヵ月遅れ、就職どころではなく、思い悩む間もなく大学院に進学することになった。大学院では専ら図書室に籠ってコピーばかりしていた。入ったのは吉武（泰水）研究室である。松川淳子そして下山眞司、曽田忠宏の助手の先生たちとの学部での交流が大きかったのだと思う。大学院に入って、何か研究したいということではなかった。同級生の長澤悟は、今や学校建築の大御所であるが、入室当初から学校建築をテーマにすると決めていて、直接指導を受けていたけれど、僕の場合はほったらかしの感じであった。ただ、吉武泰水は、当時「夢」にそれこそ夢中で、現象学や精神分析についての本や文化人類学の本を随分読まされた。槇文彦の事務所（槇総合計画事務所）で夏休み一ヵ月間アルバイトをしたし、月尾嘉男の事務所（都市システム研究所）で丹下健三の松江の仕事を手伝った。下山眞司、曽田忠宏の事務所で模型をつくったし（筑波町立筑波第一小学校）、石井和紘、難波和彦の事務所に行って図面を引いた（「五四の窓」と「直島幼稚園」）。なんとなく、設計をやっていくのかなあ、という感じであった。

卒業論文で、**C・アレグザンダー**の『形の合成に関するノート』（Christopher Alexander, *Notes on the Synthesis of Form*, Harvard University Press）を読んで、グラフを解くコンピューター・プログラミング（HIDECS）に取り組んだのであるが、当時、C・アレグザンダー自身も「アーキテクト・ビルダー」など言い出していない。『住宅の建設』（*The Production of Houses*, Oxford University Press）を出すのは一九八五年のことだ。その後の経緯は省略するが、博士課程に入って二年して思いもかけず助手にしてもらうことになった。修士論文はどうしたものかと思っていたら、吉武先生が突然東大を辞めて筑波大の副学長になるという青天の霹靂《へきれき》のような事態が起こる。「君はドクターに行きなさい」といきなり告げられたのであった。原広司に来ないかと誘われたことも思い出す。吉武研究室（建築計画第一講座）を引き継いだ鈴

［**図1**］中村良和。セキスイハイムでは、木造のツーユーホームの開発を手掛けた。また、住環境研究所JKKの社長を務めた。

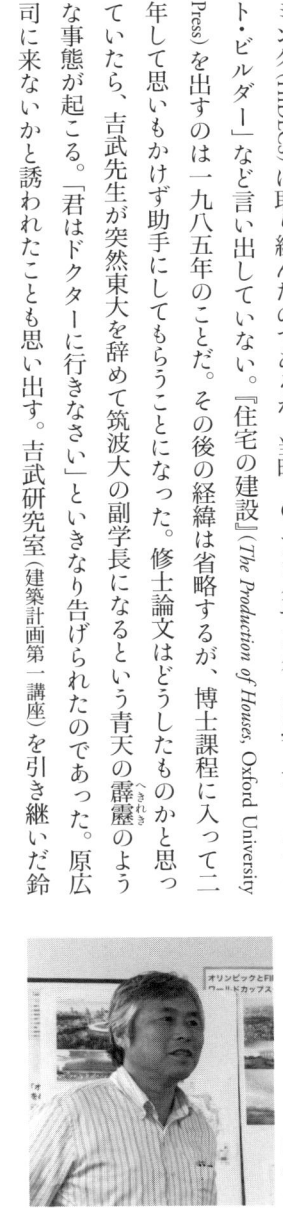

木成文教授、高橋鷹志助教授体制の初代助手である。初見学助手(現東京理科大学名誉教授)も同時就任であった。研究室には、植野糺、田村優樹以下、宇野求(現東京理科大学教授)、村松伸(現東京大学教授)、土居義岳(現九州大学教授)、江幡修ら錚々たるメンバーが集まってきた。そして、さらに二年して僕は東洋大学に移ることになった。強力に誘ってくれたのは故内田雄造である。

アーキテクト・ビルダーの原像

ひとつの構想が芽生えた。アーキテクト・ビルダーという職能の確立の構想である。中村と僕とのその構想は次第に膨らんでいく。そして着々と実現するかに見えた。しかし、挫折する。中村良和が、その後JKKに入社し、積水化学工業に異動、ツーユーホームの開発販売に携わり、一〇〇人にも及ぼうとする部下を指揮した後、**大野勝彦**が初代所長を務めたJKK住環境研究所の代表取締役となるのだから人生わからない。中村は有数の山男でもあった。川越へ向かう車の中で、中村は山男としての夢、ヒマラヤ登山の夢を語っていた。海外登山の実績のある山岳会に属していたのである。出会って四年後、登山中に遭難者を助けようとして二重遭難にあい、足腰の骨を複雑骨折、現場作業ができない身体になってしまったのである。彼をセキスイハイムに推薦してくれたのが大野勝彦である。

▼1……東洋大学布野研究室を核とする同窓会。その名は、川越キャンパスが鯨井中野台であった

東洋大学の学生たちは多様であった。寿司をにぎらせたら、包丁を持たせたら、本職はだしがいる。音楽にかけてはセミ・プロ級が何人もいたし、野球では甲子園のベンチに入ったものもいた。最初に出会った学生のひとりである本村晃もユニークであった。「建築家は建築を触らないと駄目だ」と宣言、学業をホッポリだして経師屋のまねごとを始めだしたのである。経師屋といっても、当時、内装工事の学生アルバイト仕事があり、それにのめり込んだのが実情だと思う。職人論を書くよう指導してなんとか卒業だけはしてもらったが、一時期は「先生の年収の数倍だよ」とすごい鼻息であった。その本村晃は今も内装工事業を続けている。先日、わが家の改装を頼んだ。初心を貫いている姿に感銘を受けた。今は、埼玉を拠点として活躍する八巻秀房そして田口隆一、池野健らと「鯨の会」▼1のネットワークとも連携しながら仕事をしている。

セルフビルダー群像

東洋大建築学科のスタッフに加わって、磯村栄一学長の特別研究プロジェクト「東洋における居住問題に関する実証的理論的研究」にいきなり加わることになった。前田尚美、**太田邦夫**、上杉啓、**内田雄造**の諸先生を核としたチームが編成され、切り盛りを任された。片腕になってくれたのが中村良和と同級生で親友の、当時大学院にいた岡利実（現ユー・エス・ピー都市空間研究所代表取締役）である。「東洋」といっても雲をつかむようであっ

ことに因む。一九八八年以降「鯨の会」という同窓会を組織して、毎月講師を招いて研究会を開いてきた。そして、僕が還暦を迎えようとする頃から再開しており、現在、A-Forumのアーキテクト／ビルダー研究会に移行しつつある。

▼2……John F. C. Turner, "Housing by People: Towards Autonomy in Building Environments. Ideas in Progress", London: Marion Boyars Publishers, 1976.

▼3……John F. C. Turner & Robert, Fichter, eds., "Freedom to Build, dweller control of the housing process", Macmillan, 1972.

▼4……Christopher Alexander, Sara Ishikawa, Murray Silverstein, Shlomo Angel, "A Pattern Language: Towns, Buildings, Construction", Oxford University Press., 1977（クリストファー・アレグザンダー他『パタン・ランゲージ——環境設計の手引』平田翰郎訳、鹿島出版会、一九八四）

たが、当面のターゲットは東南アジアに絞った。最初に向かったのはインドネシアそしてタイである。一九七九年一月のことだ。東南アジアといっても、ベトナム、ラオス、ミャンマーはとても調査を行う状況にはなかった。

アセアン諸国を歩き始めて、強烈なインパクトを受けたのは、各国で行われていたセルフビルドによる住宅建設のプロジェクトである。コア・ハウジングといって骨組み（スケルトン）だけ供給して後は居住者に委ねる方法［図2］、そして、フリーダム・トゥ・ビルド（マニラ）［図3］、ビルディング・トゥゲザー（バンコク）［図4］というインフォーマル・グループの活動はとりわけ刺激的だった。この頃、フリーダム・トゥ・ビルドのW・キース、ビルディング・トゥゲザーのS・エンジェルというリーダー［図5］と出会い、『Housing by People』[2]『Freedom to Build』[3]のJ・F・C・ターナーにも会った。S・エンジェルは、C・アレグザンダーの『パタン・ランゲージ』[4]の共著者である。発展途上国の大都市を埋め尽くすバラックを目の当たりにして、建築家がどういう方法を組み立てるかは、以降、大きなテーマであり続けている。

住宅生産組織研究会

八巻秀房が布野研究室に加わるのは一九八一年である。布野研究室三期生ということになる。研究室は東南アジアプロジェクトにフル回転し始めていたが、一方で、日本の

［図2］建設中のコア・ハウジング（上右）
［図3］フリーダム・トゥ・ビルド（マニラ）の看板（上左）
［図4］ビルディング・トゥゲザー（バンコク）の自力建設団地（下右）
［図5］W. キース（フリーダム・トゥ・ビルド、左）とS. エンジェル（ビルディング・トゥゲザー、右）（下左）

フィールドについて、住宅生産組織研究会の活動が大きな軸になりつつあった。そして並行して、**大野勝彦**、**石山修武**、**渡辺豊和**そして布野修司で開始したHPU（ハウジング計画ユニオン）の活動をもとに『群居』を創刊しようとするまさにその渦中であった（一九八二年一二月創刊準備号、一九八三年四月創刊）[**図6**]。

住宅生産組織研究会とは、地域の住宅生産組織のあり方を総合的に明らかにすることを目的に結成された研究会である。▼5 吉武鈴木研で西山計画学も含めて住宅計画学とその歴史を学んだのであるが、その「型」計画の方法に大いに疑問を感じていたことも大きい。つくり手の世界を押さえる必要がある、という問題意識は、アーキテクト・ビルダー、セルフビルダーへの関心とまさに重なり合っていた。

思い出深いのは、「熊谷うちわ祭り」そして「秩父夜祭り」の調査である。祭りを支え、地域を支える大工さん鳶さんの活き活きとした姿にある種の啓示を受けた。八巻は修士課程に丸二年間（一九八二―八四）、生産組織研究会の活動にそれこそ朝から夜中まで取り組んだ。そして書いた修士論文が「木造住宅の生産組織に関する研究」（一九八五）である。

全国住宅消費者連盟

こうして、東洋大学布野研究室の初期の問題意識を一身に受け止めた八巻は全国住宅消費者連盟という組織に飛び込む。**内田雄造**の紹介である。「全国消費者連盟」をうたう

▼5……芝浦工業大学藤沢好一研究室、千葉大学安藤正雄研究室、工学院大学吉田拓郎研究室、都立大学深尾精一研究室、職業訓練大学校松留慎一郎研究室、東京大学松村秀一研究室、大野アトリエおよび布野研究室の八グループである。東洋大学布野研究室が加わることになったのは、大野勝彦から藤沢好一を紹介されたのがきっかけである。それにクラスメイトであった安藤正雄の存在も大きかった。

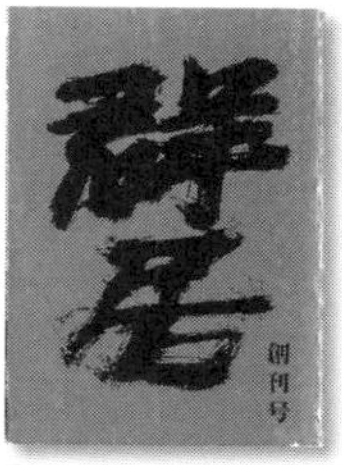

[**図6**]『群居』創刊号（1983年4月）

が、実態は、神奈川を中心とする首都圏の工務店の「組合」で、消費者教育の一方で顧客獲得が目的だったという。セミナー開催やビデオ制作などに腕を振るい、『「家づくり」みんな、ここで失敗する！』（かんき出版、一九八七）を出版する。A-Forumのアーキテクト／ビルダー研究会に、八巻とともに泉幸輔や松澤静男の「家づくりの会」を招いて議論する機会があった[6]（二〇一六・九・二九）。「家づくりの会」は、建築家は建築家として主体性を持ち、大工工務店と連携するという構えである。[7]「連盟」を離れて、一九九一年に大野建築アトリエにいた山中文彦と共同で「家づくりネットワーク」を設立する。実体は設計事務所である。しかし、なかなか利益が出ない。一生懸命図面を描いても見積金額が全く合わず、それを調整していく間に設計がなんだかわからなくなる、という悪戦苦闘だったという。

産直住宅——地域住宅工房のネットワーク

そこで、設計だけではなくて施工もやろうということになった。アーキテクト・ビルダーを具体的に目指そうということである。HOPE計画[8]を背景にした大野勝彦の『地域住宅工房のネットワーク』（彰国社、一九八八）が輝ける指針になったという。地域で地域らしい住宅をつくろうと思い始めたけれど、東京で地域住宅とは何かということになる。手掛かりを探しあぐねている時、たまたま山形県金山町という杉の産地の山林所有者と

▼6……A-Forumアーキテクト／ビルダー研究会・日本建築学会『建築討論』共催「建築の設計と生産——その歴史と現在の課題をめぐって03『日本の住宅生産と建築家』」。

▼7……僕は、昭和から平成へ時代が変わる頃、「家づくりの会」に招かれて連続講演をする機会があったが（「住宅生産の構造と建築家」一九八九・九・三〇、「家と住宅の戦後史」一九八九・一〇・二一、「工業化住宅と住宅設計」一九八九・一二・二、「地域住宅計画」一九九〇・一・二七、「ハウジング計画論の展開——東南アジアのセルフヘルプ・ハウジング」一九九〇・二・二四）、それには八巻秀房も参加していたのだという。

▼8……「HOPE」は「地域住宅計画HOusing with Proper Environment（地域固有の環境にともなう家づくり）」をいい、一九八三年に当時の建設省が施策展開を行った。

知り合いになる。素晴らしく良い杉があり、しかも大工さんたちの優れた技能がある、金山町の木材を金山町で刻み、首都圏で組み立ててもらう、金山町の大工さんには刻みから上棟して野地板を葺くまでやってもらい、その後は首都圏の大工さんに引き継いで行くという仕組みをつくった。いわゆる産直住宅である。約一六年間で九〇棟ほど建てた。

地域を循環させる

歳を取ってきた両親の住む実家すなわち生まれ育った地域に拠点を移し、独立するのである。当初しばらくは「コミュニティアーキテクト・ラボ(一級建築士事務所)」を名乗った。本人にいわせると、布野のいうことを忠実にやってきただけですと冗談めかすが、『裸の建築家――タウンアーキテクト論序説』(二〇〇〇)以降の京都CDL(コミュニティ・デザイン・リーグ)の活動や滋賀県立大の近江環人の活動が念頭にあったらしい。「鯨の会」でも「コミュニティ・アーキテクト」をめぐる議論があった。▼9

実家の近くとはいえ、縁もゆかりもつながりもない地域では、まず人と人とのつながりを自分たちでつくっていかなければならない。自分たちの思いに共感してくれる人をとにかく集める、地域の中で自然循環できるようなコミュニティをつくること、それが目標となった。そして、いろんなことを始めた。ペレットストーブで間伐材を燃料に地

[図7] 食材持ち込んで地域コミュニティづくり(上)
[図8]「ピッカリひのき市」(下)

▼9……布野修司「裸の建築家/タウンアーキテクトの可能性」「鯨の会」講演会、二〇〇六・五・二六。

元の食材で鍋パーティーを開いたり[図7]、「協同組合 彩の森とき川」と連携して伐採見学会で立ち木を伐採して希望者に進呈するとか、「ピッカリひきの市」という市場（月一回）も続けている[図8]。徐々に仕事が増えてきて、研究室の後輩すなわち「鯨の会」の飯島昌之に声をかけた。長野県諏訪市在住で、設計事務所を営む。この飯島もアーキテクト・ビルダーを目指したひとりである。林泰義の計画技術研究所に勤務後、故郷に帰って大工修行の上、一級建築士の資格を取った。『群居』では漫画の連載で評判を取った。僕の『住宅戦争』にもイラストを描いてくれた[図9]。いいコンビである。「鯨の会」には、今回触れるスペースがなかったが、宮内康設計工房で「山谷労働者福祉会館」の現場を仕切った、現在は静岡を拠点にする松田和優紀もいる。

二〇一〇年から二〇一一年にかけて、これまでの蓄積をもとに地元の杉材を使った「ひきいるハウス」というモデルハウスをつくった[図10]。現在の拠点である。二〇一三年には株式会社山の木を設立、建設業登録も行った。地域でエネルギーもつくっていこうということで、完全にオフグリッドで、電気はすべてソーラーバッテリーでまかなっている。民家を再生する仕事もぼちぼち出てきた。

いさましく「進撃」する建築家というイメージはないかもしれない。むしろ、悪戦苦闘の軌跡が浮かび上がる。しかし、アーキテクト・ビルダーとしての未来を確信する八巻秀房、飯島昌之二人の顔つきは明るい。おそらく、日本の各地にこうしたネットワークが存在している。そうしたアーキテクト・ビルダーたちの仕事に期待し続けたいと思う。

[図9] 飯島昌之の漫画は評判が良かった

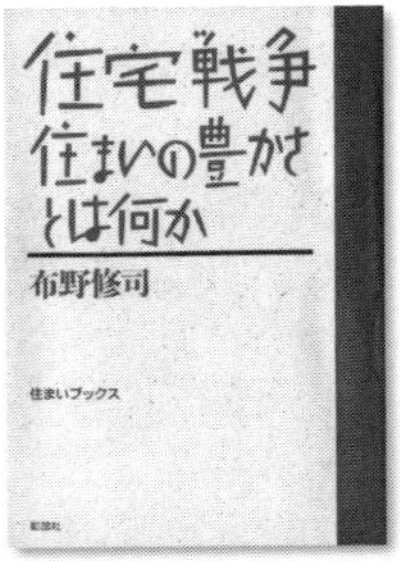

[図10] ひきいるハウス。上｜外観、中左｜リビングルーム、中右｜ウッドデッキ、
下左｜和室、下中｜浴室、下右｜玄関

10

大井鉄也

木之本から／近江環人の行方

レトロ・フィット建築の体系

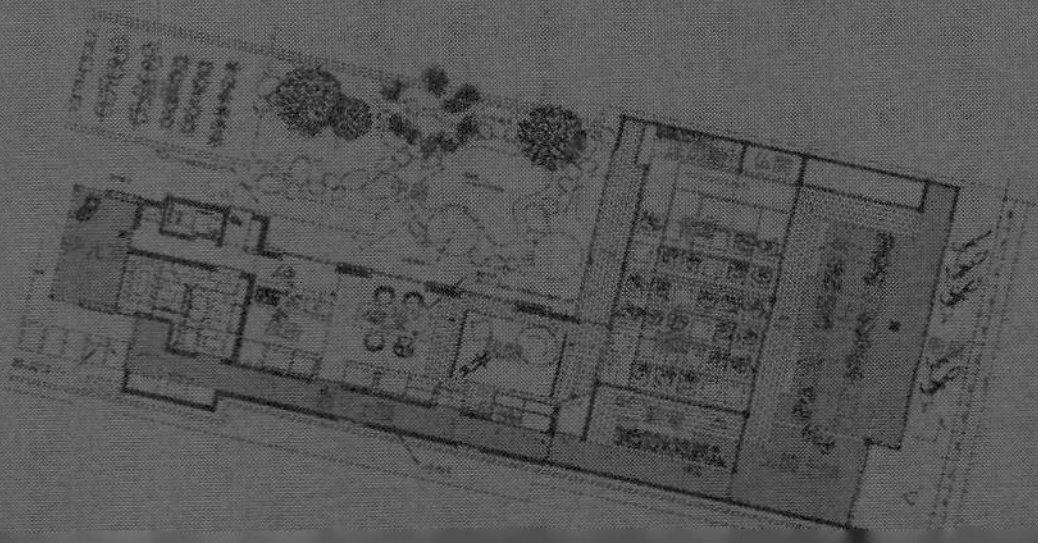

大井鉄也 おおい・てつや

建築家｜大井鉄也建築設計事務所主宰

1978年	滋賀県生まれ
2001年	滋賀県立大学環境科学部環境計画学科卒業
2003年	同大学大学院環境科学研究科環境計画学専攻修了（内井昭蔵研究室）
2003–08年	内井建築設計事務所勤務
2009–12年	遠藤克彦建築研究所勤務
2012年	大井鉄也建築設計事務所設立
2012–17年	東京大学生産技術研究所特任研究員
2017年–	東京大学大学院工学系研究科建築学専攻博士後期課程
2019年–	滋賀県立大学環境建築デザイン学科非常勤講師

●主な作品

「第1回コミーミラーコンペティション」佳作、2008

「東京大学生産技術研究所アニヴァーサリーホール」2013（日本建築学会作品選集2014、設計：今井公太郎＋遠藤克彦、遠藤克彦建築研究所勤務時担当）

「つるやパン本店改修」2014

「dual court house」2014

「岩手県釜石市民ホール及び釜石情報交流センター設計プロポーザル」次点、2014（矢野青山建築設計事務所との共同設計）

「住道の家」2016

「つるやパン2号店 丸い食パン専門店」2016

「木之本宿 オフセット町家」2017

「屋根上の休憩所——つるやパン工場増築計画」2017（SDレビュー 2017入選）

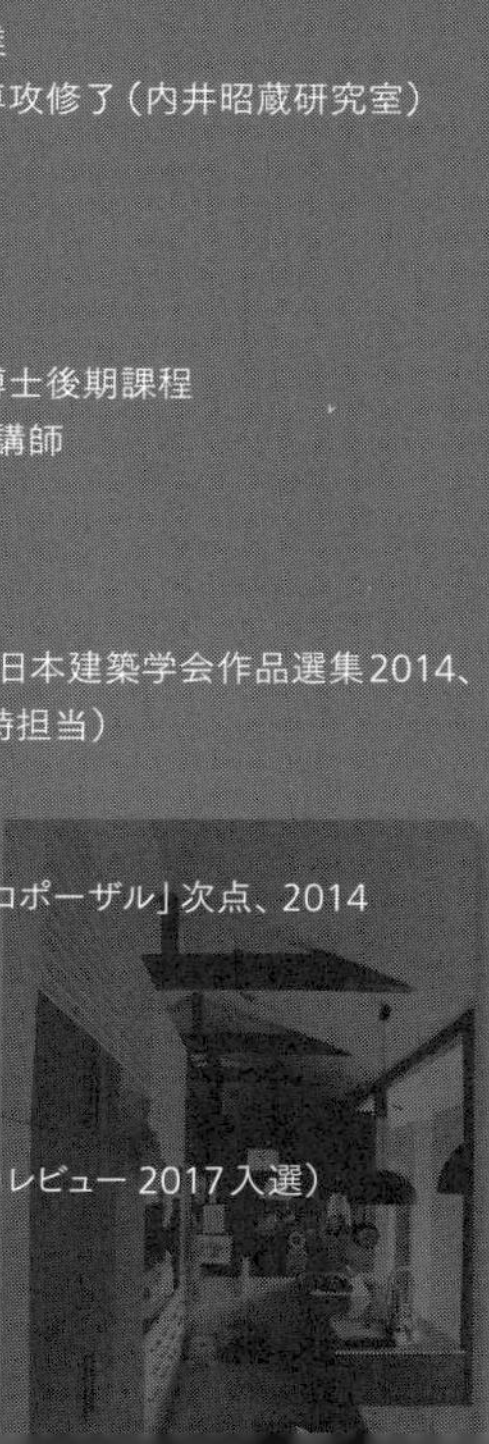

大井鉄也は、滋賀県立大学環境科学部環境計画（環境建築デザイン）学科の三期生である。大学院に進学、内井昭蔵研究室に所属した。修士一年の時に内井昭蔵[1]が急逝（二〇〇二）、生前から誘われていて修了後は内井建築設計事務所に勤めた。僕は、滋賀県立大学に一〇年（二〇〇五―一五）勤めたが、大井とはすれ違いである。僕が京都大学から滋賀県立大学に異動した二〇〇五年三月に出迎えてくれた四人が川井操（現滋賀県立大学准教授）、中川雄輔（日建設計）、中浜春洋（西倉建築事務所）、中村喜裕（Vans）であるが、川井・中川が六期生、中浜・中村が九期生である。彼らは、僕の最初の設計演習のＴＡとなる小島七恵（Vans）なども含めて徒党を組んで、南彦根駅前の「遊楽太郎」という洒落た店の内装工事（セルフビルド）を請負っていた。彦根に住んで「遊楽太郎」は度々利用することになるのであるが、京都で修業したという若い大将の料理の腕前は相当なものである。

川井・中川の二人は修士一年で、すぐさまアジアのフィールドを連れ回ることになる。中川雄輔はいきなりインド・スリランカを一緒に回って[2]、インド洋大津波後のスクオッター地区の復興をテーマに修論[3]を書き、日建設計に就職する。日建設計では学会の「作品選集新人賞」を受賞するなど将来を期待されている。川井は、京都ＣＤＬの西安ツ

▼1……僕は京都大学で三年間ご一緒した（一九九三―九六）。また、滋賀県立大に行かれてからも、京都市公共建築デザイン指針検討委員会（一九九九―二〇〇〇）を手伝う機会があった。

▼2……二〇〇五・七・二〇―八・二一:Kolkata-Bhubaneswa-Puri-Chennai-Kanchipram-Madrai-Srilangam-Tanjor-Nagapatnam-Pondicherry-Mahabaripuram-Chennai-Colombo-Galle（布野修司・中川雄輔・前田昌弘）。二〇〇六・七・一五―七・二六:Delhi - Lahore - Colombo:（布野修司・山根周・中川雄輔）。

▼3……中川雄輔「インド洋スマトラ沖地震津波被災地における住宅復興過程に関する研究――スリランカ・南西沿岸被災者の居住環境変容を事例として」滋賀県立大学修士論文、二〇〇七。

▼4……川井操「西安旧城・回族居住地区の空間構成とその変容に関する研究」学位論文（滋賀県立大学）二〇一一。

アーがきっかけで、京都大学西川幸治研究室出身の段錬儒のところへ留学することになるが、北京、西安、澎湖島、台湾、福建、ハノイ……と回った。結局、学位論文[▼4]の取得まででつき合うことになった。この川井操が、滋賀県立大出身の建築家のエースは大井鉄也だという。

つるやパン

すべては「つるやパン」の看板から始まった（つるやパン本店改修）［図1］。「つるやパン」は、彦根に住んでいた時に、「サラダパン」[▼5]が美味しいという評判で、わざわざ買いに行ったことがあった。滋賀県のごく一部の地域のローカルフードであったが、二〇〇〇年代のご当地グルメブームによってマスコミに取り上げられるようになり、滋賀県発の変わり種パンとして全国的にも知られるようになった。今や渋谷のヒカリエで毎月特売日がある。この看板、立体サインというべきか、抜群の発信力があった。

大井鉄也の双子の兄福也（ANDAND代表、クリエイティブ・ディレクター）とつるや専務の西村豊弘が虎姫高校の同級生で、本店の改修を依頼されたのが発端で、看板のデザインは三人で取り組んだ。高岡のアルキャスト・メーカー竹中製作所には随分通った。微妙な皺、曲面を表現するのに実に苦労した。この竹中製作所が、将来を期待される建築家能作文徳・淳平兄弟の実家だというから世の中狭い。

［図1］つるやパン本店

▼5……一九五七年、初代主人の妻が塩気のある惣菜パンのアイディアを思い付いたのが始まりで、当初は「サラダパン」の名の通り、マヨネーズで和えた刻みキャベツを挟んだものであった。その後、キャベツよりもたくあんを挟む方が食感が良く保存も利くことから、現在のスタイルに変更された。しかし、「たくあんも野菜だから、サラダじゃないか」ということで名称は変更されず、現在に至っている。

看板製作と本店の改修の後、依頼されたのが「オフセット町家」という西村豊弘の弟、工場長西村達朗の家である。もとは「サラダパン」を考案した祖母西村智恵子（旧姓安達）の実家で、一九五二年建設の町家である。そして、並行して、「つるやパン二号店、丸い食パン専門店」の改修を依頼された。店長は従兄弟の西村洋平である。看板は、同じ型枠で展開できればと当初思っていたけれど、一〇年の時を経た長浜の二号店は、丸い食パンをモチーフにすることになった。そして、丸い食パンの型枠もコンクリートの型枠に使ってみた［図2］。

木之本

内井建築設計事務所▼6（二〇〇三―〇八）から遠藤克彦建築研究所▼7（二〇〇九―一二）を経て独立、「つるやパン」のネットワークを中心に木之本町が建築家としての出発拠点となる。「つるやパン」は木之本のまちづくりの核でもある。

木之本が東浅井郡虎姫町・湖北町・伊香郡高月町・余呉町・西浅井町とともに長浜市へ編入されたのは二〇一〇年である。北国街道沿いの馬市が立った宿場街で、織田信長の眼にとまる名馬を買うお金を差し出した山内一豊の妻のエピソードは有名である。秀吉と柴田勝家が信長の跡目を争った賤ヶ岳の戦い（一五八三）もよく知られ、その先陣を切った加藤清正ら七本槍に因む清酒「七本槍」は地元ブランドである。

▼6……内井建築設計事務所で関わった主な仕事は、ポプラ社本社屋ビル改築工事（基本設計・実施設計・工事監理）、四谷アパートメント新築工事（基本設計・実施設計・工事監理）、学校法人法輪学園こころ認定こども園新築工事（基本設計・実施設計・工事監理）などである。

▼7……遠藤克彦建築研究所で関わった主な仕事は、ユーキャン代々木別館新築工事（基本設計・実施設計・工事監理）、長崎県新上五島町新青梅温泉荘改築工事（基本設計・実施設計・工事監理）、東京大学生産技術研究所アニバーサリーホール改修工事などである。

歴史的町並み［図3］を維持する木之本であるが、高齢化と人口減に悩む。滋賀県立大学では「近江楽座」そして「近江環人（コミュニティ・アーキテクト）」という、COC（地域中心）プログラムの一環としてまちづくり支援のプロジェクトを続けてきているが、地域再生の課題は容易ではない。「黒壁」のまちづくりで知られる長浜であるが、すべてがうまくいっているわけではない。

木之本でも、空き家を安く賃貸して外部から人材を招く事業を展開してきたが、なかなか仕組みとして定着していかない。街角の町家を改修して共同の土産屋（南政宏設計）▼8をつくったが、今は閉鎖されている。川井操研究室でも「近江楽座」の助成を得て、連携を模索しつつあるところだ。

屋根上の休憩所——工場改築

近江環人＝コミュニティ・アーキテクトとはいったい何者か、何をするのか、何ができるのか、近江環人地域再生学座の設立に関わり、一〇年議論してきたけれど、奥の手があるわけではない。既に一〇〇人を超える修了生を出したけれど、当初は、二十数人の市町村長（現在は一九市）を育てる、というのが目的だといっていた。共通の認識であったのは、近江環人の創意工夫とそのネットワークが鍵となること、ステレオタイプ化したマニュアルは役に立たないとい

［図2］つるやパン
上右｜工場、上左｜共同井戸の前で説明する西村豊弘氏
［図3］木之本の歴史的町並み

▼8……南政宏も滋賀県立大学環境建築デザインの二期生である。数々の受賞が示すようにプロダクト・デザインに分野で活躍している。

うことである。どこでもやるような観光誘致策が息切れすることははっきりしていた。

中には、「つるやパン」をはじめいくつかの有力な種がある。時計屋さんの空き家に越してきた陶芸家七尾佳洋夫妻がいる［図4］。それぞれが自立したサイクルを確立することを優先し、それを重ね掛け合わせるのが基本なんじゃないかというのが、西村福也専務である。そもそも創業者の祖父西村秀敏がいわゆる「ヤリ手」だった。戦後これからはパン食となる、ということでパン屋を始めるのである。それでいて後には米飯組合も設立する。教育長も務めた地域のリーダーであった。

つるやパン工場のすぐ近くに伊香高校の野球グラウンドがある。かつて甲子園の常連校であった。野球部員は、帰りに「つるやパン」本店に寄ってイートイン・コーナーで団欒する。「サラダパン」が全国に知られるようになって、パートも増え、駐車場も、休憩場も必要になった。そこで大井鉄也が提案してSDレビュー二〇一七に選定されたのが「屋根上の休憩所」である［図5］。この屋根上からは伊香高校の野球場が見物できる。その後、工場増築から工場見学も含んだ駐車場も一体化する計画へと構想は膨らみつつある。すなわち、「つるやパン」本店と工場を回遊することによって、客を街で受け入れる計画へと展開しつつある。

［**図4**］陶芸家の七尾佳洋氏（右）

オフセット町家

こうして、看板から始まった活動は、やれること、できたことを積み重ね、拡大していく、近江環人地域再生学のひとつのモデルになりつつあるように思える。「オフセット町家」は、街並研究会の会合、地元書店による本の読み聞かせの会、展覧会のギャラリーなど、街に開かれた場としても計画された[図6]。

戦後まもなく一九五二年に建設された町家は、骨太の材木で組まれた新町家で、珍しい青(ライトブルー)漆喰や繊細な組子の建具など当時としては洒落た家であったと思う。基本的に大きな変更は加えてはいない。北国街道に面した八畳の続き間二つを土間にした。後方の平屋部分を住居の基本部分(LDK+バス・トイレ)とし、母屋の二階に寝室・居間を置いた。これを小町家といい、町家に小町家を入れ子状に組み込んだ。内井昭蔵仕込みというべきか、新旧材料の取合せ、ディテール、そつなくまとまっている。ただ、母屋の土間の天井、二階の小町家という切妻屋根の小屋(二つの寝室)の床下が銀色に塗られていて、いささかブルータルである。

オフセットとはカーボン・オフセットのオフセットすなわち「相殺する」あるいは「埋め合わせる」という意味だと思ったのだけれど、どうも違う。図像(イメージ)版と紙が直に接しない印刷方法のオフセット印刷、すなわち「転写する」という意味でもないらしい。基準からずらすという意味だと、説明を受けた。「閉じつつ開く」「切断しながら関係を

[図5] 屋根上の休憩所

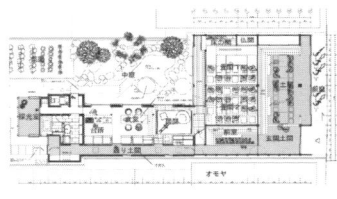

［**図6**］オフセット町家（外観はオリジナルのまま）
上｜居間、中右｜外観、中左｜１階平面、下右から｜居間の配管ダクト、
１階ダイニングキッチン、通り土間、２階自由スペース

つなぐ」ということか。オフセットという概念が設計の新たな手法につながっていくのかどうかは今後の展開を待とう。一方で、「すでにある」形式を編集するともいう。確かに、リノベーションの仕事は、既存の建築、「すでにある」空間をどう評価し、どう編集するかが、共通のテーマである。

談話室

滋賀県立大学に「談話室」という建築学生の組織がある。ゲスト講師による講演会を主とする活動で、一九九九年に開始されて、現在まで続く。その第六八回に卒業生として初めて大井は招かれた(二〇一七・一二・一三)。そのタイトルが『「すでにある」形式を編集する──プロトタイプとタイポロジーの間』である。実は、談話室の活動を開始したのは大井鉄也と同級生の丹治健太[9]なのだという。僕が着任した二〇〇五年までに一九回開催されており、記録集を出すことを条件に旅費を支援し始め、二〇回から五七回(二〇一四)まではほぼすべて参加した(記録集『雑口罵乱』は現在九号まで出版)。

講演は、高校生時代から卒業設計「遺跡の現在　安土山遺跡ミュージアム」(大井＋丹治の共同設計)[図7]、大学院の設計「修道院」、「東京大学生産技術研究所アニバーサリーホール」(今井公太郎＋遠藤克彦＋大井鉄也)を経て、木之本の仕事まで一貫して振り返ろうとするものであった。常に仕事を、原点、すなわち卒業設計──「すでにある」遺跡を編集する

▼9……一九七八年福島市生まれ。滋賀県立大学環境科学部環境建築デザイン学科卒。一年間ヨーロッパを自転車で遊学。渡辺富工務店、プラットフォームを経て、二〇〇七年タンタブル一級建築士事務所設立。

復元を否定してみる——に遡って確認しながら、振り返る姿勢には理論家としての資質がうかがえる。ともすると、クライアントの要求、社会の趨勢に身を委ねるままの建築家も少なくないのである。もちろん、確たる理論があってそれを応用すればいいというものではない。常に後付けであると磯崎新(建築少年IX)はいうが、大切なのは、振り返って自らの仕事を位置づけ続けることである。

レトロ・フィット建築の体系

「形態は機能に従う」(L・サリバン)、「形態は機能を喚起する」(L・カーン)、「形態だけではなく、利用形態(プログラム)まで射程に入れなくては、建築は捉えきれない」(B・チュミ)。講演の冒頭には、建築の世界ではよく知られたアフォリズムが並べられ、「形態は、機能が変わっても、普遍的な価値を得て、その形態は、後の機能にも対応する」という自らのテーゼを最後に付け加える。

プロトタイプとタイポロジーそして編集については以下のように考える。すなわち、プロトタイプ(原型)が「何らかの必要から(?)」空間となって出現し、それを編集することによって、住居、学校、工場・倉庫、美術館……のような様々な形式(建築類型?)が生まれる、そうして生まれた「すでにある」形式を新たな利用形態を可能にする建築(空間)へとさらに編集する、のである。原初、人々のすべての活動は住居を中心とする未分化な

[**図7**] 卒業設計「遺跡の現在 安土山遺跡ミュージアム」(大井鉄也＋丹治健太の共同設計)

空間において行われていた、その空間はやがて分化し、いくつかの形式（建築類型）が生まれ、さらに近代的制度＝施設《インスティチューション》として成立する。編集とは、その再編成に関わっているのである。

建築を「すでにあるもの」として出発するとすれば、これまでの建築のパラダイムは大きく転換せざるをえない。大井鉄也が考えているのは「レトロ・フィット建築の体系」である［**図8**］。新築《リファイン》－既存《レトロ・フィット》、介入《インテルヴェント》－継承《レスタウロ》で張られる空間に建築行為を位置づけようとする。レトロ・フィット建築の体系というと既存建築の保存度が高いケースが強くイメージされているように思えるが、一般的に求められているのは、建築リノベーションの体系であり、サスティナブルな建築システムである。大井鉄也にはその体系化を期待したい。

こうして、大井鉄也をめぐって期待は二分化される。木之本にこだわりながら近江環人の行方を突き詰めてほしいという期待とレトロ・フィット建築の体系を突き詰めてほしいという期待である。しかし、はっきりしているのは、具体的な実践を欠いた理論は理論にとどまる可能性が高いということである。大井鉄也はそのことを十分わかっていると思う。

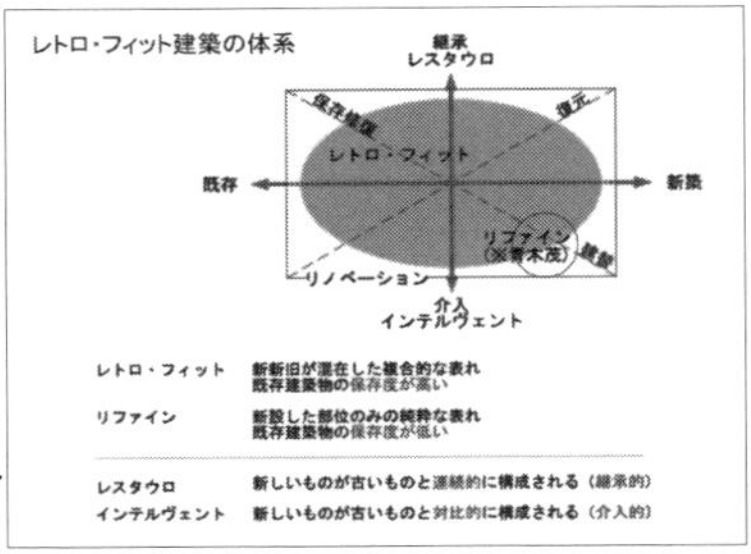

［**図8**］レトロ・フィット建築の体系

図6中左、7、8
提供：大井鉄也建築設計事務所

11

丹羽哲矢

組織と地域の間

C＆Dの方へ

丹羽哲矢 にわ・てつや
建築家｜clublab.代表

1972年 愛知県生まれ
1994年 京都大学建築学第二学科卒業
1996年 同大学大学院工学研究科建築学専攻博士前期課程修了
clublab.活動開始
1996–2008年 久米設計
2005年 京都大学大学院工学研究科生活空間学専攻博士後期課程研究指導認定退学
2005年– 愛知産業大学講師（非常勤）
2008年– 一級建築士事務所clublab.開設、管理建築士
2016年– 愛知工業大学・名城大学非常勤講師
2018年– 椙山女学園大学非常勤講師
2019年– 中部大学非常勤講師

●主な作品・プロジェクト・活動
「千種の住宅」2009
「豊田の住宅」2009（中部建築賞）
「各務原リハビリテーション病院」2011
「稲沢の住宅」2012（すまいる愛知住宅賞、中部建築賞）
「イーオン中部本校ビル」2014
「愛知産業大学工業高等学校伊勢山校舎」2015（中部建築賞、IES国際照明賞）
「清須の住宅」2015（グッドデザイン賞）
「錦江町総合交流センタープロポーザル」2016（優秀賞）
愛知建築士会学生コンペ委員副委員長、名古屋名東支部長を歴任丹羽哲矢もまた僕が京都大学で最初に出会った学生のひとりである。丹羽の場合、組織事務所（久米設計）を経て独立した。もともと、川崎清・竹山聖研究室の出身であり、学部時代の印象は薄い。専ら思い出すのは、「シェアハウス」について研究したいと博士後期課程に入学してきた年の夏、一緒に南インドを調査したことである。[1]マドゥライで修士論文を書いた大辻（山本）絢子、ヴァーラーナシーで修論を書いた柳沢究（現京都大学准教授）が一緒だった。思い出すのは調査のことではない。丹羽がやたらに星に詳しかったことである。マドゥライからシュリランガムを車で往復した時である。すっかり暮れた南インドの夜空に無数の星が輝いていて、息をのんで見ていたら、あれは何座だ、これは何座だとよく知っている。小学生の時からプラネタリウムに通った「天文少年」なのである。

その頃、僕は、天文学を本気で学びたいと思い始めていた。古代都城の設計理念を説き明かすためには天文学の知識が不可欠であると思い始めていたのである。滋賀県立大に移っても、そんなことをしゃべり続けていたのだろう、今や宮大工の道に入った飯田敏史は、移動日時計である「バラモンの杖」を実際につくってくれた。高橋俊也に言わせ

▼1……「Kansai Singapore インド Chennnai Madurai マドゥライ調査 Chennai Singapore」「発展途上地域（湿潤熱帯）の大都市における居住地モデルの開発に関する研究」（二〇〇二年七月二二日―八月一日）布野修司・丹羽哲矢・柳沢究・大辻絢子。

ると、**渡辺菊眞**（進撃の建築家①）の「宙地の間」（日時計の家）にも多少の刺激にはなっているらしい。未だに天文学の入口にもたどり着けないのだけれど、天文少年を心底うらやましい、と思う。僕らは、かつてはすべてであった古来変わらぬ星の動きを全く意識せずに生活している。

シェアハウス

建築・都市とコスモロジーをめぐっては、**渡辺豊和**（建築少年Ⅵ）、**毛綱毅曠**とのつき合い以来の関心事である。実は、わが弟は航空学科を出て、今では宇宙開発の最前線にいる。彼は空を見続けながら、僕は地面を見続けながら人生を生きてきたけれど、同じ兄弟ながら、かくも世界が違うのか、とつくづく思う。しかし、丹羽の場合、なぜ、シェアハウスだったのか？

久米設計（大阪支社）での泉佐野市営松原団地住宅建替事業の設計（二〇〇二）など今後の住宅のあり方を考えたいというのが、休職して博士後期課程に入学する公式な理由であったが、既に独立する決意はしていた。結果的に復職して三年で独立することになるが（二〇〇八年）、振り返って履歴には、修士修了時に「clublab. 活動開始」と記している。布野研究室に在籍時に、町家の改修である「法然院の家　奥のある住まい」（二〇〇三）［**図1**］、叔父叔母の老後の住まい「岩槻の住宅　空のある住まい」（二〇〇四）［**図2**］を手掛けている。

［**図1**］法然院の家　奥のある住まい（左）
［**図2**］岩槻の住宅　空のある住まい（右）

実質上、この二作品がデビュー作である。

シェアハウスというテーマそのものにはもちろん異議はない。都市組織研究の中心テーマである。丹羽は自ら京都でシェアハウスに居住しながら実態調査を開始した。しかし、新しい動向だし、布野研究室に蓄積はない。新たな研究分野の開拓を期待したが、三年で学位論文をまとめられるほど甘くはなかった。

これについては、僕の方にも申し訳ない事情がある。相変わらずアジアを飛び回っていた上に、二〇〇一―〇三年は日本建築学会の『建築雑誌』の編集長を務めた。そして、丹羽が博士後期課程を単位認定退学する二〇〇五年三月には京都大学を辞してしまうのである。二〇〇四年一二月二六日には、スリランカのゴールにいてインド洋大津波にあい九死に一生を得るなど、丹羽が研究室に在籍した二〇〇二―〇五年は、わが人生においても激動の三年間である。

名古屋CDフォーラム

独立して一〇年、いくつかの作品が実現し、評価も受けてきた。『C&D（シーアンドディー）』一七〇号（48巻、二〇一七夏）の巻頭小特集「いま、活躍するアトリエ系建築設計事務所　言葉にならない気持ちを捉える　clublab.丹羽哲矢」がこれまでの作品をまとめている。掲載されているのは、「千種の住宅Horn House」（二〇〇九）、「豊田の住宅

QUALIA」(二〇〇九。二〇一四年第四六回中部建築賞入選)、「稲沢の住宅STAGE(S)」(二〇一二。二〇一三年第四五回中部建築賞入選、すまいる愛知住宅賞名古屋市住宅供給公社理事長賞)、「愛知産業大学工業高等学校伊勢山校舎」(二〇一五。二〇一六年第四八回中部建築賞、北米照明学会(IES)国際照明賞)、「清須の住宅」(二〇一五。二〇一六年グッドデザイン賞)(以上年代順)である。

『C&D』を発行する名古屋CDフォーラムとはその昔強い縁があった酒井宣良(NOV建築工房、一九四五—二〇〇八)編集長の時代には結構行き来があった。大島哲蔵(スクウォッター(洋書輸入販売)、一九四八—二〇〇二)と二人でシンポジウム「変貌する公共性——人と建築と社会と」▼2に参加したことがある。『C&D』には「地域に世界を見るメディア」(一九九四)という文章を書いたこともある。東京—大阪・京都・神戸の間にあって、地域を拠点とした活動を展開するその象徴が名古屋CDフォーラムである。その半世紀に及ぶ活動は実に頼もしい。

妄想する建築!?

丹羽哲矢の仕事をどう位置づければいいのか、「言葉にならない気持ちを捉える」とは何をいおうとしているのか。「体験を妄想し、それを空間の配列や形や大きさや色や素材で建築に翻訳する作業が設計という行為なのだけれど、どこまで奥深く妄想することができるかが、その建築を唯一無二のものにする気がしている」な

▼2……シンポジウム「変貌する公共性——人と建築と社会と」大島哲蔵・酒井宣良・布野修司、建築デザイン会議名古屋、一九九二・一一・二一。

[図3] 千種の住宅Horn House(右)。階段とホール
[図4] 豊田の住宅QUALIA(左)。トップライト見上げ

ど書くが、丹羽が妄想する建築とは、どのようなものか。「建築の時間を妄想する」（建築を考えるということは、時間を考えるということだと思う）、「物語のある場を生み出す」「敷地は多くのことを語る」「様々な場をちりばめる」「豊かさを生む仕掛け」「まちに居場所をつくる」「機能だけでは足りない」などといった言葉が、先の小特集には連ねられるのであるが、言葉のみが浮遊している印象を受ける。短い文章に無いものねだりであるが、具体的な方法が語られるべきだと思う。文章は、「機能的に説明できなかったり、理論的に説明できなかったりする『何か』に住まいが持つべき本質があって、それが物語を生むのだと僕は信じている」と締めくくられている。後は実作を見てくれ！ということか。

送ってもらった写真からだけの印象なのだけれど、敷地を無理矢理使おうとする「千種の住宅」［図3］、「豊田の住宅」［図4］の「デコン」[▼3]風の作品には、「妄想する」建築家？の匂いが感じられる。

スキエラ型

しかし、丹羽哲矢の建築が、本人がいうような妄想の建築であるわけではない。「稲沢の住宅STAGE(S)」［図5］と「清須の住宅」は、二軒とも夫婦に子ども二人という丹羽とほぼ同世代の家族の住宅である。前者は、田園地帯のコートヤードハウス、後者は都市郊外型の戸建住宅、ともによくできている。子どもたちがのびのびと走り回る平面構成が

▼3……デコンストラクティヴィズム。ジャック・デリダのデコンストラクション（脱構築）の概念に触発されたポストモダン建築の一傾向。ラーメン構造の直交座標系の構成を否定し、斜線を多用する建築を一般的にいう。F・ゲーリー、P・アイゼンマン、ザハ・ハディド、ダニエル・リベスキント、コープ・ヒンメルブラウらの一九八〇年代から九〇年代にかけての作品がそう呼ばれる。

うらやましい。稲沢の住宅の施主は外壁の汚れと結露を気にしていたけれど、丹羽の経験不足といえば経験不足である。「建築の時間を妄想する」というのだから、建築が生きていくその過程に施主とともに寄り添っていく必要がある。

うまくできているというのは、敷地の立地、そのかたちに対する素直な解答になっているということである。丹羽の修士論文は「イタリア都市住居に関する研究——その空間構成を通じて」(一九九六)なのである。『世界住居誌』で、丹羽は、「Vヨーロッパ」のpanorama(概説)で都市型住居の原型としての短冊型敷地に建つスキエラ型に触れ、「トゥルッリ、円い石の家」(アルベロベッロ)、「スキエラ、ポルティコの並ぶ町」(ボローニャ)の二本の原稿とともに、「家族と住居」lecture 8について書いている。「シェアハウス」についての関心も一貫している。だから欲をいえば、さらにクライアントを挑発?しながら、日本における新たな都市型住宅のあり方への提案を見たいところである。

隙間

独立以後手掛けてきたのは住宅だけではない。「各務原リハビリテーション病院」(二〇一二)、「イーオン中部本校ビル」(二〇一四)[図6]

[**図5**] 稲沢の住宅
STAGE(S)
上左｜南東側外観
上右｜ダイニング上部(上)とスカイステージからリビングの見通し(下)
下｜リビングからの見通し(左)とピアノステージ(右)

といった作品がある。多い時には数人のスタッフがいたというが、小さなアトリエ事務所がいきなり得られる仕事ではない。聞けば、勤めていた組織事務所から依頼される場合が多い。組織事務所の場合、三千平方メートル以上の規模がないと採算がとれない。設計の仕事にかかるエネルギーは、必ずしも規模に比例するわけではないのである。極端に言えば、小規模な住宅であれ、大規模なオフィスビルであれ作業量は変わらない。そこで二千平方メートル程度の建築についてはフリーランス（アトリエ系）の建築家に声がかかるのだという。

組織事務所とアトリエ事務所の間に隙間がある。隙間をつなぎたい、特に、若手をより大きな仕事の世界へつなげたいと丹羽哲矢はいう。建築士会の名古屋名東支部の支部長を務め、学生コンペ委員会の副委員長を務めている。僕が感心したのは、たまたま引き受けた非常勤講師▼4の仕事がそうであったからかもしれないけれど、学生たち、それも建築に興味を持つ社会人たちに建築を教えることに実に意欲的であることである。住宅作品も教え子たちの依頼が少なくないという。大学との縁はひとつの仕事につながった。

階段広場

『C&D』の記事の中で、最も興味を惹かれたのは「愛知産業大学工業高等学校伊勢山校舎」の外観写真である［図7］。実際に見て、ミラーグラスをモザイク状に巧みに使って

［図6］イーオン中部本校ビル

▼4……二〇〇五年―愛知産業大学造形学部建築学科講師（建築造形I／建築造形II／建築設計II―1／卒業研究担当）他。

[**図7**] 愛知産業大学工業高等学校伊勢山校舎
上｜階段広場、下｜南側外観（左）と階段広場６階（右）

周辺の建物の表情を多彩に反射させるファサード・テクニックと知ったが、単に四角い箱の表面を装うデザインではない。あくまでも、内部空間の、巧みなシステムがファサードに投影されているのである。

それにしても、八階建ての四角いオフィスビルのような一棟の建物が一五〇〇人の生徒が学ぶ工業高校であることには驚いた。面食らったけれど、工学院大学のような超高層の大学もあるのだから、ありうるとすぐさま思った。大階段が効いている。その上下左右にうまく諸室が収まっている。所要室を考えると「敷地内に残された余白はわずかだった、そこで大きな階段広場が一階から八階までを斜めにつなぐ構想にたどり着いた」という。自然を直接取り込む仕掛けがあればと思ったけれど、南側をほぼ全面開放し、隣接する建物からの視線を巧みに制御している。

試験期間中の月曜日であったが、午前中で試験が終わって生徒たちが様々な方向に流れていくのは、なかなかの見ものであった。「学校という集団生活をする場所にとって大きな意味の一つは、生徒同士が刺激しあうことだ。互いを見て他の生徒の活動を知り、集団の中で自分を発見する。……そこは単なる移動空間にとどまらず、立ち止まったり座ったりできる居場所でもある。階段の幅や向き、飛び石のような場所による地形的変化が流れの中に止まりやすい場所を生んでいる」と自ら書くが、成功していると思う。

こうして、かつての天文少年の現在と行く末を考えてきたけれど、おそらく、丹羽哲

図1、2　提供：clublab.

矢は、名古屋を拠点とし続けることは決めているのだと思う。C&Dの伝統を受け止める中で、その核になってほしいと思う。

12

水谷俊博
水谷玲子

武蔵野のベース・キャンパス

歌って踊れる建築家!?

水谷俊博 みずたに・としひろ

建築家｜武蔵野大学工学部建築学科教授｜水谷俊博建築設計事務所代表

1970年　兵庫県神戸市生まれ
1995年　京都大学工学部建築学科卒業
1997年　同大学大学院工学研究科建築学専攻修了
1997－2005年　佐藤総合計画勤務
2005年　水谷俊博建築設計事務所設立
2005年－　武蔵野大学専任講師
現在、同大学工学部建築デザイン学科教授

水谷玲子 みずたに・れいこ

建築家｜水谷俊博建築設計事務所副代表

1976年　兵庫県神戸市生まれ
2000年　京都大学工学部建築学科卒業
2002年　同大学大学院工学研究科生活空間学専攻修了
2002－08年　大林組
2009年－　水谷俊博建築設計事務所副代表
現在、武蔵野大学工学部建築デザイン学科非常勤講師

●主な作品

「アーツ前橋」2012（グッドデザイン賞ベスト100、BELCA賞ベストリフォーム賞、日事連建築賞奨励賞、日本建築士会連合会賞奨励賞、JCDデザインアワード銀賞、DSA空間デザイン優秀賞、全建賞、SDAサインデザイン優秀賞、環境・設備デザイン賞優秀賞、照明普及賞、外壁改装作品コンテスト入賞、JIA優秀建築選）、「武蔵野クリーンセンター」2017（グッドデザイン賞、日本建築学会作品選集）、「むさし野文学館」2018、「Off the Wall――石神井台の家」2010（住まいの環境デザイン・アワード2011特別賞）、「Harvest――唐ヶ谷のいえ」2012、「One Plus（+）One――羽鳥の家」2007、「こへびカフェ（大地の芸術祭越後妻有アートトリエンナーレ2009出展）」2009、「里山フィールドミュージアムビジターセンター（同アートトリエンナーレ2015出展）」2015、町田市鶴川駅前公共施設設計プロポーザル入選」2008

●著書

『建築家の自邸に学ぶ設計製図』（彰国社、2018）、『環境デザインの試行』（共著、武蔵野大学出版会、2007）、『文化がみの～れ物語』（共著、茨城新聞社、2002）他

●展覧会

「ここに棲む――地域社会へのまなざし」2015（アーツ前橋）他

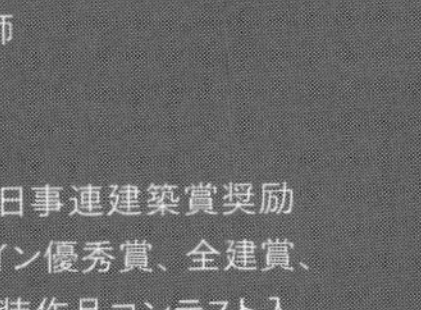

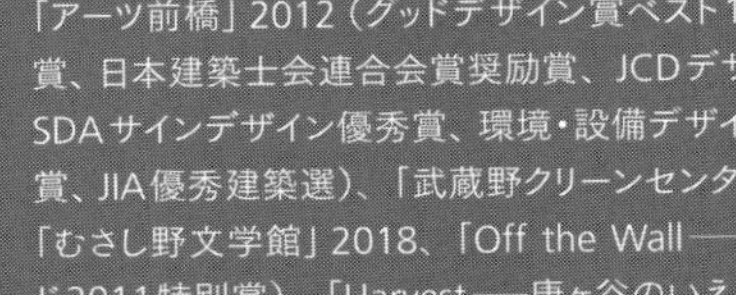

水谷俊博は、なぜかマイケルという。初めて会ったのは一九九五年の阪神・淡路大震災直後である。被災地の状況をとにかく見ようと京都大学布野研究室メンバー中心に一〇人余りで、電車が動いていた西宮から三宮まで徒歩で行き、三田回りで戻って、混み合う梅田の居酒屋で飲んだ。見慣れない顔があるので、誰だっけ、というと、マイケルと呼んでください、という。以後、マイケルである。

内井昭蔵研究室所属の修士一年で、内井昭蔵先生が定年退職で「棄て子」になって布野研究室に所属することになった――こういう無責任なことがよくある。かくいう僕も何人か酷い目にあわせた。僕自身も吉武泰水先生が五七歳で筑波大に転出、君は博士課程に行きなさいと「棄て子」にされた。修士二年だから一年間で修論を書かないといけない。その頃、韓三建（蔚山大学教授）が博士論文を書いていて、膨大な土地台帳データを処理する仕事があった。蔚山で書くのならOK！と、水準の高い修士論文▼1を書いた。

神戸出身で父親が建設会社を経営していたというから、子どもの頃から建築家志望だったのであろう。オープンデスクで行ったのは高崎正治▼2の事務所である。高崎は、**毛綱毅曠**の事務所にいたこともあるし、渡辺豊和とも親しかったから、時々会う機会が

▼1……水谷俊博「日本植民統治期における韓国の都市変容に関する研究――地方都市蔚山を事例として」京都大学修士論文、一九九七年。

▼2……一九五三年鹿児島県生まれ。一九七六年名城大学建築学科卒。一九八二年TAKASAKI物人研究所設立。一九九〇年高崎正治都市建築設計事務所、物人建築主宰、京都造形芸術大学教授、王立英国建築家協会名誉フェロー。

▼3……大阪府警察寝屋川待機宿舎建替等整備事業に係る選定事業者審査委員会、二〇〇四年。

あった。いわゆる「コスモ派」である。内井昭蔵と高崎正治では作風が異なるけれど、いずれにせよアトリエ志望と思っていたけれど、たまたま僕に佐藤総合計画で人を探しているという話があって、声をかけると、行ってみるか？となった。

みの〜れ

再び会ったのは、大阪府のＰＦＩ委員会▼3である。佐藤総合計画がコンサルタント業務を担当、審査委員の僕と何度か会う機会があったのである。もっとも、度々社内報を送ってくれていて、それまでの仕事の様子は知っていた。佐藤総合計画では、茨城県の「小美玉市四季文化館みの〜れ」［図1］の設計に最初から最後まで関わった。徹底した参加型のプロジェクトでワークショップが楽しそうであった。オープニングの時には、縫いぐるみを着て舞台に立っている［図1］。これからの建築家は歌って踊れないと駄目なんですよ、という。しかし、それにしても当時の佐藤総合計画の社内報は随分元気がよかった。一緒に編集に当たっていたのはＳＵＥＰ（末光弘和＋末光陽子）の末光（中村）陽子である。

大阪府の仕事の際に研究室を訪れている時、たまたま来ていた松本玲子（当時大林組設計部）と出会った。松本玲子はオランダ植民都市研究の一

［**図1**］小美玉市四季文化館みの〜れ
上｜こけら落とし
下｜大ホール

環でカリブ海の小さな島キュラソーのウィレムシュタットについて修論を書いた▼4。フルマラソンも走る才女である。今や事務所の片腕でもあり、武蔵野大学で非常勤講師も務める。

アーチの森——大地の芸術祭

結婚を機に独立を決意、公募に応じた武蔵野大学に幸運にも採用された。以降、武蔵野キャンパスが拠点となる。毎年、その成果を送ってきてくれるけれど、学生たちと始めた武蔵野大学の学園祭(摩耶祭)のプロジェクトは和気あいあいと楽しそうである。「Arch Forestアーチの森」と題されたプロジェクトは二〇〇七、〇九、一〇、一七年と続けられる[図2]。武蔵野大学の緑に覆われた素敵なキャンパスの中に工房があって、単純な部材であれば容易に制作できる。基本的にセルフビルドによる架構の追求は、「木匠塾」がまさにそうだけれど、学生たちの実践的トレーニングになるし、マイケル自身にとってその後のプロジェクトのベースになる。並行して他流試合として手掛けたのは、大地の芸術祭越後妻有アートトリエンナーレへの参加である。これも二〇〇九、一五年と採択されている[図3]。〇九年は、十日町市越後妻有交流館キナーレ内に、カフェおよび団欒スペースと情報ステーション機能を持った「こへびカフェ」。一五年は、地元ガイドが来訪者を案内するための拠点として「里山フィールドミュージアムビジターセンター」

▼4……松本玲子「植民都市遺産の保存と活用に関する研究——ウィレムスタッド(キュラソー)を事例として」京都大学修士論文、二〇〇三年。

▼5……武蔵野市第四期長期計画調整計画都市基盤分野市民会議アドバイザー(二〇〇六・八—〇八・三)、西東京市総合計画策定審議会委員(副委員長)(二〇〇七・七—〇八・一二)、西東京市人にやさしいまちづくり推進協議会委員(二〇〇八・五—一一・五)、西東京市産業振興マスタープラン選定委員(委員長)(二〇〇九・九—一一・三)、小金井市地域センター施設研究講座講師(二〇一〇・七—九)、新武蔵野クリーンセンター施設・周辺整備協議会委員(副会長)(二〇一〇・三—一一・三)など。

をセルフビルドで建てた。「小さな木からつくられていく大きな森のような空間」は一貫して追求される。そして、「移動や変形が可能な部屋や開閉できる窓」など、建築のボキャブラリーが増えていく。椅子、ソファー、スツール、ベンチなどのプロダクト・デザインは、作品に実践的に使われていくことになる[図4]。

武蔵野クリーンセンター

武蔵野大学着任とともに、自治体の仕事、各種委員会、審議会委員を務めるようになる。▼5 まちづくりのワークショップに積極的に参加してきたのがきっかけである。佐藤総合計画での「みの〜れ」の参加型計画設計の経験が大きい。「武蔵野クリーンセンター」(武蔵野市)への関わりも当初は、ゴミ問題、環境問題をめぐる公開シンポジウムなどへの一市民としての参加であった。力量を認められたのであろう、施設・周辺整備協議会委員となり、事業者選定委員会委員も務め、さらに、デザイン設計の監修者としても関わることになった。設計はKAJIMA DESIGNであり、全体コンサルティングは日建設計である。「アーツ前橋」(二〇一三)の実績が評価されたということであろうが、プロフェッサー・アーキテクトとはいえ、小さな設計事務所が、こうした

[図2] Arch Forestアーチの森
上左｜2009年、上右｜2010年
[図3] 大地の芸術祭　越後妻有アートトリエンナーレ
中右｜2009年こへびカフェ、
中左｜2015年里山フィールドミュージアムビジターセンター
[図4] 武蔵野クリーンセンターで使用されているスツール（下３点）

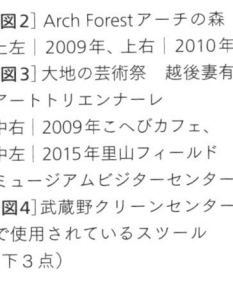

大きなプロジェクトの重要な役割を果たしうる、そうした好事例である。

クリーンセンターすなわち清掃工場である［図5］。建築の中心はプラント施設であり、根幹となるのは廃棄物処理のエンジニアリングである。しかし、市街地の真ん中にある清掃工場を敷地内で順次建て替える全体計画、「ゴミを通して社会の環境問題にふれる」ための見学・展示空間の設計、そして外観デザインなど建築家が果たすべき少なからぬ役割がある。「武蔵野の雑木林」というデザインコンセプトは、議論を積み重ねられる中で設定されたのだと思う。外装のルーバーのデザインがひとつの解答である。細かい縦のルーバーの配列構成、茶系のベースに緑のツタを這わせる。そしてアクセントカラーとして茶色を微妙に変化させた色をところどころに挿入する。既に様々に試みられつつあるが、無機的で無粋な概観をスーパーグラフィックで装うレベルは超えている。そのボリュームをいささか持て余しているように思えたが、本人によれば、外観デザインにとどまらず、内部空間にも「武蔵野の雑木林」というデザインモチーフを展開しプラントのボリュームに合わせて、見学者の動線空間の高さに変化をつけ、大きな吹抜け部の壁面に角度をつけることで雑木林の中に入りこんだような雰囲気を創出しようとした。

［図5］武蔵野クリーンセンター
上｜鳥瞰、下｜外観

アーツ前橋

「アーツ前橋（前橋美術館）」のコンペに勝った[6]というニュースは、大きな話題となった。公共建築に携わるチャンスを大きな実績のない若い建築家が獲得したからである。新井久敏を中心とした群馬県における若手建築家に門戸を開いた一連のコンペ[7]の仕掛けは実に頭が下がる。群馬でヨコミゾマコトの富弘美術館のワークショップをはじめ、様々なまちづくりにコミットする田中麻里[8]に会う機会があり、竣工（二〇一二）後しばらくして、見る機会を得た（二〇一六）。まずはプログラムと審査委員会が優れていた、というべきであろう。一三〇の応募者があったというが、コンバージョンということで若手建築家も提案しやすかった。既存建物の緩やかな曲線状の外形は、特注の穴の開いたアルミパネルで覆って衣替えさせた。美術館内部は、既存建物を裸にした上で、全体を周遊する空間構成として、様々なボリュームの展示室やプロムナードを巧みに配した。大小の開口部を介して空間相互の関係を視覚的に連結する手法は一貫して追求されている［図6］。

▼6……審査委員長＝石田敏明、審査委員＝高橋晶子、池田政治、真室佳武他。

▼7……妙義山の公衆トイレ（一九九八）から富岡市新庁舎（二〇一二）まで、公開プレゼンテーションによる審査は二六件に及ぶ。

▼8……京都大学博士課程出身。布野との共著に布野修司＋田中麻里＋ナウィット・オンサワンチャイ＋チャンタニー・チランタナット著『東南アジアの住居——その起源・伝播・類型・変容』京都大学学術出版会、二〇一七がある。

むさし野文学館

住宅の設計をしながら、コンペに挑戦するのがベースである。そうした中で武蔵野大学の中に「むさし野文学館」を設計する機会を得た。文学部の教員であった文芸評論家

図1-3　提供：水谷俊博建築設計事務所

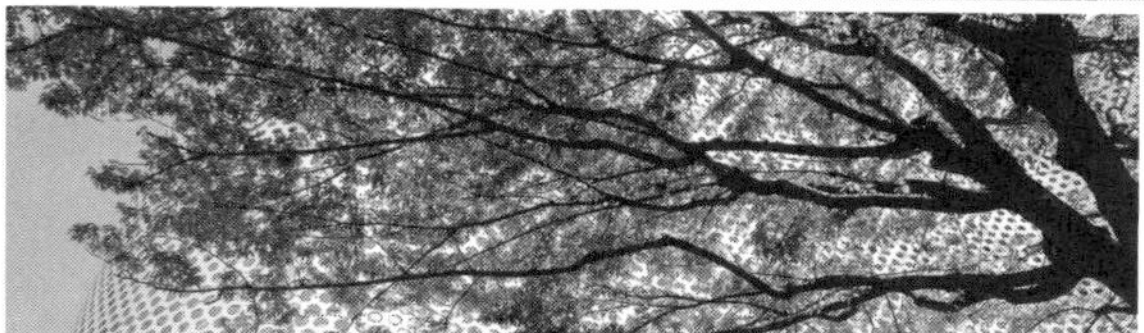

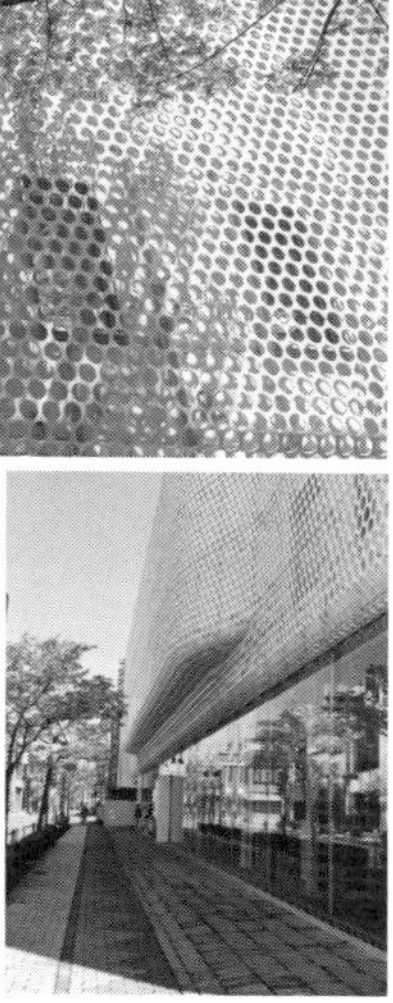

［**図6**］アーツ前橋
外観デザインと天井
（部分）

秋山駿（一九三〇—二〇一三）の遺族から寄贈された著作、蔵書約四三〇〇冊を収める記念館で、研修施設「紅雲台」の八畳和室を改装した小作品である［図7］。

これはもう「お手のもの」といった作品であった。学生たちとのセルフビルドは「アーチの森」シリーズの蓄積がある。本棚によって限られた空間を仕切っていく。ちょっとしたゼミスペース、読書机、展示ケースを巧みに配す。窓を通じた光の導入と外部への視線、本棚の隙間を介した空間の相互貫入、後部利用のためのレベル差の活用といった、「石神井台の家」にも共通する、得意な手法がはっきりと見て取れた。

「むさし野文学館」の仕事は文学部の土屋忍教授などから直接依頼されたのだという。学科主任を務めて全く時間がとれないという弱音も聞いたけれど、その活動を支えるしっかりしたコミュニティがあるのは頼もしい。

石神井台の家

住まい探訪のテレビ番組『住人十色』だったと思う。「石神井台の家」［図8］が取り上げられているのをたまたま見た。アルファヴィル（竹口健太郎＋山本麻子、進撃の建築家⑥）の自邸や滋賀県立大の連中が豊郷でやった改倉プロジェクトなど、身近な若い建築家の設計が取り上げられるから時間があればチャンネルを合わせることが多かったのである。びっくりしたというか、やるなと思ったのは、「脚長」という二階から三階に突き抜けた

［図7］むさし野文学館
書架とロフトスペース

椅子に子どもが腰かけている映像である。

是非見たいと思っていて、「むさし野文学館」の前に見せてもらった。大学へは自転車で行ける距離である。中古住宅のリノベーションであるが、建築家がそれなりに設計していて、いささか癖のある住宅であった。用途機能ごとに壁で細切れに分節された空間に対し、柱を残して可能な限り壁を取り払って緩やかにつながるワンルームとした上で、家具などで仕切っていく。住宅内の機能を限定せずに曖昧に溶け合わせる、のが設計趣旨である。子どもの成長とともに物も増え、独立性への要求も強まるであろうけれど、子どもにとっては実に楽しい空間である。

訪問してちょうど一月後、京都大学の同級生のダブル大介（丹羽大介／KAJIMA DESIGN、伯耆大介／UR都市機構）が来るから来ませんかと、声がかかった。後輩の浅野（藤村）真樹（元野沢正光建築工房）ちゃんも誘って相棒とも一緒に出掛けて、楽しいひとときを過ごした。談笑する中で、なぜマイケルなのか、わかった。マイケル・ジャクソンのマイケルだという。大学に入った頃からそう自称した。今でも丹羽大介と「親父バンド」を組んで演奏しているという。歌って踊れる建築家というのは口だけではない。

大学は今やかつての大学ではない。まるで専門学校化であり就職予備校である。教員も学生も実に忙しい。この国の大学教育研究システムの劣化は著しい。僕もそれなりに対処してきて管理職も務めていいたいことが山ほどある。マイケルの仕事を振り返って、プロフェッサー・アーキテクトの役割について一筋の光が見える。

［**図8**］off the Wall
――石神井台の家
左から脚長、和室、オープンシェルフ

VI

町家
集まって住むかたち

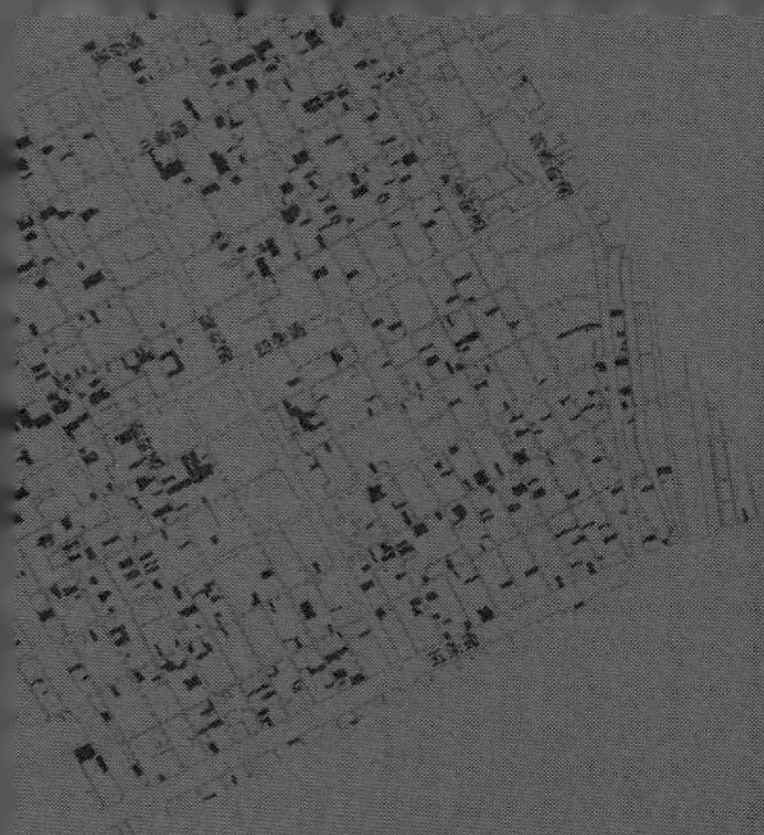

13

魚谷繁礼
魚谷みわ子

「京町家」再生というプロブレマティーク

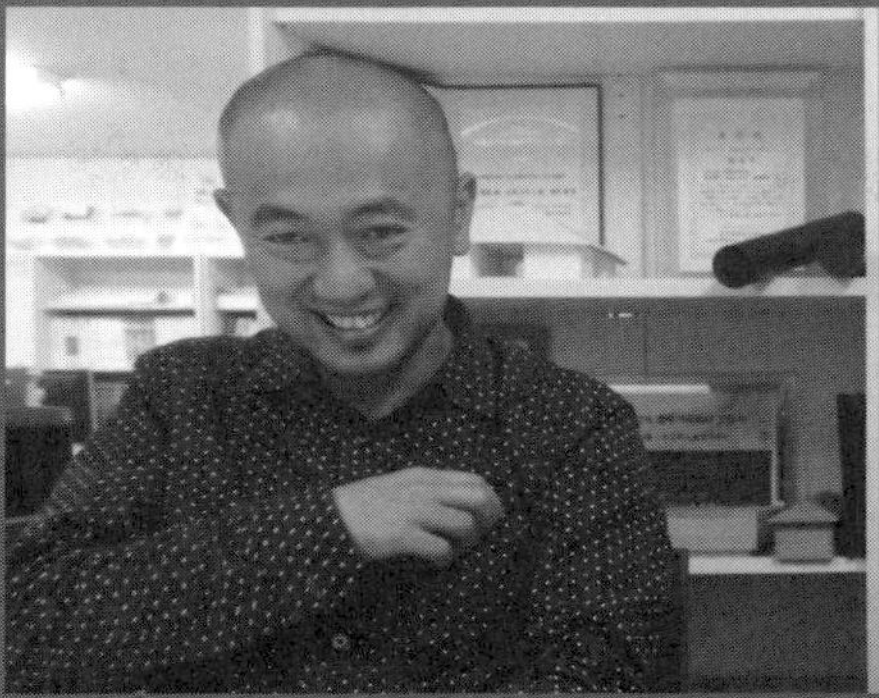 

魚谷繁礼 うおや・しげのり
建築家｜魚谷繁礼建築研究所代表

1977年　兵庫県生まれ
2001年　京都大学工学部卒業
2003年　京都大学大学院工学研究科修了
2005年　魚谷繁礼建築研究所設立。代表
京都大学、京都工芸繊維大学などで非常勤講師

魚谷みわ子 うおや・みわこ
建築家

1976年　三重県生まれ
1999年　京都大学工学部卒業
1999–2005年　結設計勤務
現在、魚谷繁礼建築研究所

●作品

「京都型住宅モデル」2007（京都市東山区）、「東住吉の住宅」2010（大阪市東住吉区）、「嬉野温泉病院」2011（佐賀県嬉野市）、「西都教会」2011（京都市右京区）、「頭町の住宅」2011（京都市左京区）、「壬生東檜町の住宅」2011（京都市中京区）、「太秦安井の住宅」2012（京都市右京区）、「一乗寺の住宅」2013（京都市左京区）、「畦野の住宅」2014（兵庫県川西市）、「東金市産業交流拠点施設」2014（千葉県東金市）、「鹿島の森の住宅」2015（長野県北佐久郡軽井沢町）、「田中西春菜町の集合住宅」2015（京都市左京区）、「田中東高原町の住宅」2015（京都市左京区）、「もやし町家」2015（京都市下京区）、「湯堂のある家」2016（京都市北区）、「晒屋町の長屋群」2016（京都市下京区）、「新釜座町の町家」2016（京都市下京区）、「木津川の住宅」2016（京都府木津川市）、「防空壕跡のある宿」2017（京都市下京区）、「嶋原大門の宿」2017（京都市下京区）、「頭町の長屋群」2018（京都市左京区）

●著書

『住宅リノベーション図集』（オーム社、2016）

●論文

「京都の都心部における大規模集合住宅の成立過程に関する考察」『日本建築学会計画系論文集第591号』（日本建築学会、2015）
「京都都心部の街区類型とその特性に関する考察」『日本建築学会計画系論文集第598号』（日本建築学会、2015）

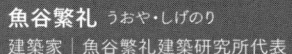

魚谷繁礼といえば「鳥人間コンテスト」である。京都大学鳥人間チームShooting Starsのパイロットで飛行距離一七五・七〇メートル（第一〇位）の記録を持つ（一九九八）。毎日、自転車で比叡山に登るトレーニングを続けていたことを覚えている。本人によれば、布野との最初の出会いは、修士二回生の夏のスラバヤ調査だという。一九九七年は、スラバヤ・エコハウスの設計のために二度スラバヤを訪れたが、二度目の、スラバヤから田園都市研究の一環でオーストラリアに行った時（九・一七—一〇・二）である。その時、安藤正雄、佐藤圭一、角橋彩子といったメンバーと一緒にオーストラリアで合流したのが、後に魚谷と結婚することになる正岡みわ子である。「家づくりの会」の藤原昭夫が主宰する「結設計」で修業した。今や魚谷の強力なパートナーである。

もうひとつ魚谷とはA-Cup▼1仲間であった。僕は「フノーゲルズ」を率いていたけれど、「レアル・間取り・どう?・」（宮本佳明チーム）に属していた魚谷は、いつのまにかフノーゲルズのメンバーとなっていた。今でもグラウンドを走り回るスタミナはすごい。

▼1……二〇〇一年創設の建築界のサッカー大会。事務局長馬場正尊。滋賀県立大学を中心とするフノーゲルズは、二〇〇六年より参加。準優勝二回。布野はBOP（Best Old Player）賞を二回獲得。

京都へのこだわり

「特殊解ではない、社会的な提案を孕む建築」（五十嵐太郎編『地方で建築を仕事にする』学芸出版社、二〇一六）という文章で、学生時代の思い出に触れ、「大学院を修了する際、布野先生から、じゃあなたはどのような建築を京都に設計しますか、と問われた時にまとまった考えを返せなかったことが悔しく、まずは現代の京都でモデルとなる建売住宅や集合住宅を設計しようと考えた」と書いてある。僕の発言に記憶はないけれど、京都を拠点とする研究室が京都をターゲットとするのは当然ではある。修士論文は、「京都のグリッド（街路と街区）に関する研究」（二〇〇三）である。ただ、学部時代に**安藤忠雄**（**建築少年ー**）のところでアルバイトをしていた建築少年であり、安藤忠雄から事務所に欲しいと直接聞いていたから、京都へのこだわりはちょっと意外であった。

『住み継ぐ家づくり 住宅リノベーション図集』（オーム社、二〇一六）［**図1**］を見て驚いた。設計を始めて一三年、約四〇にのぼるプロジェクトを手掛けている。さらに、二〇件ものプロジェクトが進行中である。仕事の八割強が京都の仕事であるが、その仕事が時代を射抜いている証左となるのは、図集がまとめられる実績、そして受賞の数々である。それにしても、京都へのこだわりはすごい。

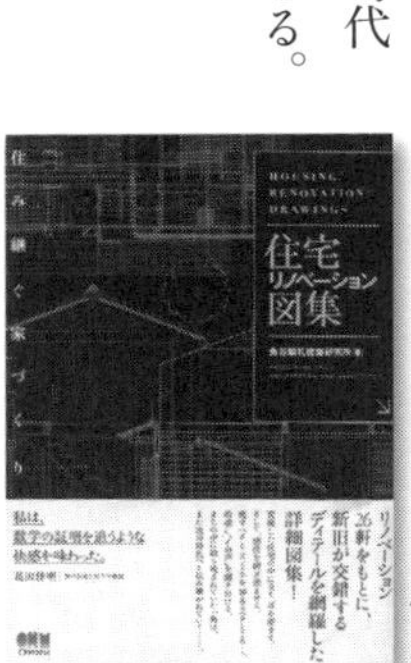

［**図1**］『住み継ぐ家づくり 住宅リノベーション図集』表紙

チャクラヌガラ

アジアの都市を歩くうちにグリッド都市に関心を持つようになったというが、研究室の流れにはそれなりの前史がある。一九七九年一月に東南アジアを歩き出して、その一応の成果をまとめたのは一九八七年である（学位論文「インドネシアにおける居住環境の変容とその整備手法に関する研究――ハウジング計画論に関する方法論的考察」東京大学）。僕の原点はカンポン（都市村落）研究である（『カンポンの世界――ジャワの庶民住居誌』パルコ出版）。そして、京都大学に招かれることになった（一九九一・九）。直接のきっかけとなったのは、当時の文科省の重点領域研究「比較の手法によるイスラームの都市性の総合的研究（イスラームの都市性）」▼2（一九八八―九〇、代表板垣雄三）である。この研究会で、僕は応地利明という稀代のフィールドワーカーと出会うことになった。京都大学でカンポン（アジア都市建築）研究のさらなる展開が求められたことは当然であるが、すぐさま一緒にインドネシアのロンボク島に向かうことになる。「ロンボク島の都市・集落・住居とコスモロジー」というテーマで応募して採択されていたのである。当時修士一回生であった脇田祥尚（現近畿大学教授）、牧紀男（現京都大学教授）の二人を連れてロンボク島に行ったのは京都に移住して半年も経たない一九九一年一二月である。▼3 そして、ロンボク島で発見したのがチャクラヌガラという格子状の都市であった［図2］。

なぜ、ロンボク島だったのか。掲げたのは、イスラームの空間原理とヒンドゥーの空

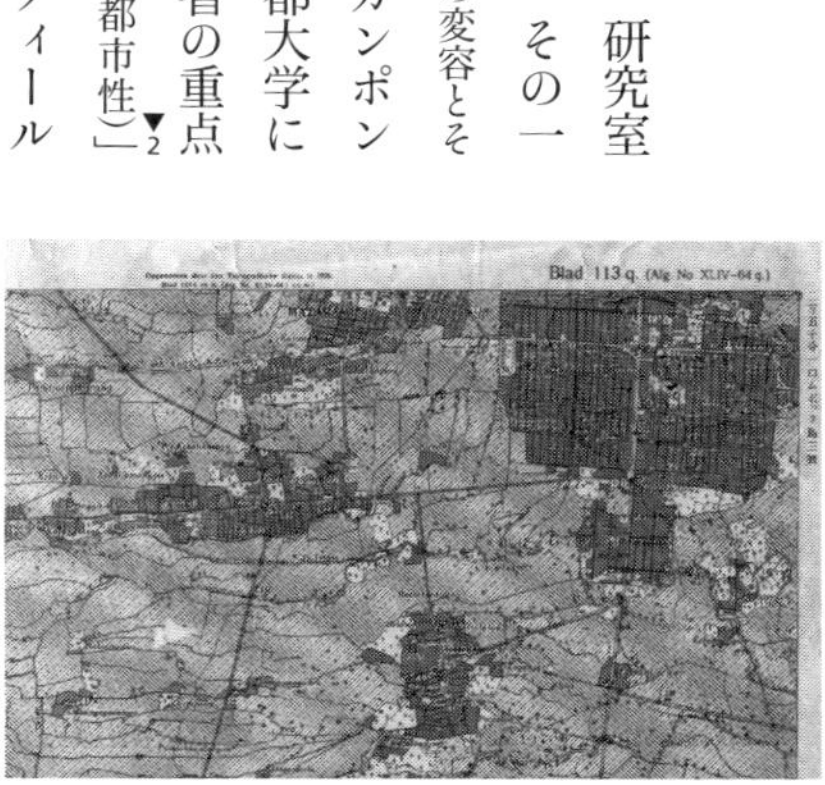

［図2］ロンボク島の格子状都市・チャクラヌガラ

▼2……「都市と景観」C班メンバーは、班長の応地利明（当時京都大学文学部教授）以下、西川幸治（同京都大学教授）、金坂清則（同大阪大学教授）、坂本勉（同慶應義塾大学教授）、堀直（同甲南大

間原理を比較するといういささか大胆なテーマであったが詳細を決めていたわけではない。脇田祥尚、牧紀男の二人はそれぞれロンボク島の集落と都市すなわちチャクラヌガラについて修士論文を書いた。今や二人とも当時の僕の年齢を超えるがロンボク島は思い出深いと思う。二〇一八年のロンボク島地震に際して、脇田は支援に通い始めている。

東洋大学時代から京都大学にいくつか持ち込んだことが他にもある。「木匠塾」がそのひとつであり、そのベースとなった住宅生産組織研究もそうである。「木匠塾」は現在も続けられているが、魚谷は、「デコン」風の神社の拝殿を設計し、自力建設している[図3]。秘めたる表現への原初的欲求をうかがうことができるように思う。僕が勝手に位置づけるとすると、カンポン－チャクラヌガラ－グリッド都市－京都－住宅生産組織－「木匠塾」の流れを実践的に統合しているのが魚谷繁礼の仕事である。

［図3］「デコン」風の神社の拝殿
岐阜県中津川市加子母（旧加子母村）
木匠塾の作品

建都一二〇〇年の京都

チャクラヌガラについて驚いたのは、街区割（坊の宅地分割）が平安京（四行八門制）に似ていることであった。平安京の都市計画、街区（坊）構成、町家の成立をめぐっては、当時、足利健亮、高橋康夫の間で、「筋」「辻子」そして「突

学教授）であった。

▼3……一九九一年一二月六—二五日、インドネシア Nagoya Denpasar Mataram Surabaya Denpasarロンボク島調査（一）：ロンボク島の都市、集落、住居とコスモロジー（住宅総合研究財団）応地利明・布野修司・脇田尚祥・牧紀男。一九九二年九月八—二五日インドネシアNagoya Denpasar バリ島調査、Mataram Surabayaロンボク島調査（二）チャクラヌガラ調査（牧紀男 修士論文）、デサ・バヤン調査（脇田尚祥修士論文）、スラバヤ調査、ジャカルタ調査（堀喜幸修士論文）：ロンボク島の都市・集落・住居とコスモロジー（住宅総合研究財団）布野修司・脇田尚祥・青井哲人（Ujung Pandang, Badui）・牧紀男・松井宣明・堀喜幸・神吉優美。

き抜け」の位置づけをめぐる論争が展開されていた[4]。京都という世界でも有数のグリッド都市で暮らすことになり、チャクラヌガラというグリッド都市と遭遇したことによって、グリッド都市は、思いもかけず、その後一貫して追いかけるテーマとなる。グリッド都市・京都は、しかし、一筋縄ではいかない古都であった。

一九九〇年代初頭、建都一二〇〇年を迎える京都は、京都ホテル、そして新京都駅ビルの建設をめぐって景観問題で揺れていた。この間の京都をめぐるホットなテーマは、研究室をあげて「建都一二〇〇年の京都」(布野修司+アジア都市建築研究会編、『建築文化』特集号、一九九四・二)にまとめることになった。また、京都の将来をめぐるグランドビジョンのコンペにも関わった[図4]。

まず、調べたのは祇園である。バブル経済の残り火がまだ暖かく、特に祇園北には、ポストモダン風の店舗ビルがどんどん建ち並ぶ状況であった。法務局に行って土地登記簿を調べると東京資本が流れ込んでいることが歴然としていた。祇園南はそのほとんどの土地を八坂女紅場学園が所有しており、大きな動きはない。土地所有のかたち、土地のかたちが大きく都市を変えることを具体的に学んだ。祇園については、都築知人(現JR西日本)が修士論文[5]を書いた。

[図4]『京都グランドヴィジョン・コンペ報告書』

▼4……『京都新聞』に求められて最初に書いた原稿が「ロンボク島の格子状都市」(一九九二・一〇・二一)である。

▼5……「京都祇園における歴史的環境保全に関する研究――遊住空間の構造とその変容」(二〇〇三)。

▼6……母胎となったのは、西川幸治を中心とする「保存修景計画研究会」である。「保存修景」そして「地域文化財」という概念を確立するとともに日本の伝統的町並みの保存を先導したといってもい

町家再生のための防火手法

一方、都心の山鉾町では、そこら中に空地があり、駐車場となっていて、町家の建て替えによるマンション開発が大きな問題になっていた。研究室メンバーが京都を歩き回ったことはいうまでもない▼6。また、町家再生のための「町家防火手法研究会」(委員長 西川幸治)が、横尾義貫、堀内三郎といった重鎮をメンバーに結成され、並行して、阪神・淡路大震災後にはNPO法人となる「京町家再生研究会」(会長 望月秀祐)が立ち上げられた。僕は、いずれの会にも委員に指名され、否応なしに京都の景観問題、町家再生問題と向き合うことになった。

「町家防火手法研究会」がテーマとしたのは、伝統的な京町家をそのまま現代の京都で建て続けるためにはどうすればいいか、ということである。すなわち、京都の都心には建築基準法の防火規定があって、防火材料を用いなければならないのだが、耐火被覆したり、新建材を用いたりするのは京町家ではないという、いかにも「京都的」な問題設定ではあった。僕が主査として担当したのは、町家再生のための制度手法である(前提条件等の整理WG)。室崎益輝を主査とする別のグループが担当したのは防火そのものの手法である。火災が発生した場合には水をかければいいではないかと、外付けのスプリンクラーをつけることを提案、耐火試験を行った。水をかければ燃えない、のは当然である。実験は成功である。橋弁慶山の町会所には外付けのスプリンクラーを実装することに

い西川スクールのOBOGを含めた研究会が定期的に開かれていて、京都の景観問題は中心テーマであった。京都市役所でその最前線にいたのが、後に文化庁に異動することになる苅谷勇雄である。

［図5］橋弁慶山町会所の外付けスプリンクラー

なった[図5]。しかし、スプリンクラーの作動について担保性がないから、建築基準法上認められないというのが当時の建設省の対応であった。

制度手法の検討の詳細は、報告書[7]もしくは『裸の建築家』(「第六章　建築家とまちづくり」「4　京町家再生論」)に譲るが、文化財保護法九八条2項あるいは八三条3項による方法、建築基準法三条1項三号の「その他の条例」の制定による方法、三八条の大臣認定による方法など、要するに、京町家を「文化財」として位置づける必要があった。今では、特区制度や緩和規定が使えるようになったが、防火規定は如何ともしがたい。建設省の住宅局(建築指導課)にも掛け合ったが打つ手なし、「木造亡国論」は根強く、一国二制度はまかりならん、というのみであった。いささかヤケクソの結論は、都市計画区域を変更してしまう、というものであった。その理論構築を行ったのは鎌田啓介(現大阪市)の修士論文[8]である。建築基準法の防火規定を守ったからといって文化財が火災から守れるわけではない。火災が起きたら消さなければならないというのが消防署の立場である。街区で防火を担保すればいい、というのがその骨子である。しかし、阪神・淡路大震災が起きた。防火規定を外すなどとんでもない、という流れになるのであった。

京都型住宅モデル

魚谷繁礼の初めての仕事は神戸三宮駅近くのビルの一室に開業するマッサージ店の内

▼7……『町家再生に係る防火手法に関する調査研究』(一九八四・三)

▼8……「京町家街区再生論」(一九九五)

[図6] 京都型住宅モデル
(京都まちなかこだわり住宅、次頁)
(撮影:杉野圭)

装であったというが、デビュー作となったのは、「京都まちなかこだわり住宅設計コンペ」の一等入選作(二〇〇五―〇七)である[図6]。魚谷繁礼・正岡みわ子・池井健の三名による応募である。三人はそれ以前から京都市内の架空の敷地に現代に相応しい京都型住宅の設計案を勝手に検討していた。

他の案が、庇や格子など街並みを表面的に形成するデザインコードのあり方や、通り土間や坪庭を現代風にアレンジしたプランニングをテーマにする中で、京都特有の地割りの現況を読み解き、その敷地における建物配置について重点的に提案したことが評価された。具体的には、「街路側(オモテ)に建物を建て、街区中央側(ウラ)に庭をとり、そのような建て方が集合することで、オモテに壁面線が整った街並みが形成され、ウラにまとまった空地が連坦する、その空地を街区居住者の共有地に当てる。そこで年寄りが子どもの面倒をみて子どもが年寄りの世話をするような相互扶助の場となることを期待する」という提案であった。これまでの議論は、「京町家」を前提にしての議論であった。魚谷チームの提案は「眼から鱗」の感がある。

しかし、敷地の使い方という提案だけであればいくつもの解答がありうる。そして、それは必ずしも「京都特有の地割り」というわけでもない。「京町家」によく似た都市型住居は日本のみならず世界中に見ることができる。この提案のオリジナリティは二間間隔の壁柱による壁構造システムにある。ひとつの構法システムの提案であったが、建築確認がそのままには得られなかった。「伝統的」「京町家」にこだわらないとすれば、いくつかの提案は他にもありうるし、事実、町家型集合住宅モデルのような型が提案されてきた。問題は、京都のまちなかの未来像が分裂していることであり、今でもそうではないか。あるものは「京町家」をそのまま再生せよといい、あるものは通りに面する部分は二階建てに抑え、「アンコ」の部分は高くしていい、という。

「アンコ」に残る京都

京都の路地を隈なく歩き回って、魚谷繁礼は、「アスファルトの上を車が行き交う街路からは想像もしえないような、植物が生い茂り、猫が走り回り、低層町家の屋根の上にテラスが架けられ洗濯物が干された混沌とした風景を街区の中央に見出したとき、心が躍った」。という。心が躍った、というのは、なんとなくわかる。カンポンにシンパシーを抱く僕も同じタイプなのだと思う。一九九〇年代前半の京都には、まだまだ甲斐扶佐義▼9の撮るような京都[図7]は残っていたし、今でも、路地の奥の奥、いわゆる「アンコ」の部分にかつての「京都」は残っている。

街区中央の空閑地を塀で取り囲み市中の山居を見出した「近世の京町家」よりも、街区中央の空閑地に公衆便所や共同の物干し場などが設置された「中世の京町家」を参照する視点が有効ではないかと魚谷はいう。問題は、それはいかに可能なのか、である。

その後の数多くのリノベーションの作品群を見ると、必ずしも「京都型住宅モデル」が

▼9……一九四九年大分県生まれ。写真家、エッセイスト、翻訳家、ほんやら洞（京都市上京区、二〇一五・一・二一閉店）、八文字屋（京都市中京区）の経営者。『地図のない京都』（径書房、一九九二）、『美女三六五日』（東方出版、一九九四）、『Kids』（京都書院、一九九八）、『京都猫町さがし』（中公文庫、二〇〇〇）、『路地裏の京都』（道出版、二〇〇八）、『本やら洞日乗』（風媒社、二〇一五）など。

[**図7**] 甲斐扶佐義『地図のない京都』より

前提とされているようには思えない。京都といっても、場所によって敷地の条件が異なるから当然といえば当然である。そして、そもそもいわゆる「京町家」のみがターゲットにされているわけではない。日本の都市における在来木造住宅（広義の町家）の再生、そして都市の更新システムを視野に収めることにおいて、もしかすると、その仕事の射程はより広く長いといえるのではないか。

「田の字」地区——巨大マンションの出現

二〇世紀末から二一世紀にかけて、京都の都心「田の字」地区ではとんでもない事態が進行していくことになった。京都都心部の在来の木造住宅はこの間減少の一途をたどってきた。木造住宅の建設を許さない法的規定のもとではそれは当然の流れであり、日本中どんな都市でも同様である。少子高齢化が進行する多くの地方都市の木造住宅は空き家として放置され朽ち果てる運命にある。地価が上昇する場合、収益を求めて、あるいは相続税が払えず、売却するか土地を一部分割せざるを得なくなるというのが一般的なパターンである。すなわち、土地は細分化、分筆されるのが普通であるが、「田の字」地区では、土地が合筆され、巨大なマンションが林立し始めたのである▼10［**図8**］。

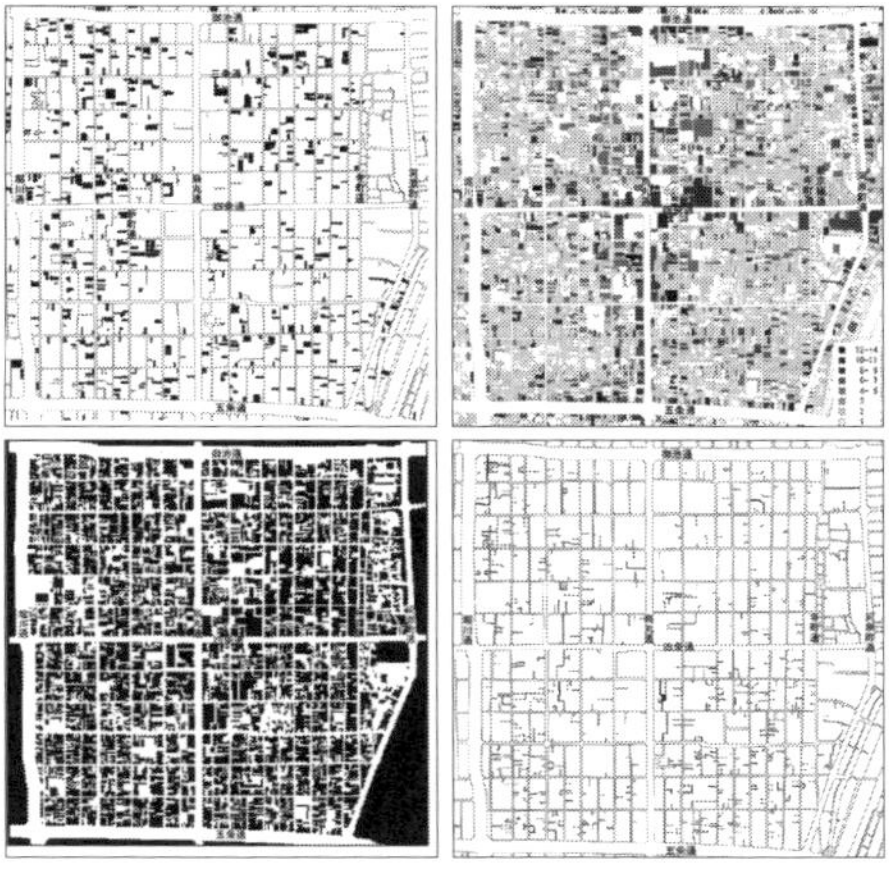

［**図8**］「田の字」地区
上｜集合住宅分布（左）と建物階数分布（右）
下｜空地分布（左）と路地分布

同じ巨大マンションの居住者の学区が異なる事態は異常である。この変化は、京都の歴史始まって以来の大変化といっていい。その歴史において、戦乱や火災で大きく変容を遂げてきた京都であるが、曲がりなりにも維持してきたグリッドの街区パターンが大きく変わる事態だからである。魚谷・正岡・池井チームによる「京都型住宅モデル」の提案は、この事態に対する解答であった。すなわち、京都を京都として成り立たせてきたものは、街区パターンであり、町割りのパターンである、という提起である。「京町家」の意匠、デザイン・ボキャブラリーではない、少なくとも、こだわりはない。むしろ、危機感に駆り立てられているのは、街区中央（アンコ）の「心が躍る」「混沌とした風景」の喪失である。

▼10……魚谷繁礼・丹羽哲矢・渡辺菊眞・布野修司「京都都心部の街区類型とその特性に関する考察」『日本建築学会計画系論文集』第五九八号、二〇〇五。魚谷繁礼・丹羽哲矢・渡辺菊眞・布野修司「京都の都心部における大規模集合住宅の成立過程に関する考察」『日本建築学会計画系論文集』第五九一号、二〇〇五。

リノベーションの作法

「京都型住宅モデル」は構法システムの提案を含んでいた。しかし、その後「型」としての展開はない。むしろ、個別事例に対する実践的解答が試みられてきた。といっても、ただ単に個別的条件における個別的対応（作品）が積み重ねられてきたわけではない。常に「特殊解ではない、社会的な提案を孕む建築」が念頭にある。『住宅リノベーション図集』（前出）には二六の事例［図9］が収められているが、プランニング、構造、諸室展開、ディテールについて一般化可能な作法が整理されている。

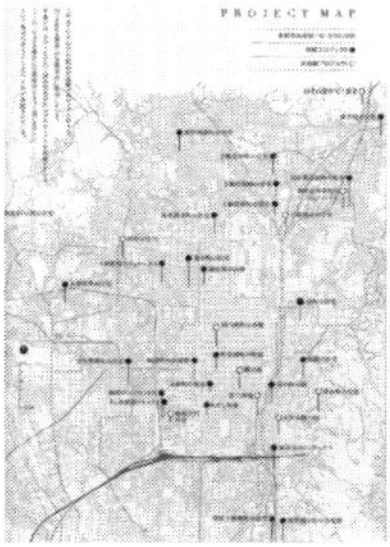

［**図9**］『住宅リノベーション図集』より。26の事例の所在地

残すところと変えるところを定める。当然の作法であるが、洗面、風呂場など近年になって手を入れた水回りが傷み、モルタルで包んだ柱が腐食したり、蟻にやられたりというのは現代の建築技術そのものが全体的なシステムを失っていることを示す。白いバスタブをそのまま開放的に見せているのが印象的であるが、水の流れ、溜まりを可視化する意図がある。場合によっては減築し、通風、日差しの確保のために、中庭、坪庭を設ける。これも当然の作法であるが、「京町家」の基本構成を無視するかたちで増改築がなされてきたことを示している。さらに、原形をとどめない場合、一旦裸（スケルトン）にした上で、組み立てなおす。「壬生東檜町の住宅」や「森中町の住宅」は小住宅を構成しなおした例である。また、「元本満寺の住宅」の場合、柱が細く補強することになり、「町家らしからぬ」分厚い壁が生まれることになった。もとの町家をそのまま復元するのではなく、新たな空間を提起することもリノベーションの作法のひとつである。

そして、興味深いのが複数の住宅を合わせて改修する作法である。「晒屋町の長屋群」、袋路に沿って建てられた四軒の住宅を三軒の住宅にする「深草開土町の住宅群」、路地奥の平屋と二軒長屋を一軒の住宅にする「頭町の住宅」、同様に三軒を一軒にする「永倉町の住宅」[図10]、二軒の連棟町家を一軒にする「新釜座町の町家」などのほか、大規模の町家やお茶屋、長屋をシェアハウスや宿泊所にする「東福寺のシェアハウス」「嶋原のシェアハウス」[図11]「十四軒町のシェアハウス」「宮川町の宿」「御所西の宿群」など、住居集合の単位が様々に生み出されているのである。

［**図10**］永倉町の住宅
階段を上がる
徒玄と天井見上げ

在来木造構法の自由

数多くのリノベーションの事例をみながら、第一に思うのは、在来木造建築の自在さである。先頃、A-Forumの「アーキテクト／ビルダー研究会」▼11で、日本の在来木造がほぼ解体の危機に瀕しているという衝撃的な報告を聞いた。プレカットが九〇パーセントを超えるというのはともかく、構法システムが崩壊しているのである。古都京都では、数多くの木造住宅が残されてきたのであるが、東京では、在来の軸組工法は最早絶滅危惧種という。ということは、在来木造住宅のリノベーションの取り組みは、間違いなく歴史的な意義を持っていることになる。そして興味深いのは、それを必要とする歴史的条件がとりわけ京都において出現したということである。

制度の隙間がひとつの突破口になった。一九五〇年の建築基準法制定以前の木造住宅は既存不適格であるが、大規模な修繕や増改築、特殊な建物へ用途変更を伴わなければ、改悪がない限り、現行法の遡及はない。すなわち、新築では建設できない建築もリノベーションだと可能になるのである。例えば、防火規定のかかる地区でも現状の開口部が木製であれば、引き続き木製建具を用いることができるのである。この突破口については、かつて「京町家」再生の制度手法や防火手法を検討した時には、全く視野外に置かれ

▼11……A-Forum「アーキテクト／ビルダー（「建築の設計と生産」）研究会」日本建築学会『建築討論』共催第四回「建築職人の現在——木造住宅の設計は誰の責任なのか?」コーディネーター＝安藤正雄＋布野修司＋斎藤公男、「木造住宅設計の問題——直下率と安全性」村上淳史（村上木構造デザイン室）。「工務店と大工育成問題」蟹沢宏剛（芝浦工業大学）、二〇一七・一・一三。

［図11］嶋原のシェアハウス外観とコモンダイニング

ていたものである。一九九〇年代半ばには、必ずしも木造住宅一般をリノベーションする発想はなかった。「京町家」再生という場合、良質の町家をレストランやカフェ、ホテル、ブティックなどに用途転用するという発想が主であった。

そして、時代の要求がある。外国人観光客の増加に対応するための宿泊施設の需要がすさまじい。また、学生の街として、また、少子高齢化社会に対応するシェアハウスの需要もある。一九九五年の阪神・淡路大震災以降は、耐震補強が課題になりこそすれ、再利用の需要の流れがないから改修も大きな流れにならなかったし、それどころか、巨大なマンションが出現したのである。

京都のリノベーション

「都市をリノベートする」のだと魚谷はいう。既存のストックの有効利用は、伝統的な環境を維持しながら空き家対策にもなる。既存不適格であれ、その空間を住み継いでいくことが、都市そのもののリノベーションにつながる、というのが魚谷の戦略である。京都の地割りのシステムと在来木造の軸組構造システムがそれを支える。京都における住宅リノベーションの試みは、ぎりぎりのタイミングで、その二つのシステムを再生することの有効性を示している。もちろん、二つのシステムの存続も、京都の将来についても、楽観的予断は許されない。宿泊施設の増加は京町家街区の攪乱要因にもなりつつあるからである。古都京都のグローバル観光化については、「町家改修のように外見は残しながら、中の人はグローバルに流動する。表層としては持続しているように見えて、そこで暮らしを営んできた人が抜けていくことで社会や地域を持続させてきた文化やスキルがどんどん失われている」といった指摘もなされている。▼12

しかし、投資を目的とした町家やビルの買い上げ、グローバル観光地化による宿泊施設の増加、それによる土地価格の上昇といった新たな状況への対応ということであれば、京都は一貫してそうした経済(景気)動向に左右されてきたのであって、失われていくものを嘆いているだけでは力にならない。問題は、大きな需要と投資の流れを捉えて、持続可能な街区更新の仕組みを構築できるかどうかなのである。

京都で巨大なマンションが建ち始めた頃、ライデンで開かれた「都市変化のディレクターをめぐる国際シンポジウム」(二〇〇二)での議論を思い出す。「果てしない東京プロジェクト——破滅か再生か——コミュニティ・デザインの時代をめざして」▼13(「東京=投機家と建設業者の楽園」▼14)と題してしゃべったのだが、比較としてアムステルダムを取り上げた。アムステルダムは、ここ何十年来、人口も一定、観光客も一定で、ボアリングだ、東京はエクサイティングというので、アムステルダムにはサステイナブルな仕組みがある、都市に必要なのはその仕組みではないか、と返したのである。京都が目指すべき方向は間違いなくアムステルダムの方である。

▼12……「古都のグローバル化と建築家の展開」森田一弥、魚谷繁礼、木村吉成、文山達昭、阿部大輔、司会=川勝真一。

▼13……Never Ending Tokyo Projects: Catastrophe? or Rebirth?: Towards the Age of Community Design, International IIAS workshop: Mega-Urbanization in Asia: Directors of Urban Change in a Comparative Perspective, International Institute for Asian Studies (IIAS), Leiden University, Leiden, 12–14 December 2002.

▼14……Shuji Funo: Tokyo: Paradise of Speculators and Builders, in Peter J. M. Nas(ed.), "Directors of Urban Change in Asia", Routledge Advances in Asia-Pacific Studies, Routledge, 2005.

アーバン・ディレクター

都市変化、すなわち都市をリノベートするディレクターは誰か（というのが前記のシンポジウムのテーマであり、実は、発展途上国の開発独裁の国の大統領ファミリーなどにも焦点を当てるものであったのだが）。魚谷の頭にあるのは、「アンコ」の部分を共有地とする街区居住者たちである。

魚谷の事務所近くの五条楽園を案内してもらったことがある。観光客のみならず投資目的の外国人が急速に増えていることについて、この土地はどうでこの建物はこうでと実に詳しい。歩いていると、そこら中の喫茶店やレストランのオーナーやスタッフから声をかけられる。「地回りやくざ」みたいだねと笑ったのであるが、そのネットワーク力はすごい。ちょっと出掛けてくる、といって事務所を出ると、いつ帰ってくるかわからないという。

魚谷は、デビュー以前から都市居住推進研究会、そして現代京都都市型住居研究会を活動の核にしてきた。そして今や「経済産業省中心市街地商業等活性化支援業務有識者検討会」の委員をはじめとして、国、自治体の数々の委員会の委員を務める。一方で、街歩きを続けながら街区居住者とのネットワークを拡大し続けている。魚谷の人当たりの良さ、組織力は天性のものだろう。かと思うと、「アンコ」の部分の共有性を担保するためには公的なガイドラインは必要だという一方で、だけど制度対応には限界がある、という。したたかでもある。

図8　提供：魚谷繁礼

表現の力

仕事は住宅以外、京都以外へと拡がりつつある。海外からの声もかかる。「日本建築家協会関西建築家新人賞」(二〇一二)を受賞した「西都教会」[図12]は、建築家としての才を見せる。自然の光の扱いに意を巧んだ賞に値する作品である。京都では「地の建築にこだわる」、すなわち京都では、「地割りとリノベーションに徹する」という。しかし、ということは、他では「図」としての建築にもトライするということである。魚谷には「図」としての建築への思いが捨てがたくあるように見える。加子母木匠塾の神社の拝殿、そして町家をスケルトンにして箱を入れ子に貫入させるいくつかの作品にそれを感じる。「彦根の基地」「守山中学校設計競技応募案」などもそうである。

魚谷の精密な住宅リノベーションの個々の解答を確認しながら、**山本理顕**(建築少年Ⅳ)の一連の住居計画学を思い浮かべた。理詰めのその建築方法論が受け入れられる背景には、表現の力があるからであり、それが必要だということである。カイロの歴史地区のリノベーションをめぐるシンポジウムに一緒に行ったことがあるけれど、魚谷繁礼・みわ子に期待したいのは、京都を拠点にしながら、世界を股にかける展開である。欲張りではないと思う。

[**図12**] 西都教会内観

14 山本雄介

15 松本大輔

16 青山周平

17 岡本慶三

18 池上 碧

北京建築修業、そしてデビューへ

山本雄介 やまもと・ゆうすけ

フリーランス建築・インテリア デザイナー

1989年新潟県生まれ。2012年長岡造形大学建築環境デザイン学科卒業。2012－14年北京新領域創成城市建築設計諮詢有限責任公司、2014－15年北京省合众建筑规划设计有限公司勤務。2015年－ 現職

●**主な作品**｜「geba+」「MANZO」「salon L」「THE CHILDREN'S HOUSE」「Associe hairsalon」

松本大輔 まつもと・だいすけ

建築家｜FESCH Beijing主宰

1980年滋賀県生まれ。2009年東京理科大学工学部建築学科卒業。2010－13年UAA Beijing勤務。2014年－FESCH参画

●**主な作品**｜「汪芝麻胡同雑院改造」「上地東里頂楼改造」「小院胡同雑院改造」「和義西里小戸型改造」「北新五巷雑院改造」

青山周平 あおやま・しゅうへい

建築家｜B.L.U.E.建築設計事務所共同主宰

1980年広島県生まれ。2005－12年SAKO建築設計工社（北京）勤務。2019年清華大学建築学院博士課程単位取得退学。2014年－ 北京にてB.L.U.E.建築設計事務所を設立

●**主な作品**｜「上海Ota Fine Artsギャラリー」「北京有術ホテル」「CHINA HOUSE VISION5号館展示」

●**受賞**｜「IDEAT FUTURE AWARD Best Interior Design」

岡本慶三 おかもと・けいぞう

建築家｜odd事務所共同主宰

1980年静岡県生まれ。2003年工学院大学工学部卒業。2006年デルフト工科大学Urbanism修士課程修了。2007－12年Graft Beijing勤務。2012年－ odd事務所

●**主な作品**｜「TAOYUKOU FARM HOUSE」「KEIZO HOUSE」「大徳会席」「Aranya Cafe Pavilion」

●**受賞**｜A&D Trophy AWARDS 2018 建築部門

池上 碧 いけがみ・あお

建築家

1986年東京都生まれ。2010年東京理科大学工学部第一部建築学科卒業。2010－13年 UAA北京。2013－18年 ZAO / standardarchitecture。2019年－ 池上建築設計設立

●**主な作品**｜「Micro-Yuan'er」「Micro Hutong」（ZAO / standardarchitectureでの担当プロジェクト）

若い建築家がデビューするのはいつの時代も容易くはないが、近年ますます難しくなりつつある。特に、新築が少なくなっていく日本でチャンスがさらに少なくなるのは当然である。かつては親や親戚の住宅設計の仕事を得て「新奇」なデザインでデビューするケース（「父を殺し、母を犯せ」磯崎新〈建築少年IX〉）が多かったが、現在身近なのはリノベーションの仕事である。社会がますます複雑化し、建築の諸手続きが煩瑣《はんさ》になり、実績のない若手が参加できるコンペは少なくなったし、アトリエ派の建築家のところで修業して独立するケースもめっきり減った。

日本のそうした建築環境が大きく変わる中で建築家として生きていくとしたら、①建築のメンテナンス、コンバージョン、リノベーションの技術・技能を身につける（アーキテクト・ビルダー、建築職人）こと、②まちづくりへと展開する（コミュニティ・アーキテクト）こと、③建築需要の多い海外へ行くこと、の三つの道が考えられると繰り返し書いてきた。[▼1] 実際、リノベーションの仕事を出発点とする建築家は少なくない。③については、いきなり中東産油国やアフリカが難しければ、中国、そしてインドだろう、と学生たちにはいってきた。人口が多いし、これから市場が開かれる可能性があるからである。中国人

▼1……拙稿「建築職能リノベーション時代」日本建築学会編『建築を拓く』鹿島出版会、二〇〇四。

留学生に、僕はどうすればいいですかと聞かれて、日本で修業してすぐ中国に帰りなさい、と苦笑いしたことがあるが、中国は二一世紀の最初の一〇年熱気にあふれていた。そうした中で、中国に渡った若い建築家たちがいる。

中国建築ブーム

中国が国内総生産（GDP（名目））で日本を抜いて世界二位となるのは二〇〇九年である。中国は、二〇〇八年に北京オリンピックを成功裏に終え、二〇一〇年の上海万博を開催する。この間、中国の建築シーンは活気にあふれていた。ザハ・ハディド、レム・コールハース、ヘルツォーク&ド・ムーロンといった世界的に著名な建築家たちが数々の話題作をものする一方、プリツカー賞を受賞した王澍や海外でも活躍するMAD Architectsを率いる馬岩松など世界的にも認められる中国人建築家も育ってきた。そして、日本人建築家も中国に招かれ、活躍することとなった。

僕が中国を最初に訪れたのは、**山本麻子**（進撃の建築家⑥）に関して触れたが、一九九五年三月である。その後、『日本当代百名建築師作品選』[2]を出版し、それが縁で外務省主催の講演会「日本の現代建築」[3]を北京と広州で行ったのは一九九九年である。その頃、中国の建築界はまだそう沸いてはいなかった。しかし、その予兆はあった。華南理工大学（広州）での僕の講演には五〇〇人を超える学生たちが集まったのである。日本の現代建築

▼2……布野修司編、布野修司＋京都大学亜州都市建築研究会著、中国建築工業出版社、一九九七（中国国家出版局優秀科技図書賞受賞）。

▼3……一九九九・八・三一—九・九＝中国 北京・西安・広州、外務省主催、布野修司講演「日本の現代建築」（北京、広州）、同行＝孫躍新・韓一兵・鄧奕。

への関心には並々ならぬものがあった。その後まもなく、布野研究室出身の孫躍新（匯泰国際文化理事長）、段煉孺（西安工程大学教授）、韓一兵（陝西省建設事務所所長）も様々な仕事の話を持ち掛けてくるようになるのである。韓一兵の母親は、中国十大建築師のひとり張錦秋で、西安を拠点に、陝西省博物館など数々の作品がある。空海ゆかりの青龍寺の記念碑、玄宮園の阿倍仲麻呂記念碑のデザインでも知られる。

二〇〇二年に北京を訪れた時には、**山本理顕**（**建築少年Ⅳ**）の「北京建外ＳＯＨＯ」（二〇〇三）の現場が始まっていた。その現場にいたのが、その後まもなく独立して中国で活躍する迫慶一郎である。迫は、二〇〇四年に独立、ＳＡＫＯ建築設計公社を設立した。そして、「北京バンプス」（二〇〇八）、「北京モザイク」（二〇〇九）、「金華キューブチューブ」（二〇一〇）、「北京ピクセル」（二〇一二）など集合住宅を中心とする作品を次々に実現することになった。その活躍ぶりは日本のテレビ番組でも何度も取り上げられた。

その後、まさに中国が世界二位の経済大国になった頃、中国に渡った多くの若い日本人建築家たちがいる。リーマンショック（二〇〇八）の余波もあったと思う。日本で就職するより仕事の機会があったのである。滋賀県立大学布野研究室の川井操（現滋賀県立大学准教授）は、西安工程大学に留学し（段煉孺工作室研究生、二〇〇五・一〇―二〇〇六・一〇）、西安旧城地区について学位論文（二〇一〇）を書いた後、北京新領域創成城市建築設計諮詢有限責任公司ＵＡＡ（Urbanization Architecture Atelier）に勤めた（二〇一一・一―二〇一三・一）。その縁で、北京に活躍の場を求めた若い建築家に会う機会が何度かあった。▼4 東京大学に留学経験があ

▼4……布野修司講義「都市フィールドワークの開拓」二〇一一・八、布野修司講義「スペイン植民都市の起源、形成、変容、転生」中国環境都市建築研究会、建外ＳＯＨＯ　Ｂ座三〇〇一、ＵＡＡ会議室、二〇一二・八。

る劉域によって設立されたＵＡＡは、山本理顕設計の北京建外ＳＯＨＯに事務所を置いて多くの日本人を受け入れた。東京大学の同じ鈴木博之研究室で学んだパートナーである鏡壮太郎はUAA Tokyoの責任者でもあった。しかし、ＵＡＡは今やない。出身のオルドス(内モンゴル自治区)で大きなプロジェクトを得て景気はよかったが、建設市場が飽和に達し、下降し始めると撤退を余儀なくされたのである。

大雑院に住む

中国に渡った建築家たちの多くは、当初、北京の東北方面、二環(第二環状道路)から三環にかけて、マンションを共同で借りて住んだ。しかしまもなく、北京のマンションの値上がりが激しくなり、都心から遠い場所に住処を求めざるをえなくなったという。北京のマンションの価格地図を見ると空港に向かう東北が高く、値上がりも激しい。そして、同じお金を払うのであれば、折角北京に住むのだから、郊外に住むよりも改造も比較的自由な都心の大雑院に住んだ方がいい、ということになった。

ＵＡＡをやめてフリーランスになった山本雄介は、望京エリアにあるマンションに同僚の松本大輔と一緒に住んでいたけれど、

[**図1**] 山本雄介の住居
上｜路地を挟んだ居間
下｜寝室と書斎

割と安い値段で単身用の部屋を借りられるという話を聞いて、旧城エリアに引越した。リビングとベッドルームが路地を介して分かれている、なんともユニークな住居だ[図1]。もともと綺麗好きで雑院には住めないなと思っていたけれど、生まれた時から公共トイレを使っていた、シャワーを浴びる時は外に出ていた、と思うようになった。今はもう全然抵抗ないという。松本大輔も、UAAをやめて事務所を立ち上げ、旧城地区の大雑院に引越した。なかなかセンスがある。最小の空間をうまく使っている(「WZN56」[図2])。興味深かったのは、改修とともに下水管の敷設も提案している点である。大雑院に共住する中国人居住者の反対でうまくいかなかったというけれど、大雑院全体の居住環境の改善への一歩である。

中国版「ビフォーアフター」

青山周平は、SAKO建築設計工社を経て事務所を立ち上げ、やはり、旧城地区に移り住んだ。そして今や四合院改造のスターである。きっかけは『梦想改造家』という上海のテレビ局の番組関係者からの依頼だったという。[5] テレビ局側がボロボロで劣悪な居住環境の雑院を探してきて、リノベーションの過程を番組にする。中国版「ビフォーアフ

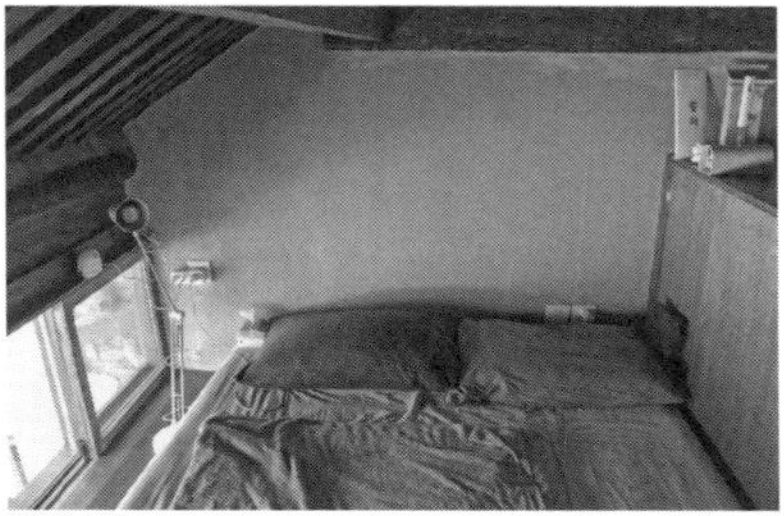

[図2] 松本大輔の住居「WZN56」
上｜キッチン・ダイニング
下｜中2階のベッドルーム

ター」である。中国でも人気番組だという。見せてもらったのは「二家族のための三つの家」という雑院にそれぞれ仕掛けを組み込んだ小さな三つの空間である。仕掛けが楽しい。要するに狭い空間を広く使うために、晴れた日には家具を引き出す、ベッドの下などありとあらゆる隙間を収納にする、床を上げ下げする、様々な工夫がビルトインされているのである[図3]。放映のタイトルは「首位外籍花美男設計師改造六・八平学区房与奇葩隣居同吃同住」である(『梦想改造家』第二季第四期二〇一五年八月一一日放送、放映局＝東方工視放映動画)。どうも人気の秘密は「イケメン」「外国人建築家」ということもあるらしい。

岡本慶三は、二〇〇六年に北京に来て、Graffというドイツ系の会社を経て、oddという事務所を立ち上げた。勤めていたGraffが胡同の中に四合院を改修して事務所をつくり、四合院の環境が快適なので住んでみたいと思うようになったという。移り住むきっかけは、二〇一三年頃のマンションの家賃の急騰で、雑院に先に改修費を投資すれば、

▼5……設計費はなく、家族が出すのは総工費のほんの一部で、施工費のほとんどはテレビ局のスポンサーから出る。北京だと四合院、上海だと石庫門、重慶だと高層ビルといったように、全国各地の特徴的な物件を取り上げる。週一回の放映という。

[図3] 青山周平の改造作品
上｜家具を引き延ばしテーブルに
下｜自邸

[図4] 岡本慶三の住居
上｜斜めに箱を挿入
下｜天井見上げ

綺麗かつマンションと同じ価格で住めるんじゃないかと考えたという。今は家族で雑院に住む。大家との関係も良好で行き来もあるという（「keizo house」[図4]）。その後、旧城地区で二件の住宅と一件のレストランを設計し、北京デザインウィークにも参加し始め、大柵欄地区で「猫の家」という、胡同の「主要な居住者」である猫を視覚化する設計を試みた。家族とともに北京の建築家として、生活していく基盤が既に築かれつつある。

大柵欄——北京デザインウィーク

大柵欄といえば、北京外城の繁華街、北京の観光地である。内城のグリッドは崩れているが、基本的には四合院と店屋（ショップハウス）で構成される。北京デザインウィークＢＪＤＷは、二〇一一年より毎年国慶節に北京市で開催される国際デザインイベントである。毎年二〇〇〇人以上のデザイナー、機関運営者、各種専門家が参加し、五〇〇万の来場者がある。街を舞台にした実に興味深い取り組みである。▼6 日本の各都市でもやったらいい、むしろお手本にすべきである。

大柵欄で、興味深かったのはＺＡＯ（standard architecture）標準営造が四合院につくった図書館など小さなコミュニティ施設「No. 8 Cha'er Hutong微杂院」である[図5]。訪れた時は工事中というか、それこそ大雑院そのものの印象であったが、胡同再生の提案として面白いと思った。このＺＡＯにＵＡＡから移籍したのが、池上碧である。ＺＡＯの

▼6……これまでに主会場となったのは、大柵欄地区、７９８芸術区、７５１芸術家区、三里屯地区の四地区である。

▼7……張飼是はZAO / standard architecture創設者。北京世界大学卒。ハーバード大学大学院デザインスクール修了。受賞は、China Museum Architecture Award, Winning Prize, 2013 / Good Design Award (Ming Tray for Alessi), 2012 / International Award Architecture in Stone, Verona Italy, Winner, 2011 / Design Vanguard of the World (Architecture Record), 2010 / WA Chinese Architecture Award, Winning Prize, 2010 / China Architecture Media Award (CAMA), Best Young Architect Prize, 2008『ねもはＥＸＲＡ中国当代建築2006——北京オリンピック、上海万博以後』（市川紘

事務所を案内してもらったが［図6］、中庭の広い優雅な事務所である。張飼是[7]には会えなかったが、若い建築家が集まるアトリエである。スタッフの方書君は、上海交通大学を卒業して、スイス連邦工科大学ETHチューリッヒ校修了でスイス連邦認定建築家である。二〇一四年よりZAOに勤める中国女流建築家のホープである。「No. 8 Cha'er Hutong微杂院」によってアガ・カーン賞（二〇一六）を受賞する。北京のZAOで若い建築家たちが議論しながら仕事する。しかも、微胡同Micro（小さな）Hutongについて考え、提案する。可能性に満ちた場があると思う。

アイコン建築批判

北京オリンピック、上海万博で盛り上がり、数々の建設プロジェクトが動いた。そして多くの外国人建築家が招かれた。多くの建築家を参加させる大規模プロジェクトは「集群設計」と呼ばれるが、その象徴が「オルドス一〇〇」と呼ばれるプロジェクトである。内モンゴル自治区の江源水工程有限会社の事業で、アイ・ウェイウェイとヘルツォーク&ド・ムーロン（スイス）がマスタープランを担当、日本からは五十嵐淳、藤本壮介などが招かれた。劉はオルドスの出身で、区政府と強いパイプを持っていたけれど、あまりにもバブリーな仕事であった。UAAは、前述のように既にない。

そして、時代の流れは変わった。習近平体制が発足したのは二〇一三年三月である。

司企画・編集、フリックスタジオ、二〇一四）に詳しい。

［図5］No.8 Cha'er Hutong微杂院
左｜屋上にも登られる
右｜中庭に図書スペース

そして、前胡錦濤体制期の文芸政策を批判する講和を行う(二〇一五・九)。OMAによる「中国中央電視台CCTV」を「巨大なパンツ」と称し批判したというが、いかにもお金のかかりそうな「アイコン建築」は要らない、という。市川紘司が『a+u』誌の二〇〇三年一二月号と二〇一六年三月号の二回の中国建築特集号を比べて指摘しているが▼8、中国での建築の主役は外国人建築家から大勢の若い中国人建築家に替わっている。また、大都市を中心に国家事業として建設されるアイコニックな巨大建築から、中国全土に満遍なく展開される小中規模のものへと様変わりしている。

そうした中で、若い日本人建築家が胡同にじっくりと根を下ろしながらしっかりした活動を開始しつつある。歴史を振り返ってみて、かつて大陸へ渡った日本人建築家の位相とはもとより異なる。そして、バブリーな資本がアイコン建築を求めて海外建築家を求める位相とも異なる。国際的建築家の草の根レベルの全く新たなあり方の萌芽といっていい。求められているのは地域レベルの経験交流である。池上碧のパートナーで、UAAで国際プロジェクト部長として日中共同チームの編成を行った國廣純子は、二〇一三年から青梅市でタウンマネージャー▼9を務めた後、いずれ北京で仕事するという。もちろん、中国―日本の関係について予断は許されない。しかし、中国で奮闘する若い建築家たちの今後に大いに期待したいと思う。

▼8……市川紘司「MAD Architectsとは誰か――中国で継承されるアンビルドの想像力」『建築討論』008号(二〇一六・五)。

▼9……國廣純子「都市空間の中に写す経済のかたち」『建築討論』009号(二〇一六・七)。

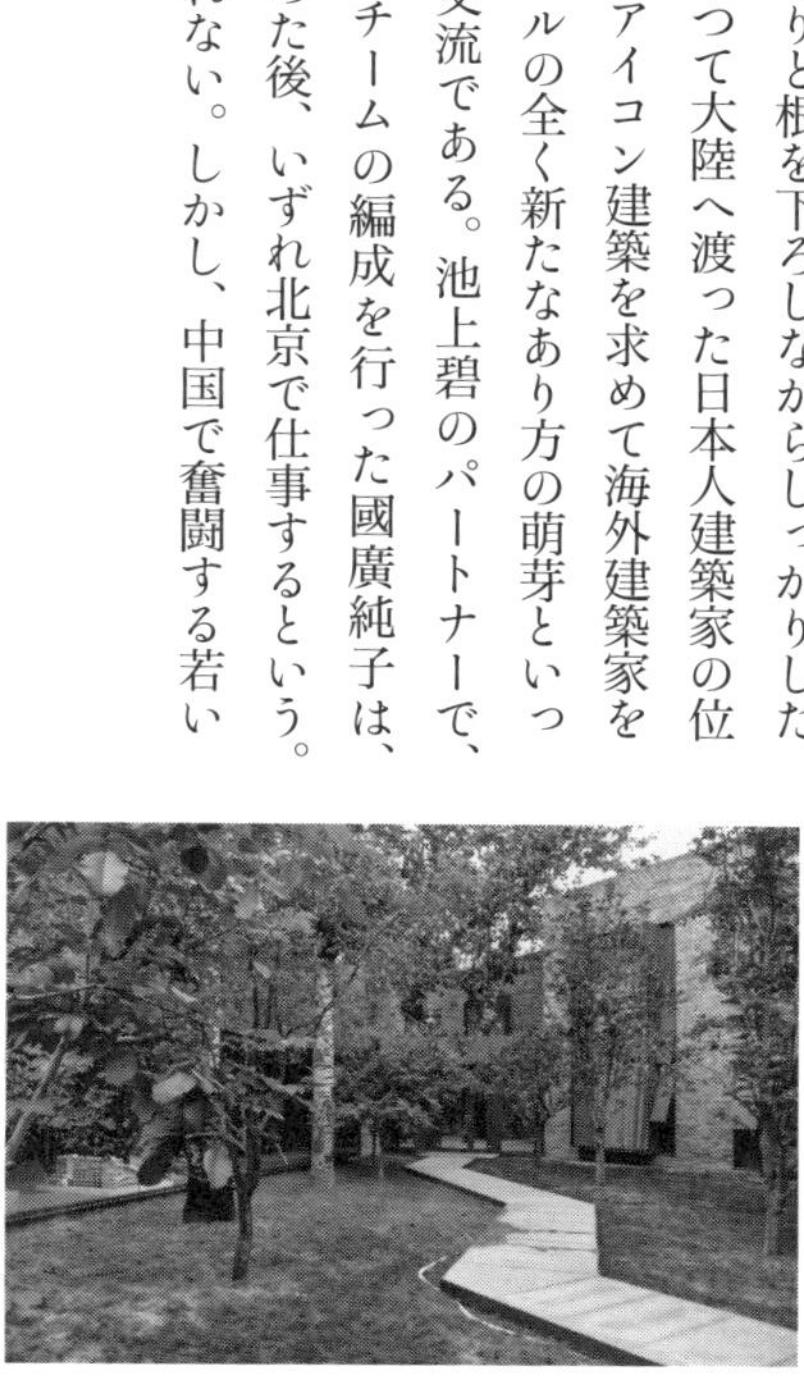

[図6] ZAO / standard architecture
広い中庭に面した事務所

Ⅶ

空間資源の再利用

19

岡部友彦

「寄せ場」から世界へ

ソーシャル・ファイナンスト・デザインの可能性

岡部友彦 おかべ・ともひこ
建築家

1977年　神奈川県藤沢生まれ
2004年　東京大学大学院工学系研究科建築学専攻博士前期課程修了
2004年―　横浜寿地区にてまちづくり事業を開始
2007年　コトラボ合同会社設立
2007年―　内閣府地域再生伝道師
2008年　横浜文化賞文化・芸術奨励賞
2009年　NPO法人アクションポート横浜代表理事就任
2011年　関内イノベーションイニシアティヴ取締役就任
2012年　東京大学大学院工学系研究科建築学専攻博士後期課程単位取得退学
2014年　立教大学兼任講師
2016年　横浜市立大学非常勤講師
2018年―　埼玉県事業により熊谷市、深谷市の商店街活性事業を実施

●主なプロジェクト｜「街全体を一つの宿に見立てたYOKOHAMA HOSTEL VILLAGE」(2005―)、「大学のキャンパス外キャンパスとしてのかどべや事業」(2010―)、「ソーシャルインパクトボンドを基にしたYHV HANARE1、2事業」(2011―)、「三津浜地区にぎわい創出事業」(2013―)、「空き家をコミュニティアセット化した旧濱田医院事業」(第10回まつやま景観賞受賞)(2014―)、「担い手育成拠点bluffterrace」(2016―)、「担い手育成＋地域拠点nicoent」(2019―)
●著書｜『日本のシビックエコノミー』(共著、フィルムアート社、2016)、『まち建築』(共著、彰国社、2014)、『創造性が都市を変える：クリエイティブシティ横浜からの発信』(共著、学芸出版社、2010)、『OURS：居住都市メソッド』(共著、INAX出版、2008)、『建築ジャーナル』にて2014年1月から2015年12月まで隔月連載など。

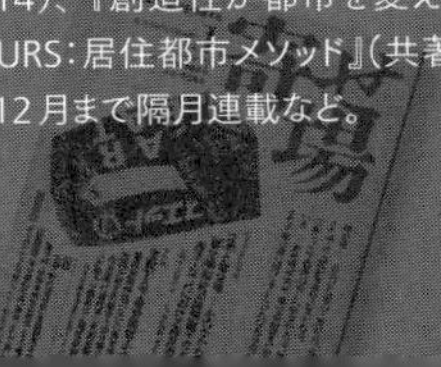

八巻秀房（進撃の建築家⑨）は、独立して「コミュニティ・アーキテクト・ラボ」を立ち上げると、「鯨の会」を再開、元祖まちづくり伝道師・林泰義とともに「コミュニティ・アーキテクト研究会」▼1を始めた。その第二回（二〇〇七・一二・七）に出会ったのが、「ソーシャルデザインと地域再生——寿町再生プロジェクト」と題して講演した岡部友彦である。横浜・寿町といえば、大阪・釜ヶ崎、東京・山谷に並ぶ「寄せ場」▼2である。「寄せ場」のドヤは三畳一間、日本の最小限住居である［図1］。東南アジアを歩き始めて様々な出会いがあって、▼3日本寄せ場学会の設立（一九八七・四、年報『寄せ場』一九八八年三月創刊）［図2］に当初から参加することになった。そして、東京山谷の調査を行う活動を続ける中で、山谷労働者会館建設の話が持ち上がり、宮内康の指揮のもと、東洋大学布野研究室をあげて設計建設に取り組むことになる。▼4当時、山谷は、日本国粋会金町一家と全国日雇労働組合協議会とが激しく抗争し、騒然としていた。日雇い労働者の過酷な労働と生活を描くドキュメンタリー映画を撮ろうとした佐藤満夫監督が虐殺され（一九八四）、その志を引き継いで映画を完成させた山岡強一監督も凶弾に倒れた（一九八六）ばかりであり、調査中や建設中にも発砲事件が起きる、そんな状況である。「寄せ場」でまちづくりを展開するなど当時は思い

▼1……鯨の会第一回CA研究会「住む人が生き生きする家づくり、まちづくり」講師＝黒崎洋二・林泰義、東京都しごとセンター、二〇〇七・三・一四。第二回CA研究会「集まって住むためのデザイン」講師＝杉浦敬彦・林泰義、東京芸術劇場会議室、七・一三。第三回CA研究会「ソーシャルデザインと地域再生——寿町再生プロジェクト」講師＝岡部友彦・林泰義、東京芸術劇場会議室、一二・七）。第四回CA研究会「ファシリテーターの役割」講師＝伊藤雅治、INAX GINZA、二〇〇八・七・一八。第五回CA研究会「モダニズム建築の保存」講師＝兼松紘一郎、東京芸術劇場会議室、二〇〇八・一〇・一〇。第六回CA研究会「一軒から始められる　畑つきエコアパートづくり」講師＝平田裕之「スラバヤ・エコハウス」、銀座INAXギャラリー、二〇〇九・一・二三。第七回CA研究会「高島平団地の再生」講師＝長谷部勉・八巻秀房

もかけないことであった。

都市解析からまちづくりへ

出会った二年後、岡部に再び彦根で会った。滋賀県立大学の「談話室」がゲストとして招いたのである。▼5 岡部友彦は、大学院では、東京大学生産技術研究所の藤井明研究室で、都市解析について研究した。駐車場の空車情報をもとに、都市の変動を明らかにしようとする興味深い修士論文を書いた。▼6 今日のビッグ・データ利用の先駆的研究である。藤井研究室は原広司研究室の後継である。**原広司**（建築少年Ⅷ）と「雛芥子」は学部の時に出会った。そして、インフォーマルな研究会を行うなど身近であった。**山本理顕**（建築少年Ⅳ）、入之内瑛（都市梱包工房）、**北川フラム**▼7らが集まる初期の原研究室はよく知っている。研究室は、隈研吾、**竹山聖**、宇野求以下多くの建築家、大学教員を輩出することになるが、▼8 一九七〇年代は、住居集合論として成果がまとめられる世界集落調査を展開する一方、ＡＣ（活動等高線Activity Contour）論という数学的トゥールを用いた都市建築事象の解析を二本の柱にしていた。岡部友彦は、後者の流れに属したことになる。当時東京大学国

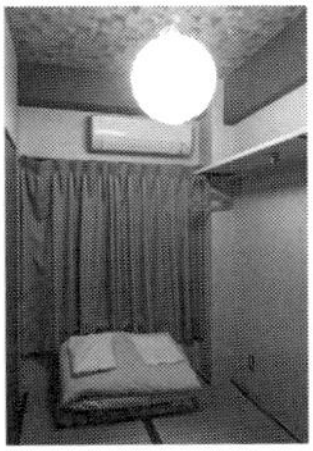
［**図1**］横浜ホステルビレッジの一室

［**図2**］『寄せ場』創刊号（1988）

他、銀座ＩＮＡＸギャラリー、二〇〇九・五・二九。

▼2……その名称は「人足寄せ場」に由来する。

▼3……東南アジアを歩き始めてしばらくして『スラムとウサギ小屋』（青土社、一九八五）という評論集を上梓した。その批評などに導かれて、引き寄せられていったのは日本のホームレス、「寄せ場」の存在であった。

▼4……宮内康の指揮のもと、東洋大布野・宮内研究室を中心とする学生諸君が設計建設に関わり、山谷の労働者の自力建設によって建設された。一九九〇年一〇月竣工。『寄せ場に開かれた空間を』（社会評論社、一九九二）［**図2**］。

▼5……「コトづくりから始めるまちづくり」は『雑口罵乱』4号（二〇一一）。布野研究室には、大阪・釜ヶ崎をテーマに修論（「あいりん地区（釜ヶ崎）の変容とその整備手法に関する研究――簡易宿泊所に着目して」二〇〇九）を書いた

際都市再生研究センター特任研究員をしていた太田浩史（ヌーブ）のもとで「PopulouSCAPE」というＣＧ作品制作と展覧会「世界都市——都市は世界へ」（二〇〇三―〇六）に関わっている。

寿町の「さなぎ達」

そうした岡部が、大学院修士修了と同時に会社（Funnybee）設立に関わって設計事務所を立ち上げることになったのは、大学院時代にたまたまアルバイトの仕事で横浜と関係することになり、寿町で生活保護を受ける日雇い労働者の支援活動を展開するＮＰＯ法人「さなぎ達」のメンバーと出会ったことによる。「寄せ場」には、実業家とか大学教師とか、実に様々な人たちが集まってくる、そうした中に、哲学者というか、独特な考え方をするカリスマ的な人がいた。寿町では大学では教えてくれないことばかりだった。都市を解析しながら、実践的にやりたいと思っていたこともあり、そのまま寿町に飛び込んだのである。

そうした寿町の路上生活者たち、生活保護受給者たちを支援するために結成されたのが「さなぎ達」（二〇〇一）である。初代理事長となった桜井武麿が一九八〇年代に始めた、週一回、関内駅、横浜公園周辺を夜回りし、路上生活者に必要な物を提供しながら安否確認を行った木曜路上パトロール（通称木パト）が原点という。この路上パトロールは現在

岡崎まり（現アルパック・地域計画研究所）がいて、何回か研究室で地区を歩き回った経験があった。

▼6……「都市の時空間変動——パーキング空車情報による記述」（二〇〇五）。

▼7……一九四六年新潟県高田市（上越市）生まれ。アート・ディレクター。東京藝術大学美術学部卒。仏教彫刻史専攻。一九七一年「ゆりあ・ぺむぺる工房」発足。一九八二年「アートフロントギャラリー」創設。一九九七年より越後妻有アートネックレス整備構想に携わり、二〇〇〇年から開催されている「大地の芸術祭 越後妻有アートトリエンナーレ」「瀬戸内国際芸術祭」の総合ディレクターを務める。文化功労者。

▼8……シーラカンスを立ち上げる故小嶋一浩（東京理科大学、横浜国立大学）、堀場弘（東京都市大学）、工藤和美（東洋大学）、立命館大学の及川清昭、東京理科大学の郷田桃代、伊藤香織、国士舘大

も続けられているが、支援活動は、医、衣、食、職、住の各分野にわたる。寄付の衣類や日用品を提供する「さなぎの家」という路上生活者の立ち寄り所を設け、生活相談をワンストップで行う「寿町なんでもSOS班事業」、安価にバランスのとれた食事を提供するとともに、雇用の場所にもなる食堂の経営などが展開されている「さなぎの食堂」では、決められた時間に交換しないといけないパン券をいつでも食べられるチケットに交換するとか、コンビニやスーパーで処分されてしまう食材を安く仕入れるなど[9]、先進的できめ細かい支援活動が行われている。[10]岡部友彦は、現在、「さなぎ達」の理事も務める。

「影」のデザイン

寿町に関わりだしてまもなく、岡部友彦は「『影』のデザイン」[11]という一文を書いている。

日の当たる地域の周囲には、それを支える、または支えていた影ともいえる部分が存在するのだ。光の部分も、影の部分もどちらも積み上げられてきた歴史が存在する。影の地域を無理矢理光に変えようとすれば、他の地域に新たな影が創られることになるだろう。影の地域は、影としてデザインしていくことが重要なのだろう。

「影の地域」を「影」としてデザインしていく、とはどういうことか。「影」を「光」に変

学の南泰裕、神戸大学の槻橋修、近畿大の松岡聡、日本大学の山中新太郎、そして岡部友彦の指導教官となった神奈川大学の山家京子など。

▼9……「さなぎ食堂」は、住民の食環境改善を目的とし、三〇〇円という低価格で通常の定食を提供する。またパン券と呼ばれる行政が生活保護受給者以外に発行するある種の地域通貨を利用して食事を提供する仕組みをつくるなど地域の条件に即した運営体系がとられている。さらには、大手コンビニのローソンとの提携により、余剰食品などを、食材として食堂で有効活用するネットワークも構築されている。

▼10……その他、家族もなく、簡易宿泊所に住み、孤独で不便な生活を余儀なくされている人々への見守りサービス「寿みまもりボランティアプログラム（KMVP）」、身体、精神・知的など各種障害のため社会に適合できず、路上生活

えれば別の「影」ができる、とすれば、その「影」をなくそうと普通考える。「影」を「影」としてデザインするといっても、「光」と「影」の支配−従属関係を前提とするということ、すなわち「影」のままに押しとどめておくというのではないだろう。その文章には、「影」の地域を「影」のままにデザインする地平を突破していく視点が既に示されている。要するに、「影」の地域を地域（「影」）としてデザインするということである。「影」であればこそ、それを逆手にとる地域性もある、ということである。

はっきり直感されているのは、片手間や副業、ボランティア活動に頼るだけでは「寄せ場」という地域は動かないことである。つまり、地域が自立できる仕組みがなければならない。また、モノや空間を供給したり整備したりするだけでは地域は活性化しない、ということである。次のように文章は締め括られている。すべての地域が共有すべき指針といっていい。

> 地域を活性化するのに建物や特産物など〝モノ〟を再生することは第一義的な課題ではないだろう……地域の現状に対し、まず何が〝資源〟となりえるかを再発見することにより、その地域特有のビジネスやしくみなどの〝コト〟を創り出し、無理なく継続できる環境作りをすることで、その地域に活力を取り戻すことが大切なのではないか。そして、その〝コト〟が、継続して行われることにより、物質的な〝モノ〟が築き上げられていく。このように元来の街やコミュニティの形成過程と

を余儀なくされている人、家族の支えがない状況で依存症と闘いながら簡易宿泊所等で生活を続けている人々の就労支援をする「寿JUMP」活動、「就労継続支援B型事業てふてふ」、簡易宿泊所内で、ひとり死を迎える人への介護や看護、往診の提供や、必要時の入院先への交渉やお見舞い、役所が開いていない時間帯の葬祭会社への取り次ぎなど。

▼11……『10+1』No.45「都市の危機／都市の再生——アーバニズムは可能か？」（二〇〇六・一二）。

も考えられる一連の流れを、地域や建築に再投入することによりデザインしていくことが必要なのではないか。分野を超えた連携、三位一体となる体系、コトづくりとモノづくりとの融合のかたちをこれからも追求していきたい。

岡部友彦が「コトラボ合同会社」を設立するのは二〇〇七年である。その命名に初心が示されている。

横浜ホステルビレッジ（YHV）

まず始めたのはホステルの経営である。寿町には、二〇〇×三〇〇メートルほどの空間に、一一〇軒ほどのドヤ（簡易宿泊所）があり、約八千室の部屋がある［図3］。八千室は、

［図3］横浜ホステルヴィレッジ 上から｜外観、チェックインの様子、フロント、ロビー

［図4］ドヤ街のある寿町（上）
［図5］YHVで定期的に行われるパーティ（下）

ほとんどすべて三畳一間である。ドヤ街といっても、今や鉄筋コンクリート造の数階から九階建てのビルが建ち並ぶ大都会の街区である［図4］。しかし、街の雰囲気は他とはいささか異なる。現在は約六千人程度の住民がいるが、そのほとんど（九五パーセント）が単身者である。また、高齢者が半数を超える。そして、八〇パーセント以上が生活保護の受給者である。寿町は、関外ではあるが、関内に隣接し、中華街、元町、みなとみらい21地区など横浜を代表する観光地には便利がいい。高度成長期には一万人を収容したけれど、今では一五〇〇室を超える空き部屋が存在する。外国人のバックパッカー、横浜球場や横浜アリーナの試合やコンサートで需要は見込めた。この空き部屋をホテルに転換するプロジェクトによって、岡部友彦は全面的に寿町にインヴォルヴされることになる。以降、活動拠点は、横浜ホステルビレッジ（ＹＨＶ）を運営するコトラボ合同会社に置かれている［図5］。

フロントの置かれている向かいに二〇部屋のホステル（林会館hostel hayashi［図6］）、他に長期滞在用に二棟（LB flat（二〇〇七）、Room ASIA（二〇一一））、全部で六〇室、一時期は四棟管理していた。宿泊費はオーナーとＹＨＶで折半、オーナーが建物、ＹＨＶが経営と清掃など維持管理を受け持つという極めて明快な契約である。三畳一間、いかにも狭い。しかも、屋外空間も貧困で公園や公共施設もない。それどころか、不法投棄された廃棄物や廃車が街の外から運び込まれたりする。そうした中で、横浜市、自治会、住民を交えてまず取り組んだのは外部空間の改善である。プランターを置く緑化運動を皮切りに、

［図6］林会館
hostel Hayashi（2005）
右｜廊下、左上｜階段、
左下｜洗面・洗濯室

縁台を設置したり、街灯を設置したり、街路を住民の憩いの場とする試みを行う。▼12

「この手があったか!」というのが「選挙に行こう」キャンペーンである。生活保護を受給するための条件に住民票をその地域におくことが必須条件となっているため、寿町には六千もの票が埋もれている。政治家にとっては票田でもあり、脅威でもある。区の選挙管理委員と協働で選挙啓発キャンペーンを展開、キャンペーン自体が街のイメージ変革の一端を担うことを狙い、一方で政治家の寿町への関心を引きつける。実に巧妙な戦術である。その後、この選挙キャンペーンについては各地からの引き合いがある。コトからの発想である。

▼12……岡部は、地域のステレオタイプ化した「寄せ場」のイメージを払拭し、再生の方向を示すため、ここでプロモーション・ビデオ『KOTOBUKI Promotion』(制作=岡部友彦+福島慶介+川瀬浩介)を作製している。

コトラボ合同会社——拡大するネットワーク

寿再生プロジェクトは、立ち上げ早々多くの関心を引きつけた。内閣府地域再生伝道師に任命されたし(二〇〇七)、横浜文化賞文化・芸術奨励賞も受賞した(二〇〇八)。様々な研究会に呼ばれ、大学で講演する機会も増えた。韓国から講演の依頼もあった。視察も数多い。外国メディアの取材もある。何よりも若い学生たちやアーティストの参加があった。それだけ日本社会の問題の核心をついていたといっていい。しかし、すべてうまくいくほど現実は甘くない。事実、リーマンショックの後、横浜市中区の生活保護費が二〇〇億円も増えた。社会の歪みが一定の地域に皺寄せされるそうした

[図7] Hanare室内

構造は簡単には揺らがないのである。

しかし、そうした危惧を吹き飛ばすような新たな展開があった。ひとつは、レンタル・スペースを設け、慶應義塾大学とのコラボレーションを開始したことである。ツーリストだけでなく、若い学生たちが地域と交流することで新たな展開が期待できる。そしてもうひとつは、木賃アパートを改造してもう少し広い空間(「Hanare」「Hanare2」)を用意したことである[図7]。リノベーションはそれぞれクリエイターに委ねた。クリエイターにも仕事が入り、外国人留学生が長期に借りるなど、寿町への新たな風を期待することができる。この既存ストックのリノベーションの流れは山手にも広がり始めている。

「影」を「影」としてデザインするのではなく、あくまで寿町を拠点としながらも、「影」を多様に開いていくことが選び取られつつある。同じように地域で活動する人たちとも交流が拡がり、ローカルサミットを続ける「場所文化フォーラム」といったネットワーク組織ともつながりがある。

地の人、風の人、火の人

コミュニティ・アーキテクトの仕事というのは本来自治体の仕事である。当初イメージしていたのは、地域のビジョンを計画・立案・実施していくマスターアーキテクトのような存在であった。しかし、いきなりの制度化は難しいし、既存の制度をそれぞれに活

▼13……布野修司「タウンアーキテクトの役割とその仕事　地区建築士(コミュニティ・アーキテクト)制の構想」(二〇〇七・一二・四、国土交通省)。イギリスのCABE(Committee of Architecture and Build Environment)の仕組みの導入を検討し、補助金の仕組みが一応できたが、東日本大震災によって霧散した。

用しながら、多様な仕組みができればいい、というのが本音であった。山本理顕（建築少年Ⅳ）が仕掛けた国土交通省の「（仮称）建築・まちなみ景観形成ガイドライン」検討委員会（二〇〇七年度）に期待したが、制度先行ではなかなかうまくはいかない。[13] 京都CDLの後、滋賀県立大学で「近江環人コミュニティ・アーキテクト」という大学院の人材育成プロジェクト［図8］に関わった。より具体的に問われたのは、コミュニティ・アーキテクトというプロフェッションは如何に成立するか、要するに、報酬はどこから得られるのか、という問題である。コミュニティ・アーキテクトという理念はいいとしても、どうすればコミュニティ・ビジネスが成り立つのか。そして、もうひとつは、コミュニティ・アーキテクトは、「地の人」（地域に土着し生活する人）なのか、「風の人」（地域をつなぐ人、伝道師）なのか、「火の人」（焚きつける人、アジテーター）なのか、という問題である。

ひとつの答えとして、コミュニティ・アーキテクトの具体像として考えられたのは首長である。嘉田由紀子知事が政治塾（未来塾）を立ち上げた時には連携しようという話も出た。滋賀県には県を含めて二〇の自治体があるのだが、まずは二〇人の首長を育成すればいいというわけである。建築学科出身の森民夫が長岡市長を務めていることも念頭にあった。京都CDLのコミッショナーであった広原盛明が京都市長選に打って出たのもそうした流れである。森民夫は、二〇一八年長岡市長を務める間に全国市長会会長ともなり、二〇一九年、地方行政リーダーシップ研究会（一般社団法人）を立ち上げた。森の要請で僕もアドバイザーに加わる。

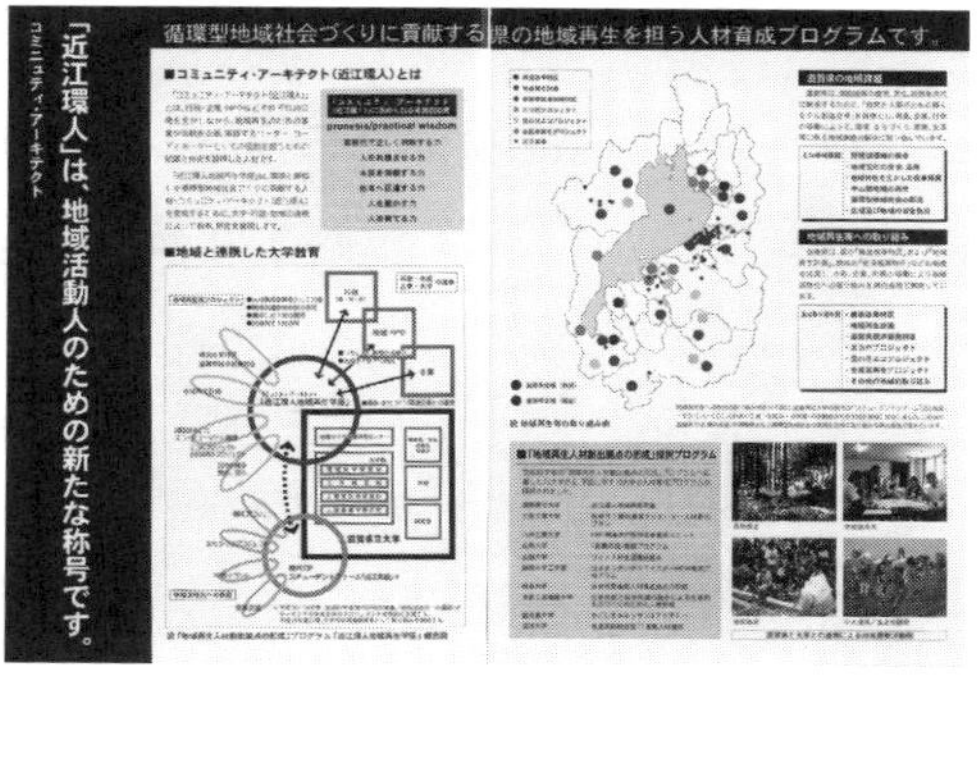

［図8］近江環人コミュニティ・アーキテクト

BBBCとCGC

岡部は、活動資金を自ら得る経済的仕組み、すなわち企業活動を前提としている二つの海外グループ、ロンドン郊外の難民居住地区ブロムリー・バイ・バウ・センター（BBBC、一九八四設立）［図9］のコミュニティ再生の試みとニューヨークのコモングラウンドセンター（CGC、一九八三設立）のホームレスの社会復帰支援の活動に注目する［図10］。

ブロムリー・バイ・バウは、ロンドンの東部にある、戦争や紛争で、東欧や中東、アフリカなどから逃れてきた難民が暮らしている地域として知られる。多くの民族が住み、失業率も高く、治安の悪化も深刻な地域であったという。この地域の環境改善のために一九八〇年代に組織化されたのがBBBCである。「さなぎ達」と同様、学童保育、セラピーなどの福祉サービスのために複数の企業体、グループが連携する。いずれもビジネスとして行われ、その収益の一部が、センターの運営資金にまわされる。

アーティスト・オリエンティッドのBBBCは、デザイン活動で得た資金をもとに、子どもたちの学童保育や、カルチャー教室、セラピーなどの福祉サービスを行う。地域、街路などのランドスケープデザインやカフェテリアなどの建築デザイン、グラフィック・デザイン、遊具のデザインやパブリックアートを手掛ける。センターに併設されたアトリエを廉価に提供する代わりに、カルチャー教室の先生や、デザインなどの指導をしてもらう。さらに、ストリートファニチャーや家具など、質の高い製品を作製、販売

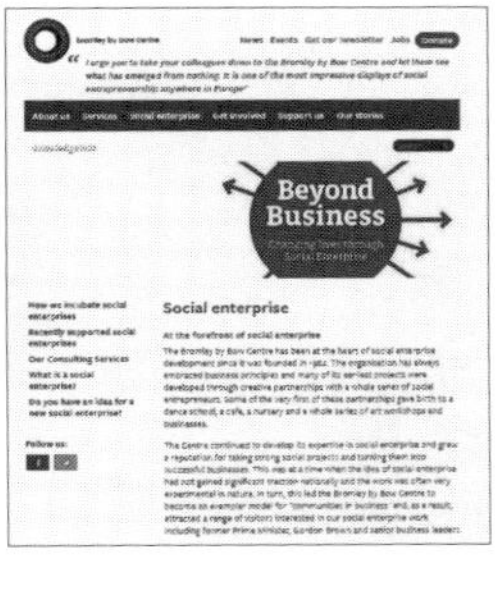

［図9］「ブロムリー・バイ・バウ・センター」ホームページ（右）
［図10］「コモングラウンドセンター」ホームページ（左）

を行う。▼14

コモングラウンドは、ニューヨークのタイムズスクエアを本拠地とする。NPO法人であるが、その活動はディベロッパー的である。ホームレスの社会復帰のために、タイムズスクエア周辺にあるホテルを購入、宿泊機能、健康管理施設、カウンセリング室などを持つ総合的な施設へと変貌させたのである。そのホテルは、かつては高級ホテルであったが、一九八〇年代以降荒廃し、閉鎖された後ホームレスのたまり場となっていたものである。その活動は、行政が区域内の不動産所有者から改善のための負担金を税金として徴収する地域経済改善地区制度BID（Business Improvement District）と結びつき、地区の清掃、警備、プロモーション等を地区に委ねる仕組みにつながる。そして、CGCはさらに二軒のホテルを買収、他地域へ活動を展開しつつあった。このBBBCそしてCGCの活動は寿町再生プロジェクトに大きなヒントを与えてきた。

▼14……ストリート、地域、校庭などのランドスケープデザイン、ストリートファニチャーや家具などの製作販売、グラフィック・デザイン、カフェテリア、子どもによる遊具のデザインやパブリックアート製作、地域ツアーガイドの六部門がある。

ミツハマル

寿町でのまちづくりが多様に拡がりを見せる中で、新たな展開の機会が訪れた。愛媛県松山市の三津浜に呼ばれるのである。古くから松山の玄関口として知られるが、全国の地方都市と同様、少子高齢化とシャッター商店街に悩む。昭和初期の民家が残るが、空き家だらけである。岡部友彦が採ったアプローチは基本的には寿町と同じである。「地域の現状に対し、まず何が〈資源〉となりえるかを再発見することにより、その地域特有のビジネスや仕組みなどの〈コト〉を創り出し、無理なく継続できる環境づくりをすること」という基本姿勢は変わらない。まず、「ミツハマル」という拠点をつくった［図11］。ミツハマルは、コトラボ合同会社が松山市から受託して運営する事務所およびウェブサイトの名称で、「三津＋ハマル」＝三津にハマる人を増やそうという意味が込められている。ここでもプロモーション・ビデオをつくった。コトより始めよ、である。地域住民を主体とすることは原則である。自治体とも連携する。「ミツハマル」の取り組みも「三津浜にぎわい創出事業」や「地域における草の根活動支援事業」といった助成事業と連携しながらの展開である。

三津浜再生プロジェクトは、古民家活用のまちづくりによる低炭素社会の実現をうたう。また、里山・里海を含めた地域循環をうたう。古民家を自ら修復、改修するためのDIYワークショップや伝統的な空間の良さを体感する古建築見学ツアーなどのメニューからなるが、中核となるのは三津浜町家バンクである。地域の空間資源としての町家を発掘し、見直し、リノベーションし、その空間を利用するユーザーとのマッチングを行う。昭和戦前期に建てられた医院を買い取って自前で改修してテナントに貸し出した［図12］。地方再生もまた容易ではないのである。しかし、「ミツハマル」の強みは、自前で拠点となる場所をつくり、自己資金で町家を改修し、テナント収入などで資金を回収する、そして活動を持続する仕組みをつくりあげることである。

［図11］ミツハマル事務所外観

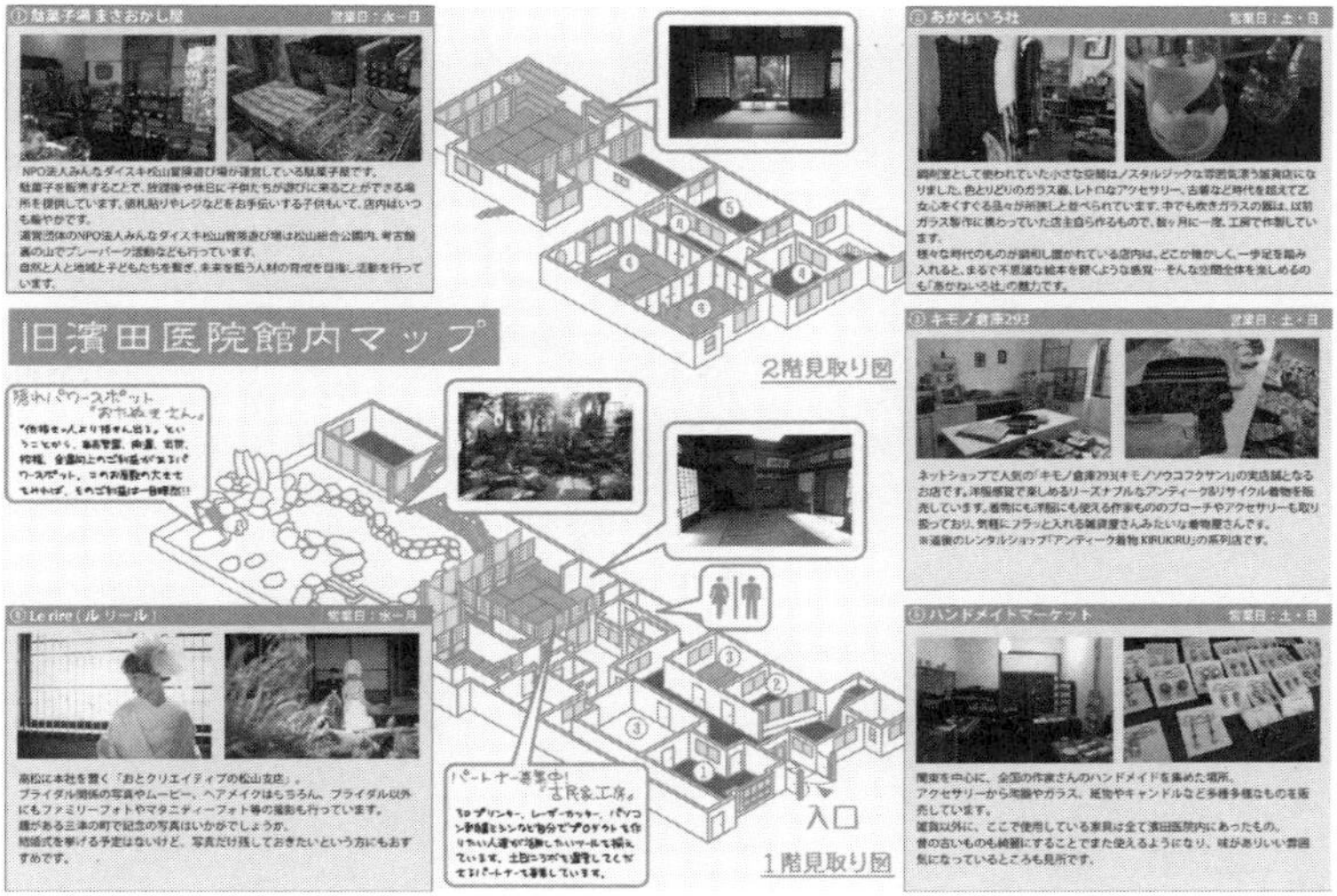

［**図12**］旧濱田医院
上｜医院館内マップ
右上｜外観、右下｜あかね色社、
左上｜ハンドメイドマーケット、
左下｜和室

ソーシャル・ファイナンスト・システム

寿町の抱える問題の位相と地方の少子高齢化に悩む市町村の問題の位相は、そうかけ離れているわけではない。日本社会の東京一極集中構造の「影」が地方であり、大東京の「影」が寿町（であり山谷）であるとすれば、寿町は日本の「影」の縮図である。ということは、寿町のまちづくりについて考え、実践してきたことは、地方都市のまちづくりについても多大なるヒントになるはずである。

岡部友彦が考えているのは、社会的課題に対してきちんと報酬を払って仕事として成立させる仕組みである。イギリスのソーシャル・インパクト・ボンドは、財政難に悩む官からの発想である。社会的インパクトのある仕事に対して投資を募り、投資家から調達した資金をもとに、行政サービスを民間のＮＰＯや「社会的事業者」に委託し、事業が成果をあげた場合にのみ削減された行政コストに基づいて投資家に報酬を支払うという仕組みである。寿町の場合、行政にとっても大きな課題であるだけに大いに可能性がある。ただ、制度とするのであれば、対象とする社会課題の性質、施策を行う事業者、目標の設定、評価機関など、ややこしい手続きが必要となる。

問題は、そうした仕組みを民間ベースで一般的に成立させうるかどうかである。コミュニティバンクやソーシャルバンクという発想も欧米にはある。ある限られた地域社会を拠点とし、その地域の企業や事業に融資を行い、その地域で資金循環を行うのである。今日では、クラウド・ファンディングという方法もある。地域を超えたネットワークによって預金者自らが、融資先を選んで預金をすることができるような仕組みをつくりあげるのである。

岡部友彦は、建築家が前提にしてきた場所とは異なる地平に立ちつつあるように見える。「九九パーセント社会が建築をつくる」といったのは村野藤吾であるが、建築が社会とともにあるのであれば、建築家が社会的な仕組みを要求することがあっていい。「明治生命館」「大阪市中央公会堂」などの設計で知られる、市街地建築物法、都市計画法の成立に尽力した建築家でもあった岡田信一郎が書いた「社会改良家としての建築家」という一文を思い起こすが、上から社会を改良するのではなく、「影」すなわち「寄せ場」から世界を変えていく、そんな岡部に寄り添っていきたいと思う。

図7、11、12
提供:岡部友彦

20

モクチン企画

連 勇太朗

川瀬英嗣

中村健太郎

山川陸

木賃アパート改修戦略

ソーシャル・スタート・アップの実験

連 勇太朗 むらじ・ゆうたろう（中右）

1987年神奈川県生まれ。2012年慶應義塾大学大学院（SFC）修士課程修了。2015年同大学大学院後期博士課程単位取得退学。2012年モクチン企画設立、代表理事に就任。現在は、慶應義塾大学、横浜国立大学、法政大学で非常勤講師も務める。

川瀬英嗣 かわせ・えいじ（左）

1988年東京都生まれ。2012年武蔵野美術大学空間演出デザイン学科卒業。2012年モクチン企画の副代表理事に就任。宅地建物取引士・賃貸不動産経営管理士・住宅診断士。

中村健太郎 なかむら・けんたろう（中左）

1993年大阪府生まれ。2016年慶應義塾大学（SFC）卒業。専門はコンピューテーショナル・デザインの理論と実践。2014年システムエンジニアとしてモクチン企画参画。2019年─東京大学学術支援専門職員。

山川 陸 やまかわ・りく（右）

1990年埼玉県生まれ。2013年東京藝術大学美術学部建築科卒業。2013─15年松島潤平建築設計事務所勤務。2016年モクチン企画へ参画。2017年─ 東京藝術大学美術学部教育研究助手。レシピの開発設計を担当。

モクチン企画

建築家、デザイナー、プログラマー、コミュニティデザイナーなどの専門家からなるソーシャル・スタートアップである。「つながりを育むまちの実現」をビジョンに掲げ、戦後大量に建設された木賃アパートを社会資源と捉え、エリア価値創出を実現するサービス開発やプロジェクトに取り組んでいる。2009年に学生プロジェクトとして活動開始、2012年に法人化、2016年にSVP東京の投資・協働先に採択。

●**主なサービス**｜「モクチンレシピ」2012─、「パートナーズ」2012─、「モクチンスクール」2018─
●**主な作品**｜「ピン！ひらはらばし」2017、「神明町の戸建て」2014
●**主な著書**｜『モクチンメソッド──都市を変える木賃アパート改修戦略』（学芸出版社、2017）

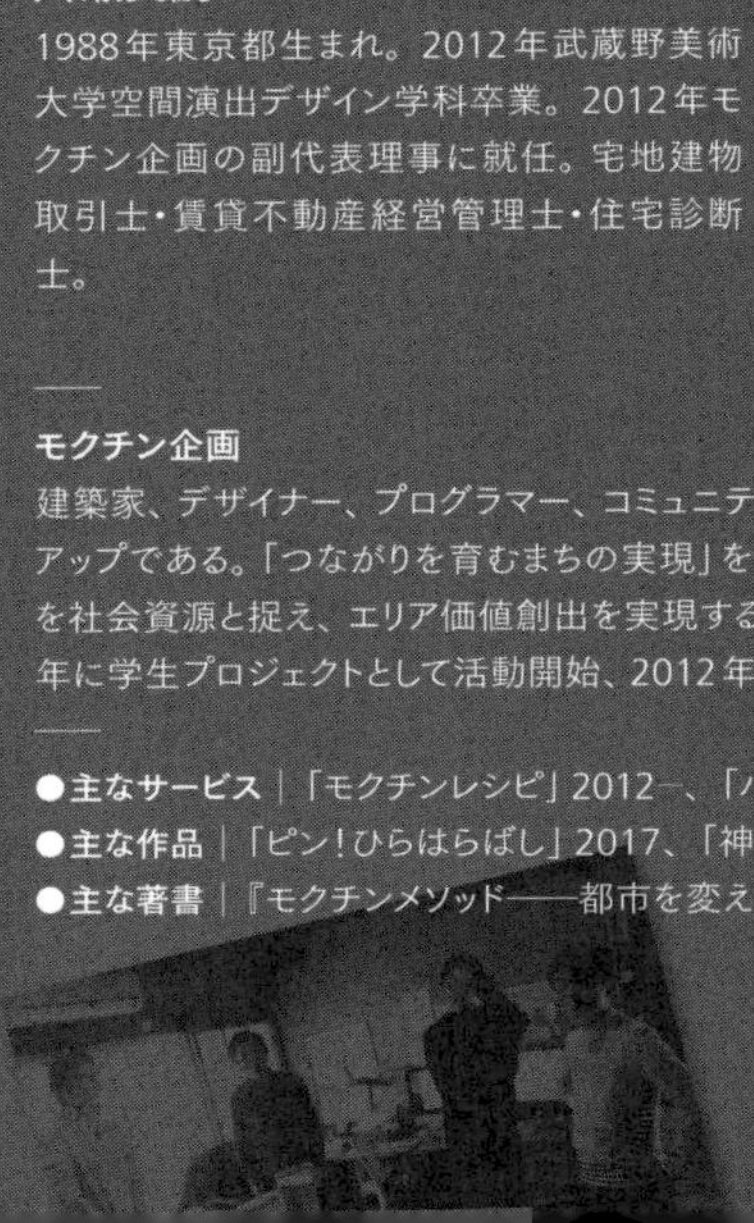

「モクチン企画」のオフィス「カマタ_クーチ」に出掛けて、連勇太朗から『モクチンメソッド——都市を変える木賃アパート改修戦略』（学芸出版社、二〇一七）をもとにレクチャーを受けたのは、川井操の誘いによる。**大島芳彦**（進撃の建築家③）から連は「木造賃貸アパート再生ワークショップ」の時の学生だったと聞いていた。レクチャーで、「モクチンレシピ」が**C・アレグザンダー**の『パタン・ランゲージ』だと聞いて、学生時代に帰ったような気がした。**藤村龍至**（進撃の建築家②）のところで触れたように、僕の卒論はC・アレグザンダーの設計方法論である。[▼1]

モクチン

モクチン＝木賃とは、木造賃貸アパートの略語である。「木賃」はモクチンと呼びならわされる以前は「キチン」と読まれた。木賃宿のキチンである。本来、江戸時代に宿場制度として街道筋に設けられた安宿、旅籠を意味する。基本的に大部屋で宿泊者が食材を持ち込んで薪代相当分を払って料理してもらった、薪すなわち木を賃料として払ったか

▼1……布野修司「構造・操作・過程——構造分析の試み」（卒業論文（東京大学）一九七三）。C. Alexander（一九六四）、“Notes on the Synthesis of Form”をもとにグラフを解くHIDECSというプログラムを書いた。卒業設計はそれをもとに大学キャンパスを設計した（戸部栄一と共同設計）。

ら木賃宿である。木銭宿ともいった。明治に入って産業革命とともに都市化が進行すると、東京、大阪、名古屋に「貧民窟」が出現、木賃宿は「貧民窟」すなわち労働者や無宿人を畳一枚程度で雑魚寝させる貧民の巣窟の安宿を意味するようになる。「やど」を逆にした「ドヤ」という言葉ができる。この系譜は、ドヤ街につながる。

モクチンは、この「ドヤ」の系譜とは異なる。日本にアパート形式の住宅が現れ始めるのは大正末から昭和の初めであるが、住宅ストックとして大量に建設されるのは、戦後復興から高度成長期にかけてである。戦後まもなく住宅不足数は四二〇万戸と推計される。建築家たちが最小限住宅のモデル設計に取り組んだことはよく知られる。建築家の戦略は、公共集合住宅のモデル設計、工業化住宅のプロトタイプ設計へ向かう流れと個別住宅設計を積み重ねる方向の大きく二つに分かれる。[2] 日本住宅公団(現都市再生機構)が設立されるのは一九五五年であり、プレファブ住宅の供給が開始されるのは一九五〇年代末以降である。そして、全国の住宅戸数が世帯数を超えたのは一九六八年、全都道府県では一九七三年である。その間、日本の住まいを支えてきたのが木造賃貸アパートである。

木造賃貸アパート再生ワークショップ

一九六〇年代末から七〇年代初頭にかけて、若い建築家や建築を学ぶ学生たちは東京の街を這いずり回った。[3] 「デザイン・サーヴェイ」と総称されることになるが、その対象、

▼2……後者の方向を代表するのが延々とナンバー住宅をつくり続けた池辺陽である(「住宅の近代化」「第三章2近代化という記号」『戦後建築の終焉——世紀末建築論ノート』れんが書房新社、一九九五)。

▼3……『戦後建築論ノート』(一九八一)で、富田均の『東京徘徊』(一九七九)を枕に列挙しているけれど、元倉真琴、井出健、松山巖ら「コンペイトー」、真壁智治、大竹誠らの「遺留品研究所」、望月照彦らの「マチノロジー」、そして重村力の「東京探検隊」など、膨大な時間をかけて実測し、詳細な実測図を作製したのであった。

視点、目的は様々であった。その中でモクチンへのある種のシンパシーを持って調べ回ったグループが、『モクチンメソッド』でも触れるが、重村力らの東京探検隊（「木賃アパート――様式としての都市居住」『都市住宅』一九七三・二）である。当時、木賃アパートは上京してきた学生たちや若いサラリーマンたちの受け皿だった。まだ、「賄い付き下宿」も一般的であった。ワンルームマンションが登場するのは後の時代である。

その時代から四〇年、「木造賃貸アパート再生ワークショップ」が行われたのは二〇〇九年である。首都圏の様々な大学から学生が集まり、木賃アパートを自分たちの手で、自分たちの住みたくなるようなものに改修しようというプロジェクトである。**大島芳彦**（進撃の建築家③）、土屋貞雄（元ムジネット取締役）の仕掛けであるが、連は二二歳、SFC（慶応大学湘南藤沢キャンパス）の学生として主体的、主導的に参加した。ワークショップは毎月開催、下北沢、高円寺、千駄ヶ谷などを歩き回り、実際に「物件探し」も行い、一年かけて北沢の築四〇年のアパートを改修することができた（二〇一〇・三）。結局、このプロジェクトがNPO法人モクチン企画の設立（二〇一二）につながる。代表理事連勇太朗、副代表理事川瀬英嗣、大島、土屋はその理事に名を連ねる。

モクチン企画

モクチン企画は若い組織体である。連は、もともとは物書き（小説、評論）になりたかっ

［**図1**］カマタ_クーチ外観とクーチ（空地）

たという。父親から建築にもこんな世界があるよとレム・コールハースの『錯乱のニューヨーク』を渡され、慶應義塾大学SFC（湘南藤沢キャンパス）に入学したのだという。難解な『錯乱のニューヨーク』によって建築を志すとは「タダモノ（只者）」ではない！　が、父親とは建築家、連健夫▼4である。幼い頃から「建築」は身近にあった。学部を出て、修士、博士課程に進む。小林博人▼5研究室に所属した。博士課程に進学するとともに、川瀬とともに「モクチン企画」を立ち上げた。助教を務めながら、二〇一五年に博士課程を単位取得退学、その後もSFCやY-GSAで非常勤講師を務める。一四年にシステムエンジニアとして中村健太郎が加わった。また、一六年から山川陸が参画する。

二〇一三年秋に自ら改修して事務所として入居した「カマタ-クーチ」[図1]を訪れた時には四人そろって作業中であった。事務所前の「クーチ（空地）」に卓球台が置かれている。生け垣や塀がないので、?と思ったけれど、『モクチンメソッド』の最後に、大家の茨田禎之との出会いやその地域に開く大いなる意図があることを知った。

問題は、「木賃アパート」を重要な社会資源として捉え、それを再生する意味である。そして、モクチンレシピなるものを支えるビルディング・システムである。直感的に危惧したのは、「木賃アパート」という共用空間を最小限とする都市型住宅としての形式と低所得階層の受け皿としての役割を固定化することにしかつながらないのではないか、ということである。

▼4……建築家。一九五六年京都市生まれ。多摩美術大学建築科（現環境デザイン学科）卒。東京都立大学大学院修了。建設会社で一〇年間勤務の後、九一年に渡英、ロンドンのAAスクールに入学。大学院優等学位取得の後、同校助手、東ロンドン大学非常勤講師、在英日本大使館技術嘱託を経て九六年に帰国。連健夫建築研究室・一級建築士事務所設立。九六年以降多摩美術大学、東京都立大学、東京電機大学などで非常勤講師。二〇〇一—〇四年明治大学兼任講師。

▼5……一緒に仕事をする機会はなかったが、京都大学で三年間（一九九六・六—九九・九）同僚であった。夫人は槇直美（父は槇文彦）、兄は小林正美（明治大学副学長）、甥は小林恵吾早稲田大学准教授、建築ファミリーである。小林恵吾は二〇一六年夏にスラバヤを案内する機会があった。

モクチンレシピ

C・アレグザンダーの『ノート』から『パタン・ランゲージ』そして『住宅の生産』への展開は、基本的には建築の企画設計から生産へ至る一般に開かれた方法論の展開である。藤村龍至（進撃の建築家②）について触れたが、『ノート』は決定論的に過ぎるし、『パタン・ランゲージ』はパタン（言語）が普遍的に設定され過ぎていて（方言を認めない？）辞書的に過ぎる。もう少し、緩やかに建築言語の関係を規定するカスケードのようなシンタクスが必要ではないか、というのが四〇年前の僕の評価である。モクチンレシピなるものが単品メニューではなく相互関連を持つカスケードのようなかたちでシステム化されているとすれば面白い!? と瞬間思った。しかし、モクチンメソッドは、どうやら建築家による設計方法論、建築生産論という建築のオーソドックス（オールド）・パラダイムの位相とは異なる。予めターゲットとされているのは、社会システムであって建築システムではない。閉じたシステムではなく、開いたシステムである。モクチンレシピとは、部分的で汎用性のある改修アイディアという。それをウェブ上で公開し、流通させ、様々な人に使われる状況をつくることで、単独で改修を一個一個積み重ねていくよりも圧倒的に多く、そして早く木賃アパートの改修を実現していくことができ、物件オーナー、不動産会社、工務店など木賃アパートに関係する様々な主体にアイディアを提供しエンパワーすることで、木賃アパート全体の質の底上げを狙うのだというのである。

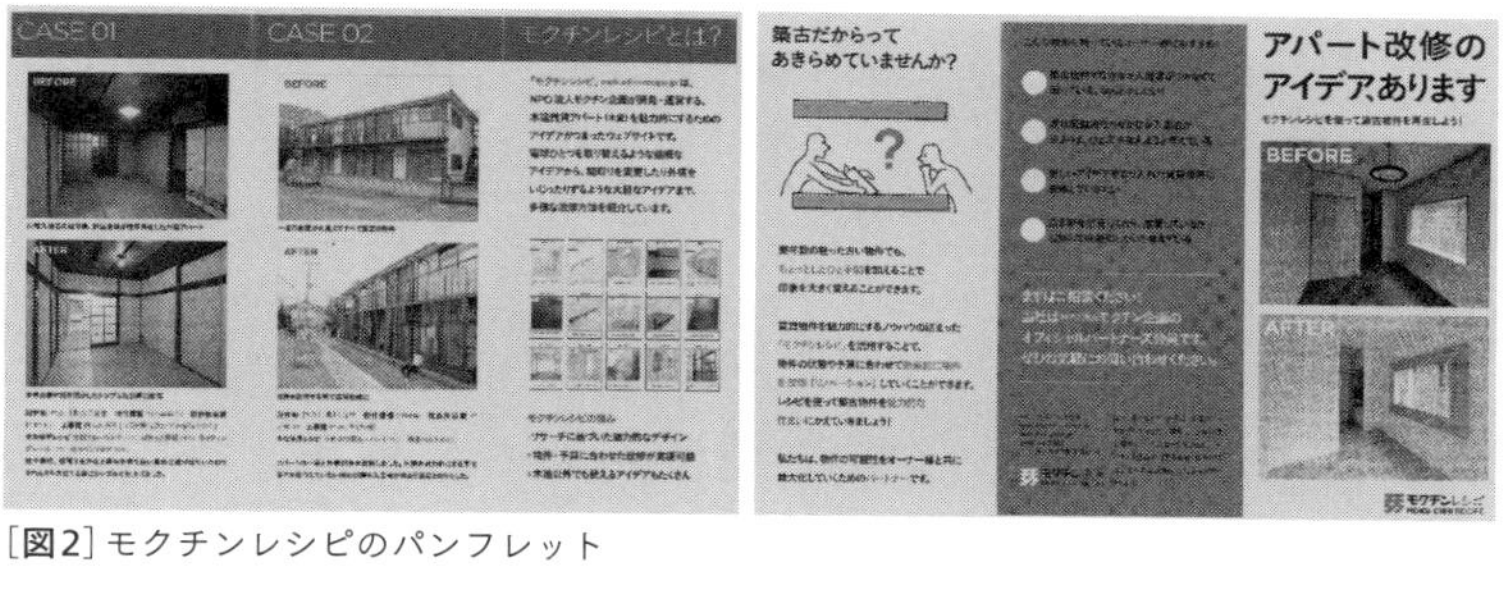

［図2］モクチンレシピのパンフレット

モクチンレシピは、C・アレグザンダーの「パタン」といっていい。そして、レシピ同士の取合せ（関連性）もあわせて示される点で「カスケード」が意識されている［図2］。問題はその使い方である。「モクチン企画」の仕事は、モクチンレシピの開発ということになるが、その具体的中身は何か、である。

トダ－ピース＝モクチンパートナーズ

平和建設は、戸田公園（埼玉県）の駅前で不動産業を営む。約六〇〇戸の不動産を管理するという。見せて頂いたのはいずれも戸建住宅である。川邊政明社長は、「モクチン企画」のモクチンレシピを知ってすぐに飛びついたという。空き家対策は、大家にとって、駅前（地域）の不動産屋にとって日々の大きな問題だからである。

レシピとして専ら使われているのは、「のっぺりフロア」と「ぱきっと真壁」そして「まるっとホワイト」「チーム銀色」のようである［図3］。平和建設が手掛けたリフォームのビフォー、アフターをいくつかスライドで見せてもらったが、マンションもプレファブ住宅も手掛ける［図4］。インテリアは白に仕上げるのが基調であった。レシピにも「ホワイトニング」「チーム銀色」のように白、シルバーといった色に関わるレシピが少なくない。一旦、骨組みに戻してリノベー

［図3］モクチンレシピの活用例（右２点）
上｜のっぺりフロア
下｜ぱきっと真壁
［図4］平和建設が手掛けたリフォーム（左２点）
上｜before、下｜after

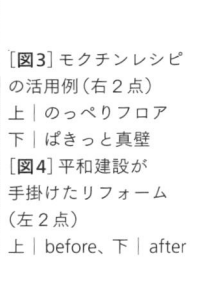

窓からデッキ [MKD]　木肌美人 [KHB]　風の通り窓 [KTM]　木貫ナンバーズ [MCN]　砂利敷き [JAJ]　はしご棚 [HST]　おかえり照明 [OSH]　あかるいユニットバス [AUB]　黒光りフロア

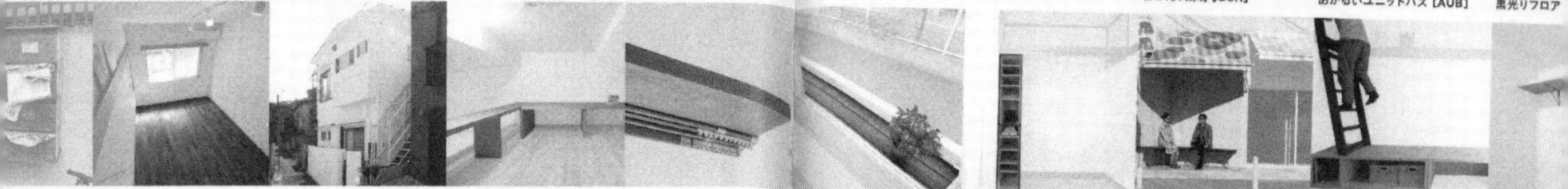

P]　無垢フローリング [MFL]　ホワイトニング [WHT]　ロフトカウンター [LOC]　カーテンシェルフ [CUS]　ミニミニウッドデッキ [MMW]　押入れ組み替え棚 [OKT]　L字耐震壁 [LTH]　フロアボックス [FLB]　かゆいとろこ

O]　ぱきっと真壁 [PKS]　井戸端デッキ [IBD]　目隠しルーバー [MKL]　ゆるやガーデン [YRG]　きっかけ長押 [KKN]　自由の壁 [JYK]　縁側ベルト [EGB]　ポツ窓ルーバー [PML]　チーム銀色 [T

K]　広がり建具 [HGT]　押入れ居室仕上げ [OKS]　くりぬき土間 [KND]　凹み壁 [KBK]　まどボックス [MDB]　さわやか銀塗装 [SGT]　浮き収納 [UKS]　ねじこみボックス [NKB]　まるっとペイント

NPF]　額縁ウィンドウ [GBW]　ゆるやカーテン [YRC]　まるっとホワイト [MWH]　立体天井 [RTT]　メリハリ真壁大壁 [MSO]　ざっくりフロア [ZKF]　横幅いっぱいミラー [YIM]　スッキリ敷地境界 [SSK]　味のある壁 [AA

ションをするということではない。借り手と借り手の間にお色直しが可能なレシピが基本である［図5］。三ヵ月あるいは半年も借り手がつかない場合、大家にリフォームを勧める。

川邊政明は、「トダ_ピース」というネットワークを仮構する［図6］。スローガンは「『空き箱』を『宝の箱』へ」、空き部屋、空き家に、新しい価値を生み出し、住みたい部屋、魅力的な戸田の街をつくる、人と建物と街の平和で良好な関係（PEACE）をつなぎ合わせて（PIECE）いくのだという。そして、そのネットワークは実体化しつつある。レシピは確実に機能している。少なくとも不動産の需要には応えている。かつて大野勝彦が構想した地域住宅工房のような街の核となるコーディネーターの役割を、ポスト・スクラップ・アンド・ビルド時代の現在、地域の不動産屋が果たす可能性がある。「モクチン企画」は現在二一のモクチンパートナーズの年会費とレシピの閲覧料によって支えられている。

ソーシャルスタートアップ

「モクチン企画」は、建築家個人の名前をブランドとするアトリエ系事務所でもなければ、組織設計事務所でもない。「ソーシャルスタートアップ▼6としての建築組織」という。「スタートアップ」とは、「明確な目的やビジョンを持って事業に取り組み、ミッションを達成するために短期間のうちに組織をつくり成長する一攫千金を狙った組織形態」である。「モクチン企画」が社会的なニーズ、少なくとも地域の不動産業の空き家対策と

［図5］「モクチンレシピ」パンフレット（前頁）
［図6］トダ_ピースのパンフレット

いったニーズに応えていることは各地のパートナーズが実証している。

岡部友彦（進撃の建築家⑲）の「寄せ場」での取り組みを思い起こすが、「ソーシャル・ファイナンスト・デザイン」とは違う。実に挑戦的なのは、「モクチンレシピのユニークな点は、今までの『まちづくり』というキーワードから想像される合意形成やワークショップというものとは違ったかたちで環境を改変していけるところです。関係者全員で話し合ったり、協議したりする必要はなく、一人ひとりの家主や不動産管理会社の担当者が家賃収入を向上させるためにレシピを使えばよいのです」「一つひとつのアイディアの中にモクチン企画が大切にしているまちや建物に対する思いが込められているので、結果的にレシピの適用によっていくという無意識の良質なサイクルが生まれることです」という宣言？である。レシピに込められている「思い」とは何か。この「思い」はどこまでの射程を持っているのか。近代建築計画学の標準設計や標準仕様、住宅メーカーの顧客対応のシステム、あるいは住宅部品や住宅建材のオープンシステムと個別設計をめぐる歴史的基本的問題がここにある。『モクチンメソッド』は、最後に、まちへの展開を示唆する。その担い手は誰なのか、そしてレシピにまちづくりへつながる契機が含まれているか、それが問題の核心である。「良質」な住ストックの生産流通消費の循環系を構築できるかどうかである。「一攫千金」の夢が叶うことを大いに期待したい。

▼6……投資家の孫泰蔵と社会起業家支援を行うETICが立ち上げた社会起業家向けのプログラムSUSANOOというソーシャルスタートアップのためのアクセラレータプログラム。着実な成長を積み重ねていく組織体は「スモールビジネス」であり、新しいビジネスモデルやサービスの開発によって短期間で急成長を目指す組織体は「スタートアップ」だという（馬場孝明『逆説のスタートアップ思考』中央公論新社、二〇一七）。

図2、5　提供：モクチン企画
図6　提供：平和建設

VIII

「建築」の脱構築

21

403architecture [dajiba]

彌田徹
辻琢磨
橋本健史

すべてはコンテクストである

Σ(ネットワーク∩ネットワーク)へ

彌田 徹 やだ・とおる
建築家
1985年　大分県生まれ
2008年　横浜国立大学建設学科建築学コース卒業
2011年　筑波大学大学院芸術専攻貝島研究室修了
2011年　403architecture [dajiba] 設立
2017年　彌田徹建築事務所設立
現在、静岡理工科大学非常勤講師

辻 琢磨 つじ・たくま
建築家
1986年　静岡県生まれ
2008年　横浜国立大学建設学科建築学コース卒業
2010年　横浜国立大学大学院建築都市スクールY-GSA修了
2011年　403architecture [dajiba] 設立
2017年　辻琢磨建築企画事務所設立
現在、渡辺隆建築設計事務所非常勤職員、
滋賀県立大学、大阪市立大学非常勤講師

橋本健史 はしもと・たけし
建築家
1984年　兵庫県生まれ
2005年　国立明石工業高等専門学校建築学科卒業
2008年　横浜国立大学建設学科建築学コース卒業
2010年　横浜国立大学大学院建築都市スクールY-GSA修了
2011年　403architecture [dajiba] 設立
2017年　橋本健史建築設計事務所設立
現在、名城大学非常勤講師

403architecture [dajiba]
2011年に彌田徹、辻琢磨、橋本健史によって設立された建築設計事務所。
静岡県浜松市を拠点として活動している。
●**主な作品**｜「海老塚の段差」2011、「富塚の天井」2012、「代々木の見込」2015
●**著書**｜『建築で思考し、都市でつくる　FEEDBACK』(LIXIL出版、2017)
●**寄稿書籍**｜『3.11以後の建築：社会と建築家の新しい関係』(共著、学芸出版社、2014)、
『en［縁］：アート・オブ・ネクサス』(共著、TOTO出版、2016)
●**受賞**｜第30回吉岡賞(2014)、ヴェネチア・ビエンナーレ国際建築展審査員特別表彰(2016)

403architecture [dajiba]（以下403）、この横文字だけの集団名「ダジバ」には、何か挑戦的な響きがある。しかし、403はY-GSA（横浜国立大学大学院建築都市スクール）の部屋の番号、dajibaは、すなわち、彌田徹のda、辻琢磨のji、橋本健史のba（通称・橋《ばし》）という。▼1 403号室を共有していた同級生六人がグループをつくったのが始まりで、「ヨコハマアパートメント」（西田司＋中川エリカ設計）の展覧会設営がきっかけとなり、最終的には「浜松建築会議」（二〇一〇—一一）を契機として設立されたのだという。

辻琢磨に初めて会ったのも「談話室」（滋賀県立大学）の講演会である。「presentnessについて——独立後の八〇〇日間で私が学んできたこと」と題する講演は、学生時代から考え続けてきたことを真摯に振り返るものであった。▼2 403は、翌年、「富塚の天井（006）」（数字はプロジェクト・ナンバー、以下同様）で第三〇回吉岡賞（二〇一四）を受賞する。ウェブ版『建築討論』の作品小委員会（川井操主査）は403を最初に取り上げた。▼3 そして、これまでの仕事をまとめる『建築で思考し、都市でつくる』（LIXIL出版）が上梓された。

▼1……象設計集団はもともとTHO（T＝富田玲子、H＝樋口裕康、O＝大竹康一）であったことを思い出す。

▼2……二〇一三・七・一八。講演とやり取りは『雑口罵乱』8（Dan-washitsu、二〇一五・六）に収録。

▼3……403architecture [dajiba] 掲載にあたって／作品解説「渥美の床」「三展の格子」「板屋町の壁紙」／座談会「限定」がひらく複合性——403architecture [dajiba] の作品とそのコンテクスト（辻琢磨・山道拓人・千葉元生・市川紘司・川井操・石榑督和・戸田穣）／作品評論1「よそもの」としての建築（市川紘司）／作品評論2コンテクストと構造（戸田穣）。

▼4……横浜国立大学学部時代の同級生の建築評論家市川紘司は、辻琢磨が、いつの頃からか「実感」という言葉を使いだしたことを覚えている、という（「『よそもの』としての建築」『建築討論』05号）。

▼5……建築生産、建築パース、

Y‐GSA＋3・11

辻琢磨がしきりに使ったのは「実感」という言葉である。▼4 学生時代は、自分が使う言葉に「実感」がなく、設計の課題にうまく答えられなかった、展覧会のインスタレーションを自分たちで施工することによって職人仕事を「実感」し、「現在建築史研究会▼5」を通じて現在から建築の歴史を「実感」することによって、建築活動を始めることができた、という。「雛芥子」の学生時代も同じようだった。▼6 さらに、東日本大震災に大きなインパクトを受けて活動を開始したということにも共感を覚える。「雛芥子」には具体的に建築を学ぶ「三里塚」というフィールドがあった。

Y‐GSAは、「建築をつくることは未来をつくることである」をスローガンに掲げる。403は第二期生である。**山本理顕**（建築少年Ⅳ）以下、**北山恒**、**飯田善彦**、**西沢立衛**など錚々たる教授陣に、激しくアジられたのだと思う。僕は、東洋大学で山本理顕と一緒に設計製図を担当したからよくわかる。橋本健史もまた、打倒山本理顕！を目指してY‐GSAに進んだ。▼7 山本理顕のいう「リアリティ」がわからない。だから、自分たちなりにリアリティを獲得するために「実際につくる」目的で403を立ち上げた、そして、活動を続ければ続けるほど、Y‐GSAの教えを愚直に実践しているのが403だと思うようになった。実に頼もしい。

脱地域主義の建築、建築雑誌にみる史観史、建築家の全能性と不能性、コンペの社会的変遷、建築家によるワークショップ評価委員会、建築家の作品に見るサクセスストーリーという八つをテーマにしたという。

▼6……小泉和子（家具道具室内史学会会長）の依頼で「日本の箪笥展」の会場設計をして自ら施工したし、同時代建築研究会や講演会などを開催しながら考えたのである（布野修司インタビュー「戦後日本と世界の往還」）。

▼7……UNICORN（円錐会・二〇〇一年に発足した横浜国立大学建築学教室の設計・意匠系有志OBを中心とするメンバーで構成されたOB会）SUPPORT interview #034 403architecture [dajiba] 二〇一五・一一・二。明石高専から学士入学した橋本健史の場合、建築の基礎は既にある程度身につけていたと思う。

渥美マンション

新幹線浜松駅から４０３発祥（起源）の地である渥美マンション［図2］まで、歩いてすぐである。スタッフは、神戸芸術工科大学大学院出身の西田沙妃と、浜松出身で滋賀育ちの武蔵野美術大学大学院新卒の出路優亮の二人である。彦根の「須越の架構（045）」［図1］

上右から時計回りに、
［図1］須越の架構（045）
［図2］渥美の個室（010）
（403architecture [dajiba]の事務所）
［図3］渥美の床（002）
［図4］鍵屋ビル
［図5］鍵屋の中庇（042）
［図6］鍵屋の敷地（022）
［図7］渥美の扉（021）
［図8］西の京の工場（050）

や京都の「西の京の工場(050)」[図8]など二〇分の一の模型で一杯であった事務所から403ツアーに出掛けた。処女作とされる、天井材を床材に転化した「渥美の床(002)」[図3]の他、折り紙を格子の枠に挟み込んだ「渥美の扉(021)」[図7]、鍵屋ビル[図4]の一〇センチ角のタイルの面積を月一〇〇円で貸し出す仕組みを組み込んだ「鍵屋の敷地(022)」[図6]、庇で光の微妙な移ろいを演出した「鍵屋の中庇(042)」[図5]、ユニークな美容室の「三展の格子(003)」[図9]、そして廃材を縦に並べて壁にした「頭陀寺の壁(004)」[図10]、そして、「東貝塚の納戸(043)」[図11]が印象に残った。

403の仕事は、浜松の中心市街地から次第に周辺(磐田、名古屋、滋賀、京都)に、そしてさらに東京圏、海外(ヴェネチア)へ拡がりつつある。日本神話所縁の地、出身地の九州から出雲を駆け抜けて東京へ、さらに世界へ飛び立っていった菊竹清訓の軌跡は鮮やかであった。あるいは、**象設計集団**(建築少年Ⅶ)が沖縄という辺境を出発点として、地域から

[図9] 三展の格子(004)

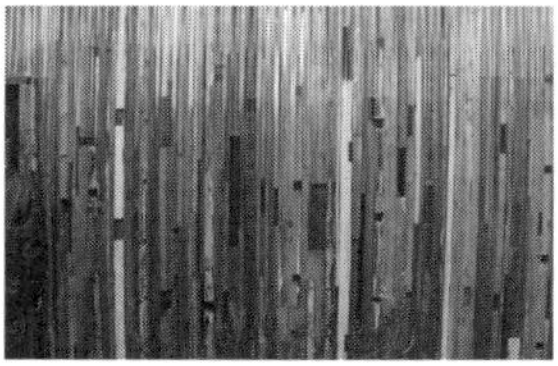

[図10] 頭陀寺の壁(004)

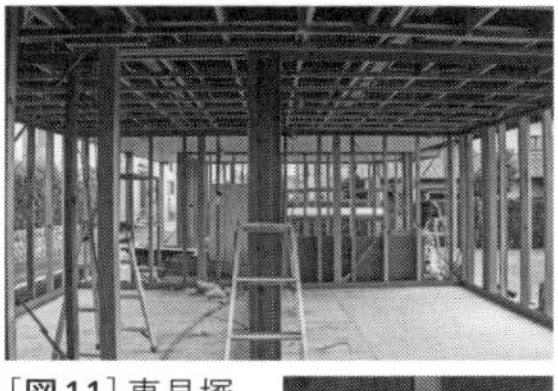

[図11] 東貝塚の納戸(043)

中央を包囲する構えのもとに各地に象設計集団を配置し、最終的には台湾と帯広に拠点を移したことが思い浮かぶ。403の戦略は何か。

Projects 50

見学を終えた後、「(五〇のうち)一五プロジェクト見ました。案内した中で最多ですね」と辻琢磨がいうので、一瞬キョトンとした。「渥美の床」、そして「渥美の扉」などは、通常は、建築空間を構成する要素、部位、部品である。鍵屋ビルの各プロジェクトも、店舗や事務所のリノベーションである。「今之裏の門」(032)[図12]は一個の家具(ジャイアント・ファーニチャー)である。依頼された仕事が単位なのである。新築の住宅、一物件の改修、一部屋まるごと改修する仕事が来ないという現実が背景にある。その状況を素直に受け入れて、建築という行為の根源を問い直す。そして、コンベンショナルな建築のつくられ方への疑問を「実感」する。

知り合いの知り合いは知り合いというネットワークに依拠し、顔の見える連帯の中で仕事をしていく可能性、新たな建築都市のプログラムを発見する可能性に期待する、と辻はいう。考えてみれば、建築はもともと数多くの職人たちの仕事から成り立っている。一個の家具であれ、「建築家」の仕事である。403は、そうした原=建築行為(仕事)をプロジェクトと呼んでいるのである。一枚の扉にも創意工夫を試み、ディテールに意を

[図12]今之裏の門(032)

▼8……橋本健史「野生から観測へ」『新建築 住宅特集』二〇一四・一一。

巧む。ひとつひとつのプロジェクトに知とエネルギーと議論を積み重ねながら、403は「建築家」としての力を蓄えてきたように思う。少なくとも、素材やディテール、工法や構造など建築の基本を、身体を介して学んできた。

マテリアルの流動

「すべてはコンテクストである」「マテリアルの流動」「パラレルな可能性」の三つが403のキーコンセプトである(辻琢磨)。「すべてはコンテクストである」とは、建築にとって、あらゆる地域資源、すなわち、人材、空間、素材等々がコンテクストとなるという意味である。言葉を換えれば、あらゆるものを「マテリアル」として扱うことができるということである(橋本健史)。[8]「パラレルな可能性」は、いささかわかりにくいが、「あるものが別のものになるかもしれないという可能性」である(辻琢磨)。3・11直後の「マテリアルバンク」の提案、すなわち、廃屋のような空き物件を、市民が廃材や使われなくなった資材を持ち寄って、ストック場兼工房のようなスペースにする提案がその

［図13］パラレル・マテリアル・スケープ(001)

［図14］Wampler, “All Their Own: People and the Places They Build”
流木で建てたセルフ・ビルドの家

建築イメージである。新浜松駅の近くの広大な空地が403の原＝プロジェクト「パラレル・マテリアル・スケープ」(001)の場所である［図13］。

403の仕事が単なるリノベーションでないことははっきりしている。天井材を床材に使う発想は、素材を適材適所に使う、というのとは違う。また、単純な廃品利用、材料のリサイクルでもない。「マテリアルの流動」とは、マテリアルにまつわる人やその記憶も含めての諸関係のネットワークの流動である。「頭陀寺の壁」はひとつのモデルである。家具職人でもある日内地譲に建築指導を受けたというが、彼は、カフェとともに古い家具、道具、食器、照明器具などを販売するAPARTMENT FURNITUREを経営しながら、リノベーションの仕事も請負う。ネットオークションの時代になって、クライアントが見えなくなったというのが克服すべき課題を暗示する。

「頭陀寺の壁」を見て瞬時に思い出した小屋がある。海岸に流れ着いた木切れを縦に並べて壁にした小さな家である▼9［図14］。廃材を寄せ集めてつくられるセルフビルドによる「バラック」は、なぜか「われわれ」を惹きつける。橋本健史は、セルフビルドは「マテリアル」▼10がすべて地続きで関連していることを理解するための「リサーチ」として機能したというが、単なる「リサーチ」にはとどまらない永遠の建築を希求したA・ヒトラー(A・シュペアー)の廃墟価値の理論について考えたことがある▼11。そこで次のように書いた。

▼9……J. Wanpler, “All their own People and the Places They Build”(『群居』2号「特集 セルフ・ビルドの世界」一九八三・七)。

▼10……橋本のいうマテリアルとは「廃材や余剰材といった物質的な材料だけではなく、構法的な知恵、慣習的な空間構成、標準的な仕様、あるいは個別的な周辺の状況や、もう少し広域的な構造、もしくはいわゆる建築設計・施工に一般的には関係しない人材など、ありとあらゆるもの」である。

▼11……「廃墟とバラック――建築の死と再生」『布野修司建築論集Ⅰ 廃墟とバラック――建築のアジア』(彰国社、一九九八)所収。

バラックは、いってみれば建築の死体である。いったん、死亡宣告を受けて、バラバラに解体された建造物の断片を寄せ集めてそれは作られる。重要なのは、それが死体置き場としての廃墟ではないことである。どんなにみすぼらしいものであろうと、そこでは死体の断片は生き返っているのである。そこには明らかには再生への契機がある。……もちろん、安易な再生の神話を飛翔させてはならない。産業廃棄物のリサイクルといった再生であれば、至るところで行われている。そうした産業的な循環から、最も遠いところで、「建築」の再生は夢みなければならない。

「マテリアルバンク」というのは、そうした再生の場所の構想ではないか。

六つのタグ

六年間の五〇のプロジェクトを振り返る著書は『建築で思考し、都市でつくる』(二〇一七)と題する。全文英訳されており、海外への情報伝達も意識されているけれど、なぜかタイトルが訳されていない。403のいう建築、あるいは建築的思考とは何か。「すべてが建築である」(H・ホライン)というのであればそれでいい。橋本健史はH・ホラインのこの宣言!? に触れて、[12]「建築はすべてである」と入れ替えるのがよい、[13]という。しかし、「建築は」、と主語にすれば、その定義が問われる。「建築で思考し」というと、具体

▼12……「あらゆる事象に建築的なるものを見出し、建築概念を霧散させた、とても強力で、抗し難い魅力の言葉です」という。

▼13……「解体に次ぐ解体の後での微細な差異を競い合うのではなく、かといって『建築』の自己批判のための懺悔としてでもなく、もちろん資本の海をただ乗りこなすのでもなく、前向きに『建築』と向き合うためには」というのが前文である。

的プロジェクトがどう「建築で思考し」たかが問われる。コンベンショナルな建築概念を前提とすれば、403は建てない建築家であるとか、403はひとつの建築全体に関わることを放棄しているとか、403のプロジェクトは、基礎や構造を持たず、壁や柱、天井や梁といった既存の躯体に寄生しているとか、評されることになる（市川紘司）。

彼らは、これまでの仕事を平板に体系化すること、すなわち、単純な階層的なカテゴリーに分類することを拒否し、五〇のプロジェクトを、それぞれが内包する「思考」あるいは「活動」の共通性に着目して、「材料転用」「既存応用」「慣習ずれ」「新旧混成」「等価空間」「単位反復」という六つの「建築行為」（手法、操作）にタグづけしてみせる。そして、橋本健史は、それぞれのタグ項目について、歴史的な建築を振り返ってみせる（「都市からの学びを歴史に見る」）。彼らのいうプロジェクトが無数に重層することによって都市は生きていく。そのプロジェクトは、都市のコンテクストから学び出されたものであるから、長い時間のスパンで見れば、ひとつの部屋、ひとつのビル、そしてひとつの街区が更新されていく原理あるいは遺伝子のようなものになるはずである。▼14 彌田徹は、プロジェクトとタグを基本的には事後に結びつけている、予めあるプロジェクトとタグを関連づけてハンドリングするようでは、タグは何らかの指針を与えてくれるどころか、思考の足《あし》枷《かせ》になるからである（「行き来する思考と実践のかたち」）、という。正解だと思う。

▼14……都市組織論では、ただ漠然と、家具、壁・床・天井、部屋……といったヒエラルキカルな構造を遺伝子、細胞……といった生体組織の構成に準えるにとどまってきたのであるが、403のプロジェクトはそれを大きく肉づけしてくれる。

▼15……二〇一〇年に、藤村龍至、山崎亨、家成俊勝らを呼んで「社会に接続せよ」というテーマでシンポジウムを行い、静岡文化芸術大学の学生たちと一緒に中心市街地の空き室の量を徹底して調べた。また、二〇一一年には「メディアプロジェクト・アンテナ」という「現在から都市や町を実感する」教育実践の中で土地建物の所有関係を徹底的に調べた。都市そして建築へアプローチする上で、徹底的にそのコンテクストを調べるのは基本であり、「われわれ」の都市組織研究の基本でもある。

403＋Assemble

403は、浜松を拠点としている。地方から中央メディアへ発信する姿勢がその出発点にあった。[15] 辻琢磨は「僕が浜松から学んだこと」[16]を冷静に振り返っている。403の活動に対して、地域で仕事をする意味、その根拠、また可能性について議論が展開される。[17] それなりに考え続けてきて、必ずしも確たる展望を見出しているわけではないけれど、403の行方には大いに興味がある。辻琢磨に、海外で仕事をする戦略はないかと聞いたら、ネットワーク(縁)に従って仕事していくだけだ、というのみであったが、その答えを鵜呑みにしたわけではない。403は、この六年、各自の収入を合わせて三分してきたという。このあり方自体興味深い。しかし、三人それぞれ個人事務所を設立することにした。「建築事務所」「建築企画事務所」「建築設計事務所」という名称の違いが興味深いが、403は次の展開を考えている、少なくとも予感していると思う。僕が最も興味を持つのは、辻琢磨とAssembleのアミカ・ダールAmica Dallとの交信である(「建築と都市が続いていくために」)。Assembleについては初めて知った。圧倒的なグローバリゼーションの支配力と偏狭なナショナリズムやリージョナリズムを突破するひとつの方法は、地域を拠点とする濃密なネットワークを、境界を越えて結びつけることである。ネットワークを、数次階層を遡れば、地球上のすべての人と知り合える、そうした時代なのである。

▼16……五十嵐太郎編『地方で建築を仕事にする』学芸出版社、二〇一六。

▼17……「『限定』がひらく複合性とそのコンテクスト――403architecture [dajiba]の作品」(ウェブ版『建築討論』005号)は、東京を拠点とするツバメアーキテクツと浜松を拠点とする403の差異、東京と地方、マジョリティとマイノリティをめぐって議論を展開している。

図13
提供:403 architecture [dajiba]

22

ツバメアーキテクツ

山道拓人
千葉元生
西川日満里
石榑督和

あらゆる場所に巣をつくる
ソーシャル・テクトニクスの構築

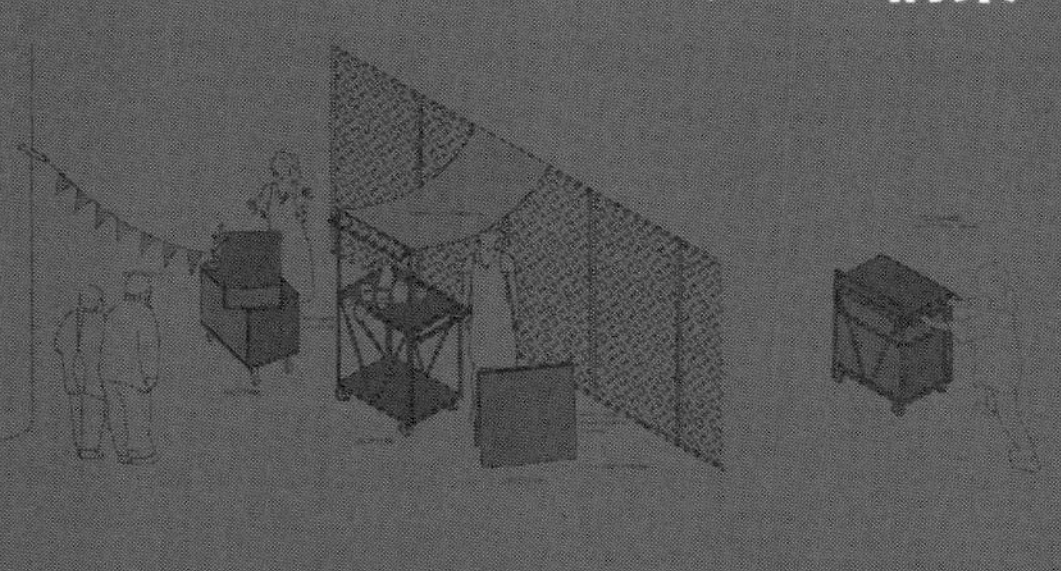

山道拓人 さんどう・たくと

建築家｜1986年東京都生まれ。2009年東京工業大学工学部建築学科卒業。2011年同大学大学院理工学研究科建築学専攻（塚本由晴研究室）修士課程修了。2012年Alejandro Aravena Architects/ELEMENTAL（チリ）勤務。2012－13年Tsukuruba Inc.チーフアーキテクト。2013年ツバメアーキテクツ設立。2018年同大学大学院理工学研究科建築学専攻博士課程単位取得満期退学。江戸東京研究センター客員研究員。法政大学非常勤講師。

千葉元生 ちば・もとお

建築家｜1986年千葉県生まれ。2009年東京工業大学工学部建築学科卒業（坂本一成研究室）。2009－10年スイス連邦工科大学（ETH）。2012年東京工業大学大学院理工学研究科建築学専攻（塚本由晴研究室）修士課程修了。2012－2013年慶應義塾大学システムデザイン工学科ホルヘ・アルマザン研究室臨時職員。2013年ツバメアーキテクツ設立。2015－17年東京理科大学非常勤講師。2019年慶應義塾大学非常勤講師。

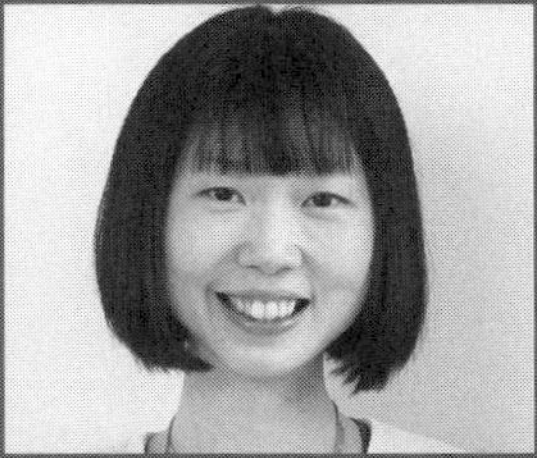

西川日満里 さいかわ・ひまり

建築家｜1986年新潟県生まれ。2009年お茶の水女子大学比較生活文化学講座卒業。2010年早稲田大学芸術学校建築設計科修了。2012年横浜国立大学大学院建築都市スクールY-GSA卒業。2012－13年CAt（シーラカンスアンドアソシエイツ）勤務。2013年ツバメアーキテクツ設立。2017年－ 早稲田大学芸術学校非常勤講師。

石榑督和 いしぐれ・まさかず

建築史家｜1986年岐阜県生まれ。2009年明治大学理工学部建築学科卒業。2011年同大学大学院理工学研究科建築学専攻（青井哲人研究室）博士前期課程修了。2014年同大学大学院理工学研究科建築学専攻博士後期課程修了。博士（工学）。2015－16年同大学理工学部助教。2016年－ ツバメアーキテクツ参画。2017年－ 東京理科大学助教。

●主な作品・プロジェクト｜「天窓の町家」2018、「上池台の住宅」2018、「minä perhonen metsä office ミナペルホネンの通販事業部配送センター兼オフィス」2017、「ツルガソネ保育所＋特養通り抜けプロジェクト」2017、「牛久のおやこ屋根」2017、「部戸の家」2015、「荻窪家族プロジェクト」2015、「朝日新聞社メディアラボ 渋谷オフィス」2014

●著書｜『PUBLIC PRODUCE「公共的空間」をつくる7つの事例』（共著、ユウブックス、2018）、『シェア空間の設計手法』（共著、学芸出版社、2016）

ツバメアーキテクツ（以下ツバメ）の千葉元生とは旧知の間柄である。父親の千葉政継と僕はクラスメイト、雛芥子の仲間なのである。最初に会ったのは北京である。まだ、学部の学生だった。日本建築学会建築計画委員会の「古都の変貌と建築計画」と題する学術研究集会に親子で参加してくれたのである。▼1 次に会ったのは、A-cupの試合会場である。僕は「フノーゲルズ」のキャプテン、元生は、塚本由晴率いる東工大チーム「Bow-Wow Tech」のメンバーであった。

千葉政継は、芦原義信・香山壽夫研究室を出て、村野森建築事務所に長らく勤めた。「箱根プリンスホテル」など村野作品をよく案内してもらった。その後独立、宮城大学で建築教育に携わった。もう時効だから明かすと、村野藤吾のところで建築修業をしながら、頼まれた設計の仕事を相棒として一緒にやった。いわゆる「ウラ事務所」である。きっかけは、夜な夜な泊まり込んで親しくなった東京大学工学部一号館の守衛さんから自宅の設計を頼まれたのである。神楽坂の坂を上がり切ったところにあった木賃アパートを借りて図面を引いた。昼間の建築確認申請とか現場の打合せが僕の役割だった。上尾、荻窪にも住宅を建てた。新井薬師の駅前の事務所に移って給食センターや、宮内康のＡＵＲＡ設計工

▼1……建築計画委員会の委員長として企画開催した。建築計画委員会春季学術研究集会（北京）、「古都の変貌と建築計画」、「北京胡同の保存と再生」呂斌（北京大学 環境学院 都市・地域計画系 教授）他 北京大学、中国建築学会、（二〇〇七・六・一―三）。

▼2……座談会「『限定』がひらく複合性――403architecture [dajiba]の作品とそのコンテクスト」辻琢磨・山道拓人・千葉元生・市川紘司・川井操・石榑督和・戸田穣（『建築討論』005号、二〇一五・七）。

▼3……現在まで三回実施。二回については公表されている。「連続インタビュー01 一九六八―六九年＝東大入学と全共闘運動への共振」「連続インタビュー02 一九六八―六九＝補遺／一九七〇―七二＝雛芥子の胎動」

房と一緒に産直住宅や病院の設計をやった。雛芥子でも親しい仲間が千葉政継である。
ツバメアーキテクツという変な？名前のグループがあることを知ったのは、403 architecture [dajiba]（進撃の建築家㉑）を取り上げた座談会である。▼2 403とツバメが仕事のスタンス、東京と地方、マジョリティとマイノリティ、メディアとの距離などをめぐって、激論!?しているのである。その後、『SD』などのメディアにもツバメの名を見るし、案内をもらった**水谷俊博**（進撃の建築家⑫）が設計した「アーツ前橋」で開催された「ここに棲む——地域社会へのまなざし」展（二〇一五・一〇・九—一六・一・一七）にもツバメが「荻窪家族プロジェクト」[図1]を出展している。

石榑督和と最初に会ったのは、彼がまだ明治大学の青井研究室に在学中の時だった。青井哲人（明治大学教授）と一緒に彦根の滋賀県立大学の研究室をわざわざ訪ねてきてくれた（二〇一〇・三）。青井は、「布野修司の思考と仕事」という「見取図」を持参してきて、連続インタビューをしたいという。結局、それが開始されるのは二〇一六年のことであるが▼3、石榑とは僕の自宅でのインタビューなどで何度か会った。驚いたことに、その石榑がツバメのメンバーとなっていた。

ツバメ

不思議な縁を感じて、四谷の事務所近くの居酒屋で山道拓人、千葉元生、石榑督和の

[図1] 荻窪家族プロジェクト

三人と会った（二〇一七・三・一四）。小泉雅生研究室（首都大学東京）出身で成瀬猪熊建築設計事務所を経てスタッフとなったばかりの岡佑亮も合流した。元生はノートパソコン持参で、事務所設立以来やってきたことを一通り説明してくれたのだけれど、何せ、飲み屋でうるさい。説明▼4に最も力が入った「阿蘇草原情報館」（二〇一五）［図2］が、メッツ研究所との共同設計と聞いて、話は「ウラ事務所」など専ら父親世代の話に堕した。メッツ研究所▼5は、雛芥子の仲間である枝松克己が立ち上げた会社である。一九七七年設立だから四〇余年、この間、千葉政継がいくつか一緒に仕事をしてきたことは聞いていた。ウェブ・サイトを覗くと、この間、専ら阿蘇に関する業務に集中してきたようだ。立ち上げたばかりの事務所にしてはプログラムがしっかりしていると思ったけれど、納得である。

なぜ、ツバメなの？と聞いて、その答えだけは覚えている。ツバメ▼6は、渡り鳥として、縁起がいい鳥で、いろんな家に巣をつくる、そして、壊されない！

［図2］阿蘇草原情報館
上｜南側遠景、下｜オフィス内部

▼4……地域に見られる農事小屋型の建築類型を参照し、「草原学習館」と「草原情報館」の中心に事務所スペースやワークスペースを設ける雁行形式をとったこと、二つの建物の屋根の連なりと外輪山の雄大な山並みの風景との調和を考えたことなど（『KJ』二〇一七・一〇）。

▼5……メッツ研究所は「国内外の都市、地方が抱えている問題について研究・調査し、課題解決に向けた提案、実現に向けた支援を行うコンサルタント会社です。国立公園地域の整備、自然再生事業、里山保全活用、島づくり、移住定住促進、物流・交通などの分野を得意としています」とうたう。

▼6……ツバメは、人が住む環境に巣をつくる習性を持つ。農村では、穀物を食べず害虫を食べてくれる益鳥として、巣や雛を古来大切にしてきた。ツバメの巣のある家は安全であるとされ、人の出入りの多い商家などでは、商売繁盛

の印ともなってきた、という。

通り抜け

その後まもなく、二〇一七年には、『新建築』に「ツルガソネ保育所＋特養通り抜けプロジェクト」（七月号）［図4］、「牛久のおやこ屋根」（一〇月号）［図3］の二作品が掲載され、「ソーシャル・テクトニクス展」（七—九月）を開催、『ＫＪ』誌（一〇月号）には「ツバメ」のこれまでの仕事がまとめられる。

ツルガソネ保育所の設計依頼は、「アーツ前橋」での展覧会がきっかけという。社会福祉法人福祉楽団とアトリエ・ワン（塚本由晴・貝島桃代）が仕事上のつながりがあり、理事長の飯田大輔が「荻窪家族プロジェクト」に興味を持ったのだという。「荻窪家族プロジェクト」は、瑠璃川正子によって構想され、連健夫が設計を手掛けた、地域の人が集う工房やラウンジ、集会室などの共用スペースを持ち、住む人、使う人が一緒につくっていく「地域開放型の賃貸共同住宅」である。建築家連健夫は、モクチン企画**連勇太朗**（**進撃の建築家⑳**）の父である。ツバメアーキテクツの役割は、現場工事と並行してワークショップを開催、小さな公共機能を持つスペースを設計に反映することであった。

内閣府の企業主導型保育事業の一環で、福祉楽団が運営する

［**図3**］牛久のおやこ屋根
上｜外観
下｜こひつじ文庫
（撮影：長谷川健太）
［図2上・3］

特別養護老人ホーム（特養）「杜の家やしお」の職員のための保育所である。「特養」の補修とともに依頼された隣接する敷地に建てられた小さな保育所であるが、山道の現場での説明によれば、テーマは、専ら、裏にある八潮高校へ高校生たちをどう通り抜けさせるか、老人ホームと保育所をどうつなげるか、であった。エントランスにバスケットのミニ・コートを設けた、裏口にはフリー・ワイファイが使えるベンチそして自動販売機を設置した。キーワードは「通り抜け」、敷地の境界を取り払って考える！　である。ただそれだけ？　しかし、そこに突破口がある。

地域に開く

戦後の公共建築の設計計画を主導した吉武（泰水）・鈴木（成文）研究室を出自とする僕には感慨深いものがある。僕が研究室に在籍した一九七〇年代前半に既に縦割りの施設計画への批判は全面的であった。ティームティーチングやノン・グレーディング（無学年制）のオープン・スクールの提案があり、施設用地の不足を背景に施設の複合化が大きな課題として意識されていた。高齢者施設と保育施設を融合せよ！　などと突き上げていたのだけれど、世の中必ずしもそうは動かなかった。しかし今や、待機児童問題を背景に、新たな地域ぐるみの保育のあり方が模索され、実践されつつある。ツバメに求められたのは、まちに開かれた地域ぐるみの保育所であり、高齢者施設である。クライアントの

［図4］ツルガソネ保育所＋特養通り抜けプロジェクト（前頁）

飯田理事長は、「そもそも、地域交流の稀薄化というのは歴史的に見ると、制度によって老人ホームや保育園、学校、病院というように、本来家庭や地域で担ってきた活動を外部化し、サービスとしてきたことに起因するんですよね」という。また、ベーカリーカフェを併設した「まちの保育園・小竹向原」(二〇一一)以降、吉祥寺、六本木、代々木上原に「まちの保育園」を展開する松本理寿輝まちの保育園・こども園代表は「若い子育て世代のコミュニティと高齢者世代のコミュニティを橋渡しすることができたら、街全体がネットワークできるのではないかと気づいたんです」という。▼7 施設《インスティチューション》=制度に対する根源レベルでの批判である。ツバメは、実に頼もしく「我々はこうした(既存のインスティチューションと社会が大きくズレている)状況にこそ建築の可能性を感じ、実践によって制度や枠組みを替えていく可能性があると確信している」と言い切る(『KJ』二〇一七・一〇)。

日本列島の至るところで地域コミュニティそのものの衰退がある。ひとつの閉じた敷地でのみ建築を考えるわけにはいかない。だから、すべてのプロジェクトについて周辺を含んで提案するのだという。「牛久のおやこ屋根」は、住宅+医院であるが、まちに開かれた図書室(こひつじ文庫)を併設する。ユニークにもプライベートなコンペによって選ばれたというけれど、まちに開くというのはクライアントの要望でもあった。写真で見る限り、水準の高い空間が実現しているように思える。

▼7……ツバメアーキテクツ(山道・千葉)は、作品発表に合わせて、飯田大輔福祉楽団理事長と松本理寿輝まちの保育園・こども園代表にインタビューしている(特集「まちのインフラとしての保育施設」『新建築』二〇一七・七)。

ツバメは二〇一三年に三人で立ち上げた。山道、千葉は坂本・塚本研究室の同級生、西川日満里は、Y-GSA出身でCAtを経て設立メンバーになる。三人とも一九八六年生まれである。二〇一六年に加わった石榑督和も同い年である。建築学会の論文発表会で知り合ったという。小さなアトリエだけれど、当初(二〇一四)から「空間の設計をする『Design』と空間が成立する前の枠組みや完成後の使い方を思考し、研究開発やまちづくりを行う『Lab』の二部門からなる組織」を基本方針とする。石榑は、第一回のツバメゼミで「インフォーマル――かたい都市とやわらかい都市」(二〇一六・一・一五)と題して報告している。第二回は千葉元生の「Autonomy of Architecture」(二〇一六・三・三一)である。大学の研究室の延長の雰囲気がある。

石榑督和の学位論文、そしてそれをもとにした『戦後東京と闇市――新宿・池袋・渋谷の形成過程と都市組織』は一級の仕事である。[8]今のところ、大学に籍を置きながらの研究担当という。千葉元生の「建築の自律性」をめぐる議論は極めてポレミカルである。インターン生だった泊絢香(当時明治大学大学院)のレポートによれば、「建築の自律性とは、設計者の意思とは関係なく、自分が決定するよりも前に既にあるもの」であり、「周辺の建築類型や町並みを参照し、現代の環境に合わせて変形する設計手法」がテーマとなる。建築類型と建築の自律性、町並みと変形、どういう設計方法が組み立てられるのか。現

▼8……布野修司「東京:祭師と開発業者たちのパラダイス?」(書評/石榑督和『戦後東京と闇市――新宿・池袋・渋谷の形成過程と都市組織』鹿島出版会、二〇一六)『建築討論』010号。

在、アソシエーツになった日本大学理工学部出身の川田実可子もかつてはインターンである。とにかく日常的な議論があるのはいい。われわれの時代には、徒弟修業と称する無償のただ働き、アルバイト費を浮かすためのオープンデスクが少なくなかった。しかし、ツバメのLabは、研究開発を企業とも連携して行うもっと積極的に位置づけられた部門でもある。

家具

山道拓人、千葉元生には、東工大の塚本由晴研究室で「環境エネルギーイノベーション棟」の基本設計、実施設計、設計監理にたずさわった経験がある。そして、立ち上がりにおいて「阿蘇草原情報館」を設計する機会に恵まれている。しかし、舞い込んできたのは「旬八青果店」(二〇一三)[図5]、「高島平の寄合所/居酒屋」(二〇一四)[図6]などいわゆる小さなプロジェクトである。インテリアやリノベーションの仕事が多いのは、若い建築家には共通である。時代が、日本の社会がそれを要求しているのである。

ツバメの仕事のひとつの方向は、八百屋にしろ、居酒屋にしろ、賃貸集合住宅にしろ、保育園にしろ、医院にしろ、街に開いていく、地域社会との接点を可能な限り拡大して

[図5] 旬八青果店(上)
[図6] 高島平の寄合所/居酒屋(下)

いくことである。そして、もうひとつ興味深いのは、家具への着目である。「KINOKO」と名づける「小径木広葉樹を活用した家具」［図7］、「マイパブリック屋台」と名づける「マトリョーシカ」型の移動家具［図8］、「しかく」と「まる」という「居場所をつくる」家具［図9］など、楽しそうな家具をいくつか製作している。**石山修武**（建築少年V）のダムダン空間工作所がツーバイフォー材で遊具などをつくってダイレクト・ディーリングを試みていたことを思い出す。今のところどのような展開を構想しているのか、商品化を考えているのかどうかは不明であるが、第一の方向へ統合していくことが当然考えられる。すなわち、建築を地域に開き、地域を建築に取り込む家具、装置、仕掛けの開発である。巨大な倉庫をシェルターとして、家具を設えて街をつくる「Make Alternative Space」展にはそんな戦略をうかがうことができる。

ソーシャル・テクトニクス

ツバメは、「ソーシャル・テクトニクス（社会的構法）の建築」と呼ぶ新しい建築実践の方法論を提示しようとしている。「人々」＝施主・利用者・地域の住人、異なる世代など、なるべく多くの人が関われる可能性に開かれていること、「資源」＝タイポロジー、風景、材料、

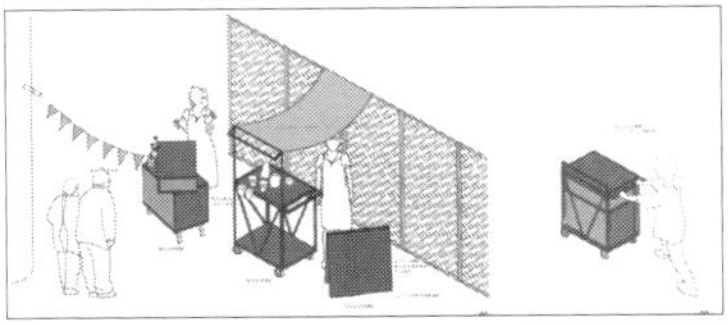

［図7］小径木広葉樹を活用した家具（上）
［図8］マイパブリック屋台（中）
［図9］「まる」と「しかく」（下）
（撮影：安川千秋［図6］、長谷川健太［図9］）

伝統技術、地域資源を発見し関係性に組み込むこと、材料や伝統技術とともに、建築類型やランドスケープなど空間的な資源にも着目しその知性を引き継ぐこと、「時間」＝短期的な可変性・中期的な更新可能性・長期的な持続性・歴史との接続、「領域」＝建物境界の拡張・敷地境界の拡張、という四つのベクトルを、その場所ごとに相応しいあり方で均衡させ、結び合わせるという（『ＫＪ』二〇一七・一〇）。方法というより方針である。403であれば「すべてはコンテクストである」といい、人材、空間、素材を含めて地域資源として「マテリアルの流動」というところである。要するに「場所ごとに相応しいあり方で均衡させ、結び合わせる」方法が問題となる。

テクトニクスとはラテン語で「建築物」のことであり、通常地質学で岩盤、プレートテクトニクスのように用いられるから、ソーシャル・テクトニクス理論、すなわち、社会の基盤となる建築物群をつくる方法が問題である。構法というのだから、建築構法も含みこんだ理論が欲しい。N・J・ハブラーケンの都市組織論[9]が思い浮かぶ。都市型の建築類型とその集合が織りなす近隣組織、街区組織のモデルが組み立てられる必要がある、などというと、オールド・パラダイムといわれるだろうか。いずれにせよ、ひとつひとつの実践で示していく、それがモデルになることを目指すということであろう。高齢者施設、保育所そして高校を連結する「ツルガソネ保育所＋特養通り抜けプロジェクト」が既にそのモデルになっている。

明快で迫力あるのは「建物や敷地境界といった物理的な境界を越境していく」という

▼9……N. J. Habraken (1998), "The Structure of the Ordinary", Cambridge, London, MIT Pressなど。

指針である。そして、建築を地域に開き、地域を建築に取り込む装置への着目がある。シェルターと構法の理論をそれに統合化していく方向は見えているように思える。しかし、それをどう現実化していくかについては、乗り越えるべき壁はある。

西川氏ポートレイト(255頁)、図1、2下、5、7、8
提供:ツバメアーキテクツ

23

香月真大

頑張れ！ ケンチク・ボーイズ

キュレーショナル・アーキテクトを目指して

香月真大 かつき・まさひろ

キュレーショナル・アーキテクト｜SIA一級建築士事務所｜杉並のまちなみを作る会主催

1984年　東京都生まれ
2007年　法政大学工学部建築学科卒業（安藤直見研究室）
2011年　早稲田大学大学院創造理工学研究科修士課程（石山修武研究室）修了
2011年　ハウスラボ、ミサワホームに勤務
2013年　SIA（second international architecture）設立
2018年　杉並のまちなみを作る会（建築展・まちづくり・ワークショップ）設立

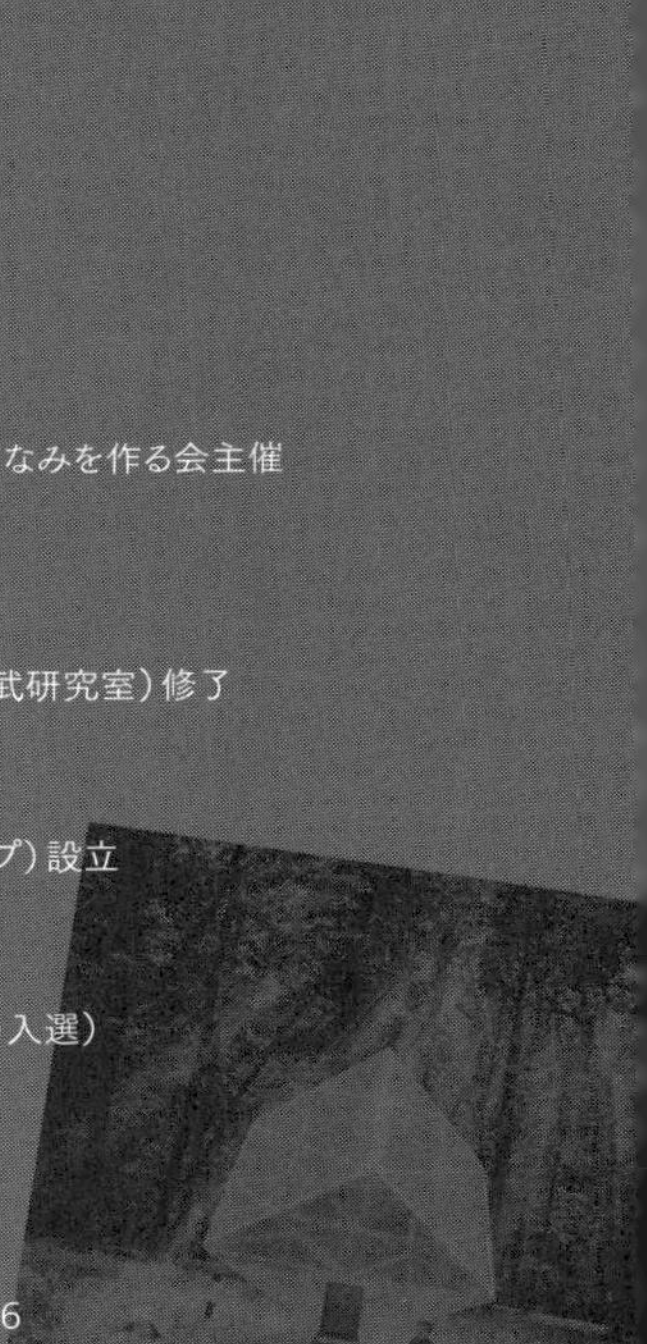

●主な作品
「カニバニスム・西葛西集合住宅再生計画」2010（SDレビュー 2010入選）
「華月、鎌倉」2016
「WAKABACHO WHARF」2017（鈴木哲郎・荻原雅史と協働）
「波動の家、淀川十三」2018－19

●展覧会活動
「Across the Territory of Architecture ～建築の領域を超えて」2016
「Architect of Dream 建築家が描く夢展」2017
「The think of locality and life 地域と生活を考える展」2018
「Architects Exhibition in Harmonica Alley ハモニカ横丁に集まる建築家展」2018
「Architecture exhibition of Suginami 杉並建築展」2019（杉並区後援）
「Architecture exhibition of Hosei 法政大学建築展」2019（OB・在校生・関係者一同）

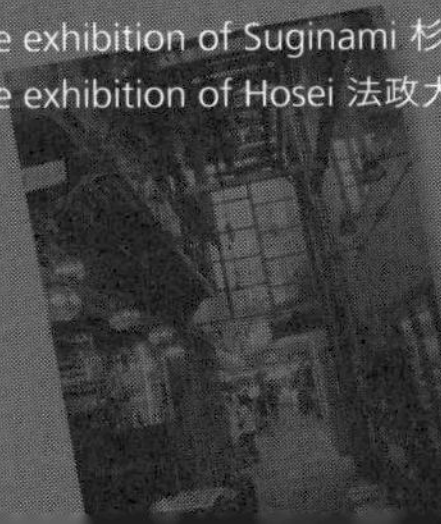

香月真大を初めて知ったのは、日本建築学会のウェブ版『建築討論』(二〇一四年四月創刊)である。僕は立ち上げから二期四年編集長(二〇一三―一六)を務めたが、当初は、会員から作品の応募を求め、それを批評するというのが方針であった。紙媒体の「建築雑誌」が次々に廃刊し、建築作品を議論する場所が少なくなったことが背景にある。SNSを通じて自由に建築情報を得ることができ、情報の発信も容易になったけれど、「いい」「悪い」「好き」「嫌い」のレベルを超えない一四〇字程度のコメントでは批評にはならないのではないか、少なくとも、議論を記録(アーカイブ)していくメディアが必要ではないかというのが創刊主旨である。

学会という場が敷居を高くしたかもしれない、当初はほとんどアプローチがなかった。そうしたなかで、002号(二〇一四・九)に「One Month House」と「柔らかい石――東北気仙沼葦の芽幼稚園遊具設営計画」という二つの作品を応募してくれたのが香月真大である。その後も続けて、「オフィスのスキマ――Share Deskを利用した空きオフィスからコワーキングスペースへの転用術」(006号、二〇一五・一〇)、さらに、意欲的な若手建築家たちが参加する建築展(「Across the Territory of Architecture――建築の領域を超えて」)のキュレーション「地域から始まる建築」(009号、二〇一六秋)を投稿してくれた。とにかく顔が広い。

ハモニカ横丁

香月真大は、高円寺で生まれ育った。中央線沿線を生活圏としてきた東京っ子である。その建築ネットワークの拠点が吉祥寺のハモニカ横丁であることはすぐにわかった。いつのまにか飲み会やイベントの案内が送られてくるようになったからである。初めて会ったのは、松永安光に『建築討論』の原稿依頼に行った折にであった(二〇一五・一二・一八)。早速、隈研吾(「焼鳥屋てっちゃん」二〇〇六[**図1**])そして塚本由晴(「エプロン」二〇一二、「最小限美術館」二〇一七[**図2**])が手掛けた店があり、様々な若い建築家が出入りしているハモニカ横丁[**図3**]に出掛け、香月のホームグラウンド「モスクワ」で楽しい時を過ごした。かつて、『建築文化』(彰国社)の編集者、野崎正之に連れられて、若き日の**伊東豊雄**(**建築少年III**)や**石山修武**(**建築少年V**)らと夜な夜な飲み歩き、カラオケを歌っていた新宿三丁目の「偽夜蛮《ギャバン》」や「池林房《ちりんぼう》」(太田篤哉)などを想い起こしたのであるが、このハモニカ横丁には仕掛け人がいる。

『戦後東京と闇市』(二〇一六)を書いた石榑督和と青井哲人らとハモニカ横丁を訪れた時に偶然出会った、のだけれど(二〇一六・四・九)、手塚一郎がその人で、『吉祥寺ハモニカ横丁のつくり方』(二〇一六、彰国社)[**図4**]に、その経緯とその理念「総合芸術としてのハモ

右から、
[**図1**]焼鳥屋てっちゃん
[**図2**]最小限美術館
[**図3**]ハモニカ横丁

ニカ横丁」が語られている。編者の倉方俊輔は吉祥寺で育ったのだという。美術を専攻し、「ビデオインフォメーションセンター（ＶＩＣ）」を設立し、唐十郎の舞台を撮影したりしていた手塚が、飲食店経営を始めるのは一九九八年、そしてネットワーク展開するきっかけになったのは「ハモニカキッチン新店」（二〇〇〇、設計＝形見一郎）である。今や、ハモニカ横丁に一二店舗、さらに三鷹、下北沢にも店舗展開する。「ハモニカ横丁ミタカ」（二〇一三）を設計したのは原田真宏（マウントフジアーキテクツスタジオ）である。スタッフだった葛西慎平（滋賀県立大布野研究室、後に東大生研太田浩史研究室）が三鷹にも「ハモニカ横丁」あります、うちで設計しましたといっていたけれど、世の中狭い。狭いといえば、この本にも登場する三浦展とは、まだ、パルコ、『アクロス』に携わっていた時代だったと思うが、多摩ニュータウンの行く末をめぐってシンポジウムで一緒だったことがある。その後、『下流社会』の大ブレーク、陣内秀信との共同作業など、その仕事を心強く思ってきた。

吉祥寺建築会

『建築討論』に投稿がほしいから、若い建築家を紹介してほしいというと、「吉祥寺建築会」の呑み会をセットしてくれた。集まった連中は実に多士済々であった。出身研究室を聞くと、大抵はつながっていて話はつきない。そもそも、東洋大の布野研出身の長谷部勉が香月と既につながっていた。手塚一郎に屋台の設計を依頼されたという、伊藤

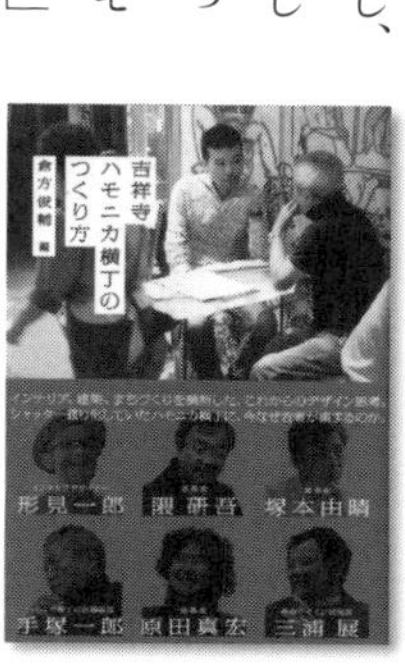

［図4］『吉祥寺ハモニカ横丁のつくり方』

▼1……建築ジャーナリスト。シネクティックス主宰。東京外国語大学フランス語学科卒、海外の建築家や建築機関などとの密接な情報交換により、海外建築関係の雑誌や書籍の企画・編集・出版、イベ

孝仁、冨永美保のY-GSA出身のコンビ（tomito architecture）は、わざわざ模型を持参、ご意見を！とくる、なんで？というと、布野は屋台の専門家でしょ！といった調子である。全貌は未だ不明であるが、どうやら、黒幕？は淵上正幸▼1である。隈研吾を手塚一郎に紹介したのは淵上という。『立原道造の見た夢』（鹿島出版会、二〇一六）を書いた種田元晴によると、吉祥寺建築会は、淵上、種田、香月の三人で始めたという。種田、香月は法政大学の安藤直見研究室の先輩後輩である。前述の『建築討論』応募作品の建築展に参加したメンバーは、Eureka（稲垣淳哉、佐野哲史、永井拓生）、高栄智史、永山祐子、小見山陽介、荻原雅史、小堀哲夫、香月真大、渡邊詞男、上原和、長谷部勉、長谷川欣則、印牧洋介、神本豊秋、山本悠介である。永山祐子、Eurekaは既にいくつかの賞の受賞で知られるし、小堀哲夫は、「ROKI Global Innovation Center —— ROGIC」で二〇一七年日本建築学会賞（作品）、種田は、立原道造関連論文で、二〇一七年日本建築学会奨励賞、久保英明は「まるほん旅館風呂小屋」で、AR Award（二〇一六）に続いて、二〇一七年作品選集新人賞をそれぞれ受賞する。大変なタレント集団である。少なくとも、大きな可能性を秘めたグループである。

香月は、移動式茶室で、トレーラーで運ぶことが可能で、組み立てによって様々なタイプの茶室空間をつくりだす「鎌倉山の茶室」［図5］を出展し、展覧会の趣旨について「僕は杉並区高円寺に在住して二〇年……家業が高円寺で不動産屋をやっているので、地元で建売住宅を手掛けることが多いのですが、ほとんどの不動産屋や地元の人たちは建築

ント、建築家とのコーディネーション、取材、海外建築ツアーの講師などを手掛ける。著書に『世界の建築家——思想と作品』（彰国社、一九九六）『もっと知りたい建築家』（二〇〇二）、『ヨーロッパ建築案内1〜3』（一九九八〜二〇〇一）、『アメリカ建築案内1・2』（二〇〇五・〇六、以上TOTO出版）、『建築家をめざして』（日刊建設通信新聞社、二〇〇八）など。

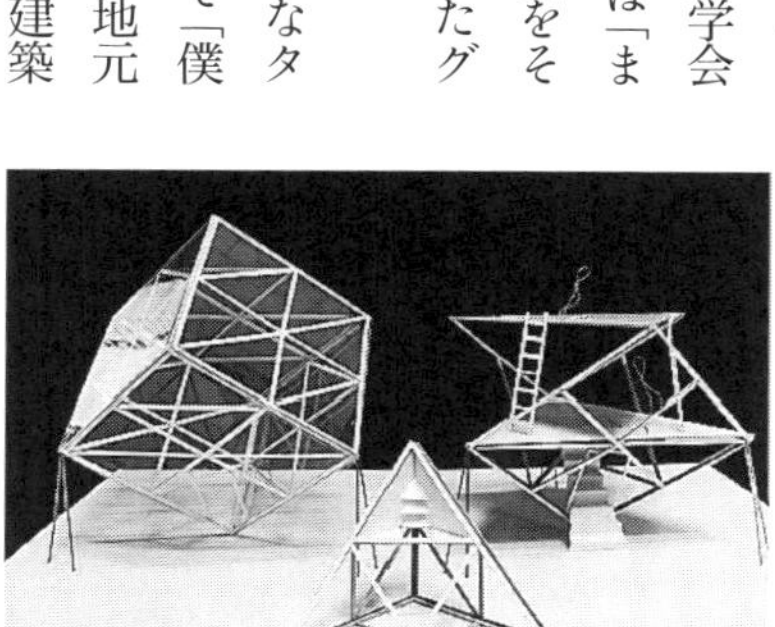
［図5］鎌倉山の茶室

家に発注することはない現状があります。……今回の建築展は地元の建築家と地元のおっちゃんやおばちゃん、商店街の人たちをつなげるという意味を持って開催したものです」という。香月のこの地元意識と淵上のグローバルな建築情報ネットワークが重層するのが吉祥寺建築会である。

すべてのコンペに応募する!

石山修武（建築少年Ⅴ）研究室出身である。卒業論文「フレデリック・キースラー――機械から生なる時代へ」（二〇〇七・三）が石山に評価されたという。森川嘉一郎、馬場正尊、坂口恭平▼2、四方裕、光嶋裕介、**芦澤竜一**（進撃の建築家㉔）……など石山研究室出身のタレントは少なくない。世田谷美術館の展覧会「建築がみる夢――石山修武と一二の物語」設営、「下井草幼稚園改修計画 遊具・樋の設計」「中国葫蘆島 農業都市計画 プロポーザル作成」「音の神殿・サウンドミュージアム（南カリフォルニア）基本設計」「メディアセンター（メキシコ・グアダラハラ）基本設計」「パガンアーティストインレジデンス基本設計」に関わったというが、石山の早稲田大学退職（二〇一四）が近い頃の学生である。厳しかったけれど、東大の鈴木博之の講義に潜り込んで叱られたといった程度で、震え上がるような経験はなかったらしい。

大学院を終えて、MAO上海建築設計有限公司に一年ほど勤めて帰国、父親の会社な

▼2……一九七八年熊本県生まれ。建築家、作家、絵描き、踊り手、歌い手。二〇〇一年早稲田大学建築学科卒。卒業後石山修武研究室世田谷村地下実験工房、果物卸売業遠徳勤務。二〇〇九年坂口恭平研究所開設。著書に『0円ハウス』（二〇〇四）、『TOKYO一坪遺産』（二〇〇九）、『ゼロから始める都市型狩猟採集生活』（二〇一〇）、『独立国家のつくりかた』（二〇一二）、『幻年時代』『モバイルハウス――三万円で家をつくる』『坂口恭平 躁鬱日記』（以上二〇一三）。躁鬱病であることを公言し「自殺者をゼロにする」という目標を掲げ希死念慮に苦しむ人々との対話「新政府いのっちの電話」を続けている。『徘徊タクシー』（二〇一四年第二七回三島由紀夫賞候補）、『FURUMAI』『幸福な絶望』『家族の哲学』（以上二〇一五）、など。

どに籍を置きながら、二〇一三年九月に事務所を立ち上げた。一級建築士の資格を得たのは二〇一五年一二月である。すなわち、建築家として自立していく、その最初からその活動をなんとなく僕は見てきたことになる。香月真大は、この間、猛烈な勢いで情報を発信しながら動きつつあり、『建築討論』は情報発信のひとつのターゲットとなったのである。感心するのは、そのチャレンジ精神である。「前川國男の向こうを張って、すべてのコンペに応募する」のだという。提案にいささか使いまわしも見られるが、その意気やよしである。

これまで、「EMOTIONAL ARCHITECTURE　荻窪中央図書館再開発計画」（DAASデジタル卒業設計大賞二〇〇九年難波賞）［**図6**］、「西葛西集合住宅再開発計画」（SDレビュー二〇一〇入選、早稲田学生文化賞二〇一〇年）、「柔らかい石——東北気仙沼葦の芽幼稚園遊具設営計画」（建築CGパースコンテスト佳作、第七回建築士会名古屋支部建築コンクール佳作）［**図7**］、「阿佐ヶ谷ルーテル教会　東北大震災被災展」（第七回ダイワハウスコンペティション優秀賞）など、結構入選もある。本人曰く、五〇戦一〇入選という。

問題は若手が参加できる実施コンペがますます少なくなっていることである。

「アイザ鎌倉の簡易宿泊所」

「Share Desk」を提案する頃になると、様々なビジネス・ネットワークが拡がりだした

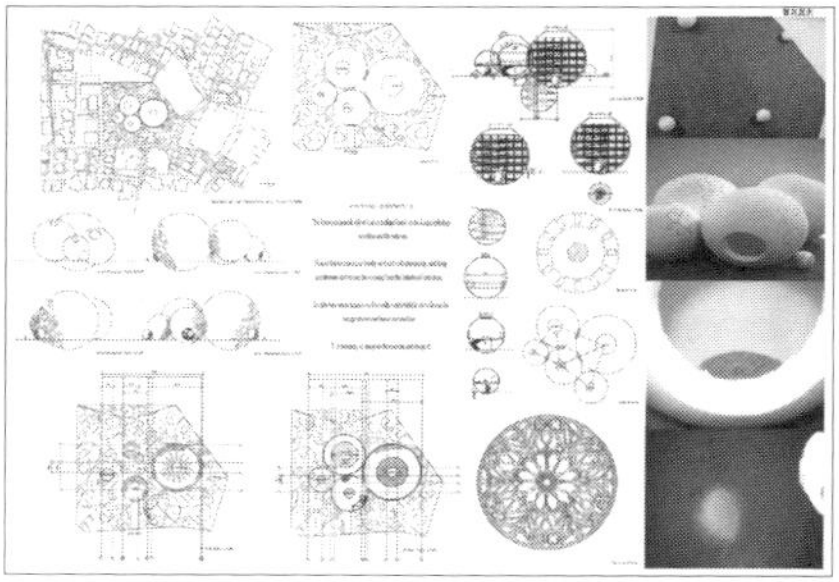

［**図6**］EMOTIONAL ARCHITECTURE（右）
［**図7**］柔らかい石（左）

ように見える。不動産売買、建築のコスト、収支計画は、大前提であるけれど、しばしば理念の提出に終始するのが建築家である。香月には、ビジネスの世界でチャンスを摑みたい、という執念がある。次々に拡がっていく仕事の展開を見守りながら、そろそろ、実作がほしいと思っていたら、集合住宅を簡易宿泊所に転用する仕事が舞い込んだ。インバウンドの観光客増を背景に、民泊そしてホテルの需要は全国各地で急増している。「シェアリング・エコノミー」(空いた場所、車、駐車場などをＳＮＳを通じてウェブに登録することでフィーを払えば誰でもその場所が使えるようにする)というが、空き家、空き室を利用しようとするのは当然の流れである。そして、建築家がそこに必要とされるのも当然である。鎌倉駅から徒歩一分という好立地に位置するのに三年間入居者がないという集合住宅(２ＬＤＫ、九九平方メートル)の一部を簡易宿泊所に転用して収益物件に変えたのがアイザ簡易宿泊所［図8］である。緋毛氈をくり貫いた円い間仕切りがなかなか効いている。

WAKABACHO WHARF

そして、地元での活動がさらに仕事の輪を拡げることになる。「座・高円寺」(設計＝伊東豊雄(建築少年Ⅲ)、二〇〇八)の座長を務めてきた佐藤信［図9］から劇場建設の依頼を受けるのである。座員の竹下恵子が展覧会を見たのがきっかけである。佐藤信の劇場と聞いて、僕は血が騒いだ。「黒テント」の『二月とキネマ』(作＝佐藤信、出演＝緑魔子、石橋蓮司他)安田講

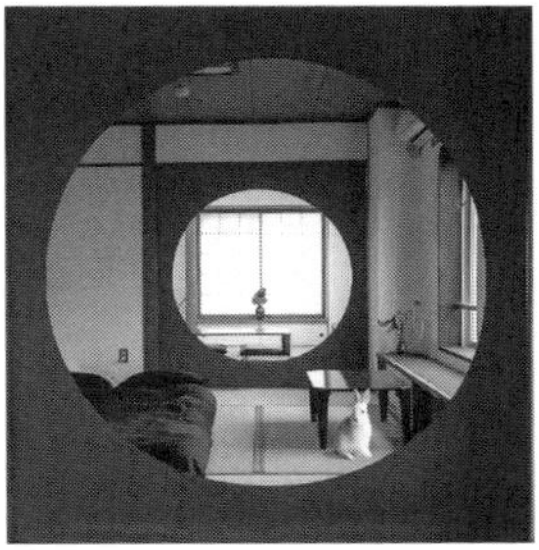

［図8］アイザ簡易宿泊所

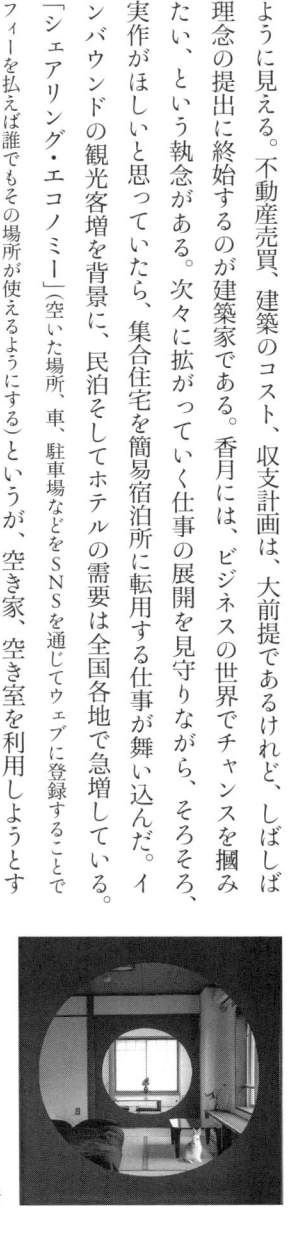

堂前講演(一九七二・一一・二〇)をプロデュースしたことがあるのである。移動劇場としての黒テントは、僕にとって、建築の原イメージのひとつでもある。香月がどんな劇場をつくるのか、大いに期待したのである。話を聞くと、中古物件(空き家・空きビル)を探すところから始めて、それを小劇場に再生させるというプロジェクトである。いかにも佐藤信らしい、というか、黒テントらしい。小劇場の原点に帰ろう、ということである。

物件探しについては、香月には、ネットワークがある。しかし、劇場なんか設計したことはない。荻原雅史、鈴木哲郎と三人協働で設計監理を行った。探し当てたのは横浜・若葉町の四階建ての元銀行であったビルである[図10]。一階は吹き抜けていて舞台になる。都内でも探したけれど、適当な物件がなかったという。舞台については、佐藤一座が詳しいのだから従えばいい。むしろ勉強である。三階に講演前の合宿や家賃収入のために宿所を設けたのであるが、宿泊施設への転用のための手続きに多くの時間をとられた。

オープニング公演は「影と影との影」[図11]。ワクワクしながら観た(二〇一七・六・一一)。テキストと音楽と舞踊が脳内空間で交錯する、いかにも佐藤信流の芝居であった。芝居の後、数十年ぶりに佐藤信と話した。あの時は面白かったねえ、というのが第一声。もういなくなったでしょう――初期の黒テントを率いた佐伯隆幸、山元清多はもういない――、こういう時代の流れだから、(僕が)やろうと思う、という。宿舎の経営が問題だというので、「横浜ホステルビレッジ(YHV)」と連携したらどうかといい、早速、**岡部友彦**(進撃の建築家⑲)に連絡をとった。うまくいくといいと思う。すぐ近くに、映画館Jack

[**図9**] 佐藤信座長

［図10］WAKABACHO WHARF
上｜舞台、左上｜宿所、左下・右｜外観

& Betty Cinemaがあり、横浜国大のY-GSAが関わってきた黄金町芸術センターもある。なんとなく新たな演劇文化の発信基地となる、そんな予感も湧いてくる。

香月真大がこれからどんな建築家になっていくのかわからない。四〇歳になる前に有名になりたいと、時々つぶやいているけれど、そうなってほしい。「建築とは何か？結局は場づくりなのかなと思っています。建築をつくる行為も、保存する行為も、展覧会を行うことも結局は人と人との場をつくることに直結するだろうと感じています。建築設計事務所は無数にあって、若手もたくさんいるのだけど、建築雑誌の廃刊などが進んで若手が作品を発表できる場所そのものがない。将来的にはキュレーショナル・アーキテクトというのはおこがましいですが、展覧会やメディアを企画して立ち上げて、若手の活動や社会に対して提起するような場所をつくれるような存在になりたいです」というが、そんな存在になるのかもしれない。

［図11］オープニング公演「影と影との影」ポスター

図5～9
提供：香川真大建築設計事務所

IX

自立建築

24

芦澤竜一

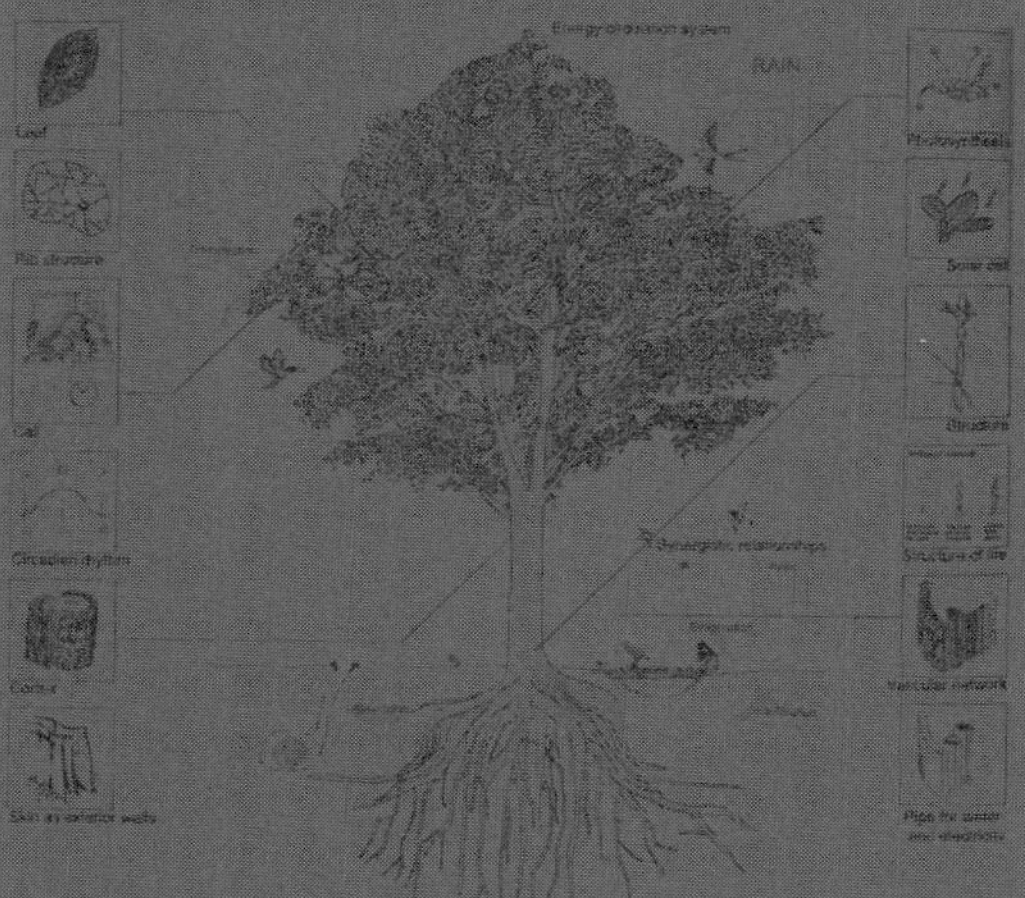

野生の建築
オートノマス建築の可能性

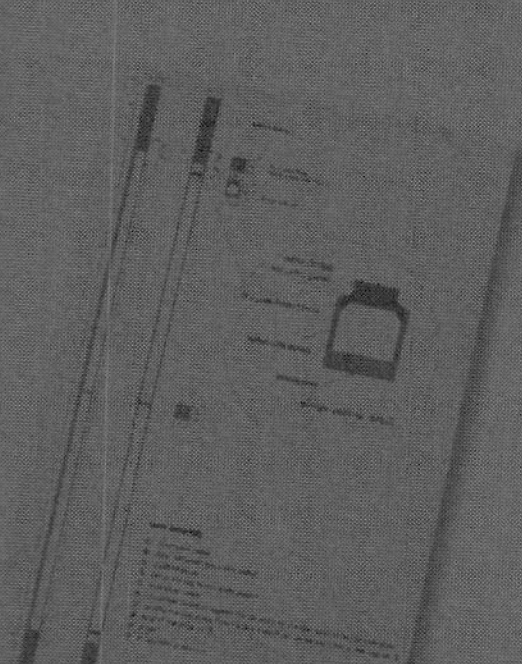

芦澤竜一 あしざわ・りゅういち
建築家｜芦澤竜一建築設計事務所主宰

1971年	神奈川県横浜市生まれ
1994年	早稲田大学理工学部建築学科卒業
1994–2000年	安藤忠雄建築研究所勤務
2000年	URBANFOREST ARCHITECTS 共同設立
2001年–	芦澤竜一建築設計事務所設立、主宰
2013–14年	滋賀県立大学環境建築デザイン学科准教授
2015年–	同教授

●主な作品
「ホテルセトレ神戸・舞子」2005
「SETRE RESIDENCE」2007
「Factory 02 SHIP」2008
「Factory in the Earth（JST Malaysia）」2013
「セトレマリーナびわ湖（琵琶湖のエコトーンホテル）」2013

●受賞
インテリアプランニング優秀賞2000、JCD賞2002優秀賞・新人賞、
インテリアプランニング賞2004入選、SDレビュー2007（SD賞）、
2009年度グッドデザイン賞、2010東京建築士会住宅建築賞、
第56回大阪建築コンクール大阪府知事賞（2010）、
2009年度日本建築家協会優秀建築選入選、第2回関西建築家新人賞（2007）など。

芦澤竜一とは、三年間(二〇一二—一五)滋賀県立大学の同僚であった。だから、飲んだり、議論したりする機会は少なからずあった。また、台風ヨランダ後のタクロバン(レイテ島)に一緒に行く機会もあった(二〇一五・八)。しかし、所用で泊まったことのある琵琶湖岸の「セトレ マリーナびわ湖(琵琶湖のエコトーンホテル)」(二〇一三)[図3]を除けば、その作品を見る機会はなかった。そうこうしているうちに、これまでの仕事を集大成する作品集▼1(以下『RAA』)が上梓された。その作品を振り返り、その行方を占う、いい機会である。我がままを言って、新作の淡路島の「Spiral Garden」(二〇一七)[図1]をはじめ、自宅、事務所まで、気になる作品を一気に見せてもらう機会を得た。

安藤・修武・石山・忠雄

早稲田の石山修武(建築少年V)研究室を出て(一九九四)、安藤忠雄建築研究所で建築修業をした(一九九四—二〇〇〇)。石山修武と安藤忠雄(建築少年I)を比較すれば、その作風、そして建築へのアプローチは随分異なる。なぜ、石山から安藤であったのか。芦澤竜一の

[図1] Spiral Garden

▼1……"Ryuichi Ashizawa Architects & Associates", Nemo Factory, 2017.

これまでの作品を見ると実に多彩である。いってみれば、安藤・石山の両方の要素があるように思える。さらに二人にはない器用なうまさがある。事務所を立ち上げた頃のインテリアの仕事を見ると特にそう思う。実は、安藤忠雄に優るとも劣らない本格的なキックボクサーだった。だから、早稲田大学に教えに来ていた安藤がキックボクサーだったというので迷わず門を叩いたのだ、という。

安藤忠雄のところでは、ほぼ「淡路夢舞台」（二〇〇〇年国際園芸・造園博覧会「ジャパンフローラ二〇〇〇」会場）にかかりきりだった。安藤からは「建築の基礎的なこと、建築家が社会に対していかに表現するのか、そして常に全身全霊をもって建築に臨む姿勢」を叩き込まれたという。▼1 独立後すぐに手掛けた作品には安藤の影が濃いように思える。ホテルセトレ神戸・舞子のチャペル（二〇〇五）[図2]など、安藤忠雄の「水の教会」（一九八八）、「光の教会」（一九八九）に対抗しうる出来映えである。

野生への衝動

見るからにワイルドである。今でもフルマラソンを走る。**渡辺菊眞**（進撃の建築家①）を思い起こすが、エネルギーが有り余っている印象がある。風貌も日本人離れしているから外国語が堪能だと思われる、と本人は苦笑する。札つきの

[**図2**] ホテルセトレ神戸・舞子／チャペル 内観（上）と外観（下）

「ワル」だったらしい。高校時代は「繁華街で遊び呆ける毎日」で、「遊ぶ資金を稼ぐために」「解体工、鳶、鉄筋工、コンクリート工、ブロック工、大工、塗装工など一通りの現場職を経験した」。そして、「ボクシングに没頭し、音と踊りに陶酔した」(『RAA』)。

建築との出会いは、一二歳の時に小学校で竪穴式住居を建設したことだという。四ヵ月かけて「校舎の裏山の森から木々、竹、萱などの材料を拾い集め、皆で組み立てた」という。「できた時の喜びは今でも忘れない」。「住居の囲炉裏に火をつけた途端、空間が露わになり、皆で芋を焼き食し感動を味わった」(『RAA』)。これまで何人もの建築家についてみてきたけれど、自ら建てる経験を持つかどうか、身体で空間をつくりあげる喜びを知るかどうかが建築を志す鍵となる。芦澤は、竪穴式住居の建設や畑仕事を通じて、生きる知恵を教え続けてくれた、この小学校教師を石山、安藤とともに特別の師だという。

石山について、芦澤は、「アウトサイダーであったし、今もなお変わらない」と書くが、「アウトロー」的な感性は共振するところがあるのだと思う。その作品の流れは、大きく、「安藤的なるもの」から「石山的なるもの」へ傾斜しつつあるように見える。コンクリートの表面をはつったり(「SETRE RESIDENCE」二〇〇七)[**図4**]、階ごとにコンクリートの仕上げを替えたり(「Row House」二〇一七)[**図5**]、「安藤打ち放しコンクリート」を超えることが意識されていることはよくわかる。その閾に位置するのが「Grounding project-House 01-」(二〇〇六)[**図9**]である。以降、作品にやたらに「緑」が増えていく。

[**図3**] セトレマリーナびわ湖
外観(前頁上)、チャペル(同下左)とロビー(同下右)

[**図4**] SETRE RESIDENCE

「しきり」の探求

芦澤は、いくつかのキーワードに分けて自らの作品を振り返る。年代順に分けるのでも、作品ごとに分けるのでもない。同じ作品がいくつかのキーワードに登場したりする。冒頭は、「しきりThe Quest For Flexibility」である。「結ばれた一本の紐が空間をつくる」という。続いて「境界Crossing Borders」である。同じような括りでいささか戸惑うが、「曖昧な境界」[2]に第一に興味があることはわかる。「一本の柱が空間を発生させる」「床が、そして壁が空間を規定する」といったコンベンショナルな建築空間の本質を問う構えがまずある。芦澤は、安藤忠雄建築研究所に在籍中にエス・バイ・エルの住宅コンペに応募して「ミース・ファン・デル・ローエの住宅」で一等賞（一九九七）を得ている。ミースは、「閉鎖的な壁を分節して配置することによって、空間をゆるやかに隔てながら流動的に連続させていき、古典的な空間の束縛を解放した」、そしてファンズワース邸で「壁を消そうと透明なガラスの壁をつくるが、それも閉じた壁であった」といい、ミースが現代に生きていたら、「壁の探求」は終わっておらず、「現代の新しい技術を用い、空気の流れをつくりながらミースの壁を動かしていく」ことによってひとつの住宅作品を提示するのである。安藤の「壁の探求」（古山正雄）とミースの「ガラスの箱」の乗り越えがどうやら出発点にありそうだ。曖昧で、柔らかな、フレキシブルな「しきりの探求」である。

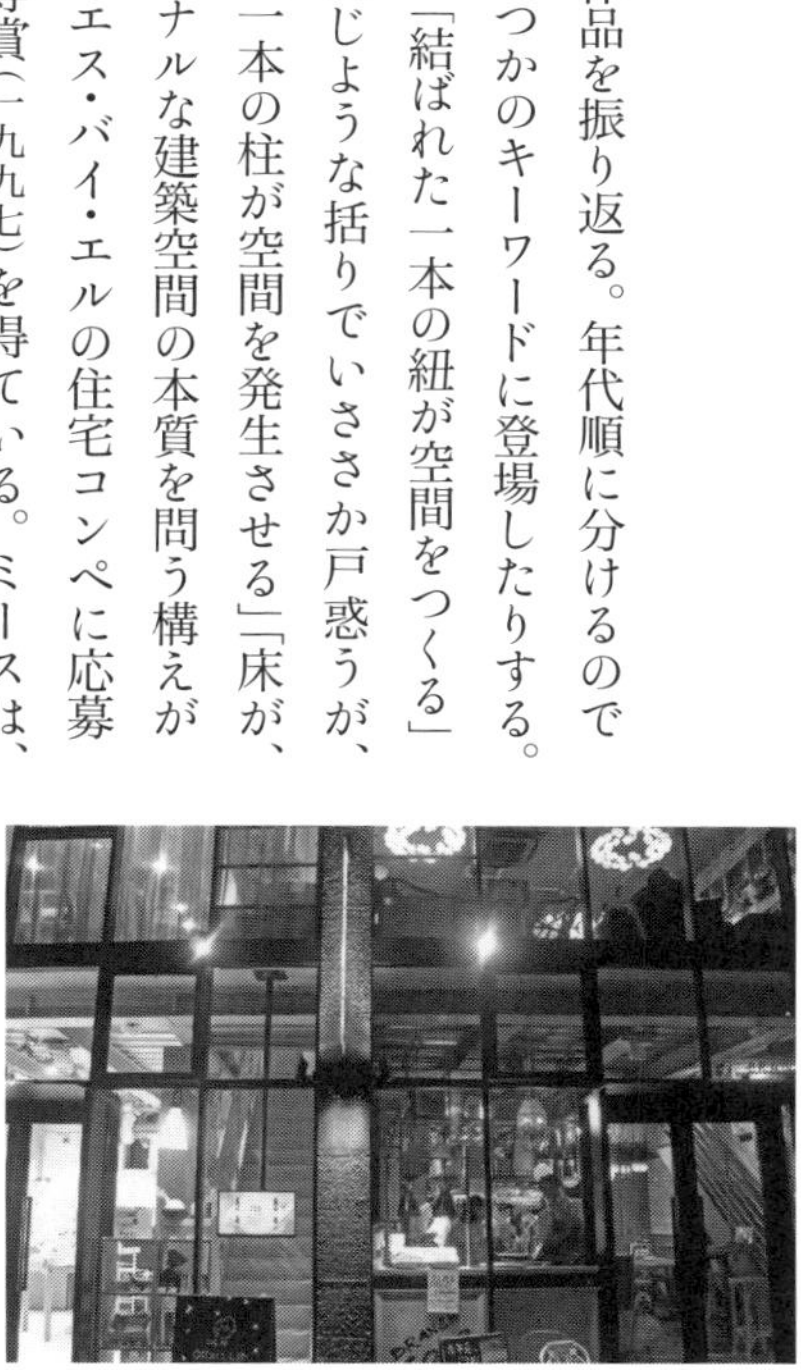

［図5］Row House

▼2……「The Quest For Flexibility」「Vague Boundary」「Crossing Borders」といった訳語は、芦澤のいいたいことをいい当ててはいないように思える。

都市の森

ところが、「都市の森 Urban Forest」「グラウンディング Grounding」「大地に繋がる Growing」「循環 Endless Cycle」「エネルギー」「森林 Forest」と作品集『ＲＡＡ』の三分の二近くは「緑」で覆われる。自然の循環、大地、森、樹木などが大きな鍵語になっていく。

安藤の一枚のスケッチ（「大阪駅前プロジェクトI——地上三〇メートルの楽園」一九六九）［図6］、そして、植樹運動の継承と実践的な乗り越えが意識されているように思える。日もすっかり落ちた見学の夜見せてもらったが事務所の屋上は草木が生い茂っていた（「屋上庭園」［図7］）。また、空き缶をポットにして並べるプロジェクト（二〇〇二）を展開してきた。その建築的構想が「Grounding project」であり、一連の「都市の森」プロジェクトである。グラウンディングとは聞き慣れない、通常は基礎のことであるが、「大地につながる」という意味であるという。用語や概念は未だ研ぎ澄まされてはいない。しかし、目指していることは理解できる。大地に根ざした建築ということであろう。今のところの到達点が「セトレマリーナびわ湖」であり、ジョホールバルーの「Factory in the Earth」（二〇一三）である。

問題は、**平田晃久**（進撃の建築家④）の「Tree-ness House」「Tree-ness City」についても同様の指摘をしたが、単なる表現の問題ではなく、建築を支えるサステイナブルなシステムである。樹木に覆われた超高層ビルは、既に世界中に蔓延しつつあるのである。

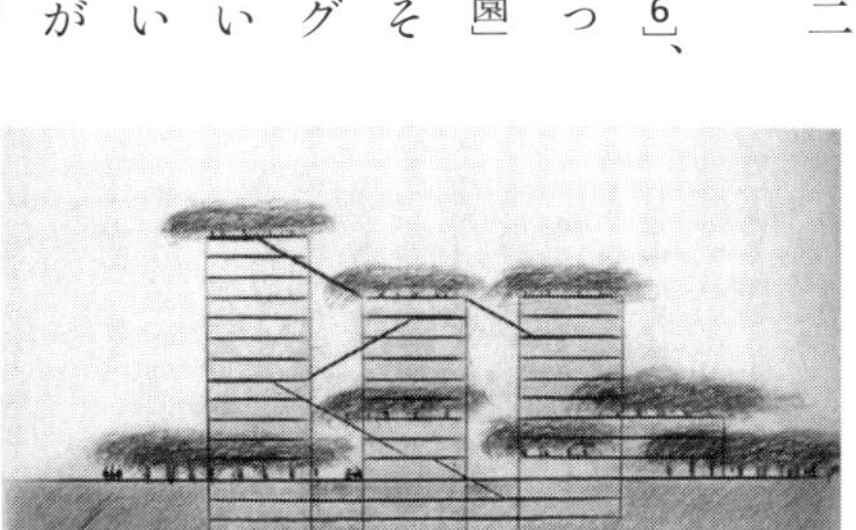

［図6］安藤忠雄「大阪駅前プロジェクトI」（上）
［図7］屋上庭園（左）

傷つけて癒す

芦澤が最初から最後まで携わったという「淡路夢舞台」について、かつて次のように書いた。▼3

> 自然の再生をうたう会場に溢れる擬石や擬木、造花にいささか辟易しながら、夢舞台ゾーンに向かうと、今を時めく安藤忠雄ワールドである。……会場はかつての灘山だ。……その禿げ山に自然を蘇らせるのが花博の真のテーマだ。……まずは壮大な実験に敬意を表する。日本中の禿げ山、コンクリートで固めた醜悪な崖面も即刻緑に復元すべきだ。安藤は一貫して自然との共生をうたう。しかし、彼は積極的に緑を取り込むことはしない。むしろ、自然をどう見せるか、自然と人工物である建築とをどう際だたせるかに意が用いられる。コンクリートとガラスと水の絶妙の配列が全体を形作る。圧巻は水面の下に敷かれた煌《きら》めく百万枚ものホタテ貝だ。本質的に、自然を傷つけることによって建築は成り立つ。傷つけて癒す、矛盾に充ちた行為だ。だから安易に建築に自然を取り入れればいいというわけではない。安藤は建築の本質を直感的に知っているのである。

安藤は建築の本質を直感的に知っているのである、と書いたが、実は知っているので

▼3……「見聞録四　緑再生の巨大な実験　傷つけて癒やす…建築の本質」『共同通信』二〇〇〇・一〇

あろうか、という反語である。「癒し」の方向は示されているわけではない。芦澤は、直感的に、そして身体的に自然を知っている。『RAA』には、「現象Phenomenon」と題した章（項）「太陽」「水」「風」「音」があって、芦澤の建築へのアプローチの根をうかがうことができる。音、熱、光、空気をどう制御するのかは建築の基本である。しかし、今や人工制御が圧倒的に建築を支配しつつある。熱帯地域にアイスリンクやスキー場が建設される、地球全体を人工環境化していく流れの中で、芦澤がまず突破口にしようとしているように見えるのは、風の音である。「セトレマリーナびわ湖」のチャペルでは、「エオリアンハープの原理」▼4によって絃を振動させる建築の楽器化を試みる。そして、メゾネットの集合住宅を改造した自宅では、扉のスリットに張られた絃が窓から入り込む風に呼応する仕掛けを試みている［図8］。

▼4……自然の風により絃を鳴らす楽器。音が鳴るのは、弦を通過した空気が絃を震わせ、その振動を共鳴箱で拡大するというシンプルな原理に基づく。その名はギリシャ神話の風神アイロスに由来するという。

オートノマス建築

目指す建築モデルは、淀川近くの約九坪の狭小敷地に夫婦二人のために構想された「Grounding project-House 01-」［図9・10］に示されている。二酸化炭素を吸収し、酸素を排出する光合成を行い、雨を受け、貯め、利用し、太陽光、風力をエネルギーに変え、鳥や昆虫たちと共生する。実に直接的なモデルである。バイオミミクリーなどとは次元が違う。はるかにラジカルではないか。ひとつの建築・街区・

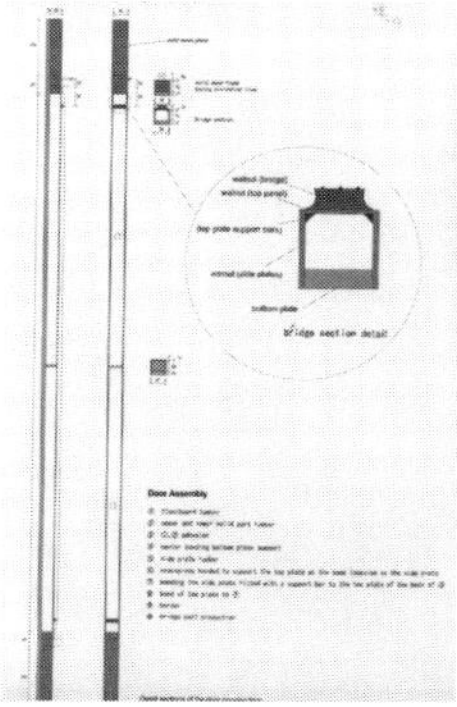

［図8］建築の楽器化

都市プロジェクトで完全自給自足、エネルギー・資源が循環可能な建築、オートノマス建築である。一本の木が大地に根ざして生きていくような建築と都市、それが「Grounding project」である。

「セトレマリーナびわ湖」では、音、熱、光、空気の制御、土や樹木などの利用を総合的に考慮しながら、均等なラーメン構造を見慣れたものの眼には容易にその構造を把握できない、やたらに斜め線が交錯する不思議な空間がつくりだされている。この建築で実際に行われたかどうかは聞きそびれたが、音、熱、光、空気の流れについてのシミュレーション・ツールが芦澤の大きな武器になりつつある。

芦澤の仕事は、大阪下町を創業の地とする電子接続部品の圧着端子製造メーカーとの縁を得て、マレーシアからアメリカ・デトロイトそしてペンシルヴァニアへ、その仕事はグローバルに拡がりつつある。いずれも広大な敷地、森の中の研究所の計画である。モデル・プロジェクトを実現する絶好の機会である。

グラウンドのかたち

問題はかたちの論理、生成の原理である。「曖昧な境界」への関心とそれはどう関わるのか。「自然のもの、人工のものいずれにせよ、かたちには必然性がある」(「かたちForm and

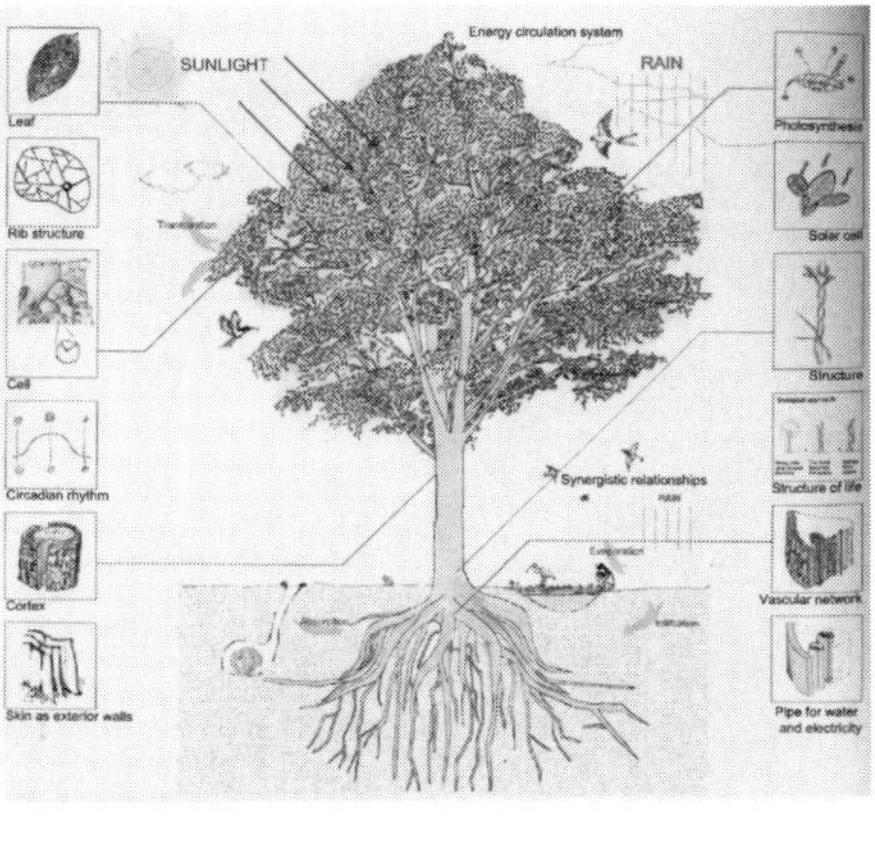

［**図9**］Grounding project
-House 01-
基本概念図

Structure」）と芦澤はいう。永井拓生が担当したという「Spiral Garden」、TIS & Partnersとのポートアイランドの「Factory 02 SHIP」（二〇〇八）は、それぞれに興味深い取り組みではある。しかし、これまでの作品を眺めてみると、「必然性」なるものは必ずしも見えてこないように思う。与えられた条件の下でひとつひとつ解答を積み上げていくというのは、それはそれでいいと思う。しかし、何か一貫するものを見たいと一方で思う。「Grounding project」というモデルとその方向性は見えているからである。多様な植物があるように、その基本システムと多様なあり方を見極めたいのである。

「図Figure」となる建築と「地Ground」となる建築を分けてはどうか。興味深かったのは「Grotto」（二〇〇九）と名づけられた芦屋のテナントビルである。どこにでもありそうな店舗・オフィス併用ビルであるが、彫りの深いバルコニーを配することによって多様な空間を生むプロトタイプになっている。「Factory 02 SHIP」も本来はグラウンドを形成する建築類型として構想されるべきではないか。

芦澤竜一の多彩な建築は、とにかく、エネルギーにあふれて、野性味満々である。器用貧乏に陥ることなく、こぢんまりと老成していくのではなく、今の馬力で突っ走ってほしいと思う。

［**図10**］Grounding project-House 01-イメージ
スケッチ（右）と模型（左）

図6　提供：安藤忠雄建築研究所
図8、9、10右
提供：芦澤竜一

25

岡啓輔

究極のRC
建て続けること、そして壊されないこと

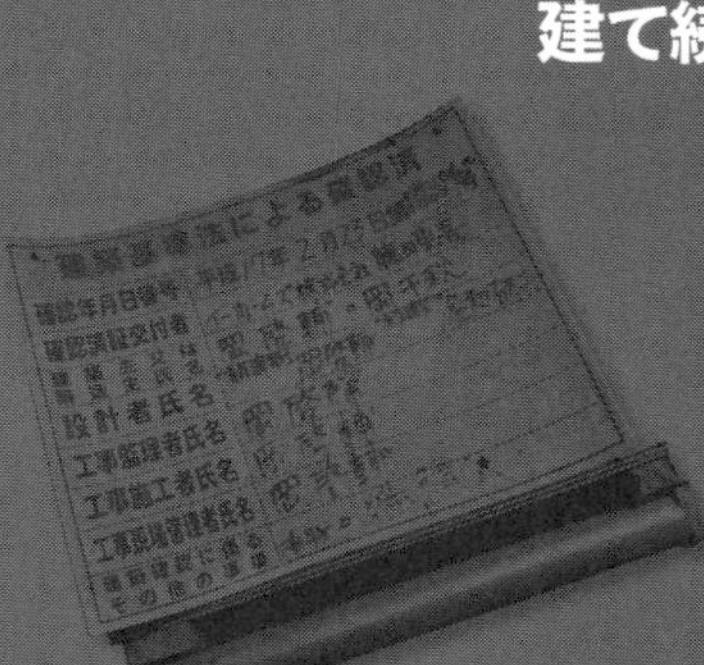

岡 啓輔 おか・けいすけ

RC作製所 岡土建｜一級建築士｜高山建築学校管理人

1965年	福岡県柳川市生まれ
1986年	有明工業高等専門学校 建築学科卒業 住宅メーカー勤務後、東京に出て来て建築現場で働き、 土工、鳶、鉄筋工、型枠大工など、現場経験を積む
1988年–毎夏	高山建築学校に参加
1995–2003年	高円寺で「岡画郎」運営
2005年11月–	東京三田にて鉄筋コンクリート製の小さなビル・蟻鱒鳶ル（アリマストンビル）の セルフビルド開始、現在も毎日トントン建設中

「蟻鱒鳶ル」［図2］は「ありますとんびる」と読む。友人に命名してもらったというけれど、「ありますExist」、ここにある！という宣言があって、蟻と鱒という漢字を当てたら、虫、魚に加えて鳥を加えようということになったらしい。言葉と戯れるのは嫌いじゃない。学生の頃「雛芥子」を名乗って芝居を売ったり、映画会をやったりしていた時は、「柩欠季（吸血鬼）」とか「蚕囚季（三周忌）」といった当て字を弄《もてあそ》んだものである。岡啓輔がアトリエを「ＲＣ作製所」と名乗るのもＲＣサクセションの捩《もじ》りである。忌野清志郎のＲＣは、「ある日（RC、東京弁！アルシ）バンドを作成しよう（サクセション）」といったことに由来するという説があるが、ＲＣは「The Remainders of the Clover」の略だという。岡啓輔のＲＣは、もちろん、Reinforced Concrete（鉄筋コンクリート）である。二〇〇一年に土地を買い、二〇〇五年に着工、一〇年を経て、なお毎日つくり続ける、これはいったいどんな建築なのか。このセルフビルダーを駆り立てているものは何なのか。ひとつ確かだと思えるのは、ＲＣの可能性をとことん突き詰めようとしていることである。

「蟻鱒鳶ル」▼1を見てなつかしく蘇ってきたのは、「山谷労働者福祉会館」の自力建設（宮内康設計工房）の記憶、また「高山建築学校」の臭い、そして「アーキテクト・ビルダー」の可

▼1……その記録は、山谷労働者福祉会館運営委員会『寄せ場に開かれた空間を――山谷労働者福祉会館建設の記録』（社会評論社、一九九二）にまとめられている。

能性についての想いである。

建築修業——工業高等専門学校・住宅メーカー・現場職人

工業高等専門学校の出身だという。心臓病を患い、病弱であったことから、勉強が身につかず、白紙で答案を出すような子だったという。振り返って、絵は好きだったという。そして、中学一年生の時に自宅を建てる大工さんを見て大工になろうと思ったという。**安藤忠雄**（建築少年Ⅰ）も同じ経験を建築家の原点として語るが、自宅の建設あるいは身近に建設現場を見て建築を志した建築家は少なくない。しかしそれにしても、日本には身近にそうした現場がなくなってきたのは実に大問題である。ドロップアウト気味で、大工になりたいという岡啓輔を母親は大工の棟梁に預ける。母親の作戦勝ちである。柱一本担げないのである。それぐらい身体が弱かった。そこで工業高等専門学校に行くことになった。

一五歳から二〇歳まで有明工専で学び、東京の大手住宅メーカーに就職、上京する。順調に社会人人生を歩み出したようにも思えるが、一年で会社を辞めてしまう。サラリーマン生活が嫌になったのかと問えば、最初から一年で辞めるつもりだったという。秘めたる何かを持っていたとしか思えない。貯めたお金で自転車旅行、日本各地のお寺や神社、『新建築』誌に載っているような建築をスケッチして回ったという。これも、なんとなく安藤忠雄の建築修業時代に似ている。旅、スケッチ旅行は、建築家となる第一歩である。

しかし、わずか一年の貯金でいつまでも暮らせるわけはない。どうやって生計を立てていくのかは大問題である。岡啓輔が向かったのは職人仕事の現場である。東京都新都庁舎など「天下一現場」で、土木作業員、鳶、鉄筋工、型枠大工など建築職人として七年働いたという。

その間、高山建築学校に参加する機会があり、若い建築家たちとの出会いがあった。

建築学校

岡啓輔が「高山建築学校」に最初に参加したのは一九八八年である。「高山建築学校」とは、「セルフビルドによる建築哲学の建築家への普及を提唱する」建築家倉田康男（一九二七―二〇〇〇）が一九七二年に岐阜県飛驒市の数河峠を校地として開始した完全合宿制のサマー・セミナーの活動である。高山建築学校に深く関わっていた**石山修武**（建築少年V）の『新建築』誌に載った参加の呼びかけを読んで参加したのだという。当時、僕は『群居』同人として、石山とは頻繁に顔を合わせていたのだが、母校早稲田大学の教授に就任する（一九八八）頃である。

「高山建築学校」については、苦い思い出がある。**大野勝彦**を通じて石山と知り合って、

［**図1**］「高山建築学校」のポスター

『群居』を立ち上げる（創刊準備号（一九八二・一二）、創刊号（一九八三・四））頃、石山の誘いで、木田元、生松敬三、小野二郎といった大先生と一晩楽しい議論に参加する機会▼2があったが、鈴木博之がわがビアグラスにウィスキーをなみなみと注いでいた意地悪に気づかず——気分よく飲んだということであるが——飲み過ぎて記憶を失った。今でも覚えているのは、倉田康男の「建築は頭でっかちでは駄目だ。自ら身体を動かせ！」という言葉である。僕が一九九一年に藤沢好一、安藤正雄と一緒に「木匠塾」を始める原点には「高山建築学校」がある。岡啓輔が高山建築学校に参加し、倉田康男に師事し、石山修武の教えを受けたことは、以降のセルフビルダー岡啓輔の生き方を決定づけたといっていい。岡啓輔は、現在「高山建築学校」の管理人であり、その活動にこだわり続けている［図1］。

土地を買う

「高山建築学校」に参加し、石山修武と知り合い、石山研究室に弟子入りを希望して二日間座り込んだけれど、正規に早稲田大学を受験しなさいといわれて断念したという。ただ、石山の開くワークショップには自由に出入りできたという。実のところはわからないが、身近に見ていて、石山修武の研究室運営はいささか「ファッショ的」であるように思えていた。古いタイプの師匠、棟梁である。親分肌で、上意下達の「独裁者」の雰囲気があった。師弟の間で様々な葛藤もあったと聞くが、そのカリスマ的パワーは、多く

▼2……連続シンポジウム「制度と空間」主催＝高山建築学校＋HPU（ハウジング計画ユニオン）／後援＝同時代建築研究会＋婆沙羅商会＋モリス研究会／協力＝彰国社『建築文化』。第一回「一九三〇年代の思想と建築・デザインの潮流」生松敬三＋宮内康／聞き手＝布野修司（東京麹町会館、一九八一・七・一一）。第二回「モリス工房の日常と装飾について」小野二郎＋石山修武／聞き手＝布野修司（高山建築学校数河校舎、七・三〇）。第三回「郊外住宅団地と私的全体性について」大野勝彦＋鈴木博之／聞き手＝石山修武（高山建築学校数河校舎、七・三一）（趙海光＋高山建築学校編集室『高山建築学校伝説』鹿島出版会、二〇〇四）。

の「進撃の建築家」を育ててきた。森川嘉一郎、馬場正尊、坂口恭平、芦澤竜一（進撃の建築家㉔）……など石山スクール出身のタレントは少なくない。

仲間のネットワークが拡がる中で、岡啓輔は、高円寺で「岡画郎」を運営する。たまり場がつくりたかったという。上京して一五年、その多彩な活動がテレビやマスコミで取り上げられるようになって、同志（岡千秋）と出会う。そこで三田に土地を買う（二〇〇二）。ディテールは不明であるが、多分、啓示に近いビビの体験があって、「結婚しよう」「家を建てよう」ということになった。

三田の品川、田町に近い一等地の一三坪の土地である。青山、神宮の一等地に何が何でも住むと、わずか六坪の土地に自宅（兼事務所）「塔の家」（一九六六）を建てた建築家東孝光（一九三三―二〇一五）を想い起こす。しかし岡啓輔の場合、セルフビルドが前提である。その意気込みには相当のものがある。ただ、四年間は何もできなかった。何を建てていいのかわからなかった、という。それ以前に身体がボロボロ、ガタガタで、医者に化学物質過敏症と診断され、建築家になるのを諦めようと思い詰めるほどだったという。しかし、その頃、同世代の著名な建築家たちと知り合い議論するなかで、「頭はよさそうだけど、そんなにもよくない」「頭は悪いかもしれないけれど、情熱では負けない」と思ったという。現場は自分の方が知っている、という確信を得たのである。

［図2］「蟻鱒鳶ル」（設計：岡啓輔・名和研二、施工：岡啓輔、東京都品川区三田３丁目）
さまざまな型枠（左）を用いることによってコンクリートの可能性を模索、実験中
（前頁と左３点）

RCとの格闘

建設に当たって、まずは建築確認を受ける必要がある。そのためには、構造計算書も含めて完成図面（建築確認計画概要書）を提出する必要がある［図3］。もちろん、確認は受けた。しかし、着工以来一〇年を経て竣工しない。そんなことが果たして可能か。可能なのである。

建築構造については、名和研二▼3の協力が大きかったという。しかしそれにしても、この「常識」外れの施主の直営、設計施工、自力建設の試みが様々な波紋を引き起こしたことは想像に難くない。そうした波紋の中で、逆に「常識」的な建築のおかしさが見えてくる。

第一に、建築基準法の問題、建築確認制度の問題がある。「耐震偽装問題」「基礎杭問題」などが露わにするように、形式的な手続きによる検査制度と現場との乖離は酷いと岡啓輔はいう。行政の問題のみならずゼネコン、住宅メーカーの現場管理の問題、そしてもちろん、職人の質の問題もある。

第二に、建築コストの問題がある。建築材料の値段については不可解な流通システムがある。RCに限ると、鉄筋、コンクリートの値段は驚くほど安く手に入るという。

第三に、コンクリートの可能性がないがしろにされている、という。

RCについては、現場近くの日本建築学会の図書館にも通い、徹底して勉強したという。現場を見ると、様々なコンクリートの肌合いが眼を引きつける［図4］。天井を見上げ

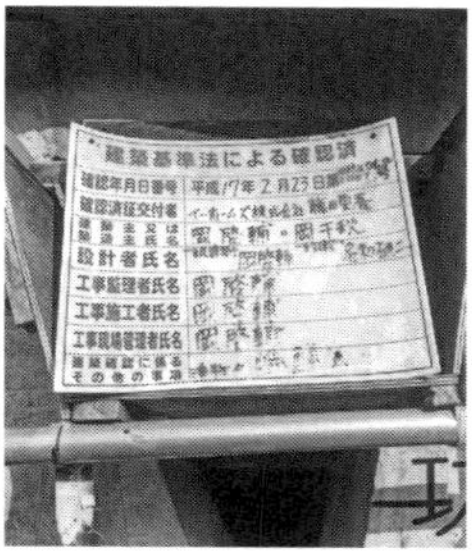

［図3］「蟻鱒鳶ル」の建築確認済看板

▼3……一九七〇年長野県生まれ。一九九四年東京理科大学理工学部建築学科卒。一九九八―二〇〇二年EDH遠藤設計事務所。一九九九―二〇〇二年池田昌弘建築研究所所属。二〇〇二年すわ製作所内になわけんジム設立。

ると、妙に滑らかな、しかも、微妙に膨らんだ表情をしている。装飾を弄んでいるのではない。**安藤忠雄**（建築少年ー）には負けない！とはいわないけれど、単に綺麗にコンクリートの表面を仕上げればいいというのではない、という。日々実験であり、質の高いコンクリートを打つ試みの集積がこれまでには見たことのない建築を産み出しつつあるのである。

再開発に立ち向かう

そして第四に、東京の街の抱えている問題が見えてくる。都市計画、まちづくり、都市景観の問題である。「蟻鱒鳶ル」の一帯は、今、再開発計画に巻き込まれ、建替えの動きが急速に進行しつつある。そして、工事差し止め、曳家など実際のアプローチがディベロッパーから既に繰り返しあるのだという。

今もなお、毎日、現場に来て作業をする。今日の仕事を熟しながら明日の予定を立てる。建て続けることが生きることである。そんなセルフビルダーのすべてが経済価値に換算されて、下手をすると一瞬でスクラップにされる、そんな時代と場所に、岡啓輔も僕らも生きている。岡啓輔は、果たしてどう対処しようとするのか。その多彩な戦術、壮大なる逆提案をめぐって話は盛り上がったが、そうした問題は、建築家の依って立つ現場でそれぞれに問われているのである。

[**図4**] 様々なディテール。手作りの型枠。特別に硬く滑らかなコンクリートに少し手を加えることで版画のような自由な造形ができる

アーキテクト・ビルダーの行方？

建設業登録はしないのか？ 岡土建を名乗っているのだから！ 一〇〇人の岡啓輔の出現を夢見て、その先頭に立つ気はないか、と尋ねてみた。思いもかけないといった顔つきであったが、「蟻鱒鳶ル」の現場のみでは食べていけないことははっきりしている。もちろん、岡啓輔も様々な展開を考えている。RCの型枠の特許は取得できないか、コンクリートのグッズが商品化できないか［図5］……。建築家であり、職人であり、居住者でもあるというのがセルフビルダーであるとすれば、自己のうちに閉じざるをえないのではないか。ワッツ・タワーを建てたサイモン・ロディア▼4や郵便配達夫シュヴァル▼5などについて話したが、さらに多くのセルフビルダーたちについて僕らは知っている。「高山建築学校」のセルフビルドの哲学に、岡啓輔とともに僕らは向き合うことになる。

［**図5**］コンクリートのグッズを作品として販売中

アーティストとしての建築家を目指すとすれば、方法を一般化していく必要があるだろう。その場合、建築家であり建設業者でもある、そうした集団を組織する必要があるのではないか、というのが建設業登録は

▼4……Simon Rodia（一八七九―一九六五）、本名Sabato Rodia。ナポリ生まれのイタリア移民、ロサンゼルスのワッツ地区にタワーを建てた。一九二一年に建設開始、鉄筋をセメントで固め、廃品のビンやタイルの破片を集めて一四本の塔を建てた。最も高い塔は三〇メートルにも達する。ロディアは、塔の集合体をNuestro Pueblo（われらが町）と呼んだが、塔に対する嫌がらせや苦情など、近隣とのトラブルによって、ワッツを去る。不法建築として取り壊されようとするが、反対運動が展開され、一九九〇年には合衆国歴史的建造物に指定された。

▼5……Joseph Ferdinand Cheval（一八三六―一九二四）。三三年の年月をかけて自力で巨大な城塞を建設した。シュヴァルの理想宮として知られる。岡谷公二『郵便配達夫シュヴァルの理想宮』（河出文庫）、水木しげる『東西奇ッ怪紳士録』（小学館文庫）など。

しないのかという問い、挑発、アジテーションであった。岡啓輔の行方について大いに期待を込めて見届けたいと思う。

おわりに

「戦後建築」の初心とその遺伝子

本書のもとになったのは、『建築少年の夢――現代建築水滸伝』同様『建築ジャーナル』誌の連載(二〇一六・九―一八・一二まで二八回連載)である。「進撃の建築家」というタイトルも、「計画学への問いかけ、建築史の検証、アジアへのまなざし、スラム・寄せ場・セルフビルドへの共感、タウンアーキテクト待望など、布野修司の自分語りも重ね合わせて建築家論、建築家職能論を展開する」という方針も編集部から与えられたものである。「自分語り」にこだわると内輪話に堕す。だから、これを機会にネットワークを拡げる方向で考えたいと思ってきた。「トモダチ」の「トモダチ」の「輪」を拡げる芋づる式である。とはいえ、そうそう若い建築家に出会う機会があるわけではない。そこで頼りにしてきたのが、日本建築学会の『建築討論』の作品小委員会のメンバーであり、日頃接する学生たちである。滋賀県立大学の談話室(『雑口罵乱』①〜⑨、二〇〇七―一八)で出会った建築家たちはこの連載の幅を拡げてくれたと思う。取り上げてきた建築家たちは三十数名となる。なお、その作品を実際に見てその仕事について考えてみたい建築家は少なくない。当初は、一六人一六作品、一六ヵ月一六号の連載予定であったが、一年十二回延ばすことになった。連載中に、直接間接の情報によって取り上げるべくリスト化した建築家はさらに三十数名にのぼる。

『戦後建築論ノート』

「3・11以後の建築家とは。自分語りと重ねつつ、これまでにない建築家像を実践する新世代に焦点を当てる」というリード文が付されてきたのであるが、編集部には、『戦後建築論ノート』の著者が若い建築家の新しい仕事をどう位置づけうるかという興味と思惑があった。日本の建築界の戦中戦後の連続非連続の問題を問うたのが『戦後建築論ノート』(一九八一・六・一五)である。第二次世界大戦に突入していった一五年戦争期と建築の一九六〇年代を重ね合わせて、近代建築の行方、産業社会の乗り越えの方向を展望したのであった。十五年の時が流れ、阪神・淡路大震災が起こった(一九九五・一・一七)。阪神・淡路大震災は、日本の戦後建築の依って立ってきた根底を揺るがすものであり、その乗り越えの必要をますます意識させるものであった。阪神・淡路大震災の大きなショックをバネに『戦後建築論ノート』を増補したのが『戦後建築の終焉――世紀末建築論ノート』(一九九五・八・三一)である。確かに、『戦後建築論ノート』の著者が若い建築家の新しい仕事をどう位置づけうるかは著者自身も興味がある。

それぞれの建築家が、誰の仕事に注目しているか、誰をライバルと考えているか、「進撃の建築家」の輪をつないでいくというのが方針であった。最初に**渡辺菊眞**(進撃の建築家

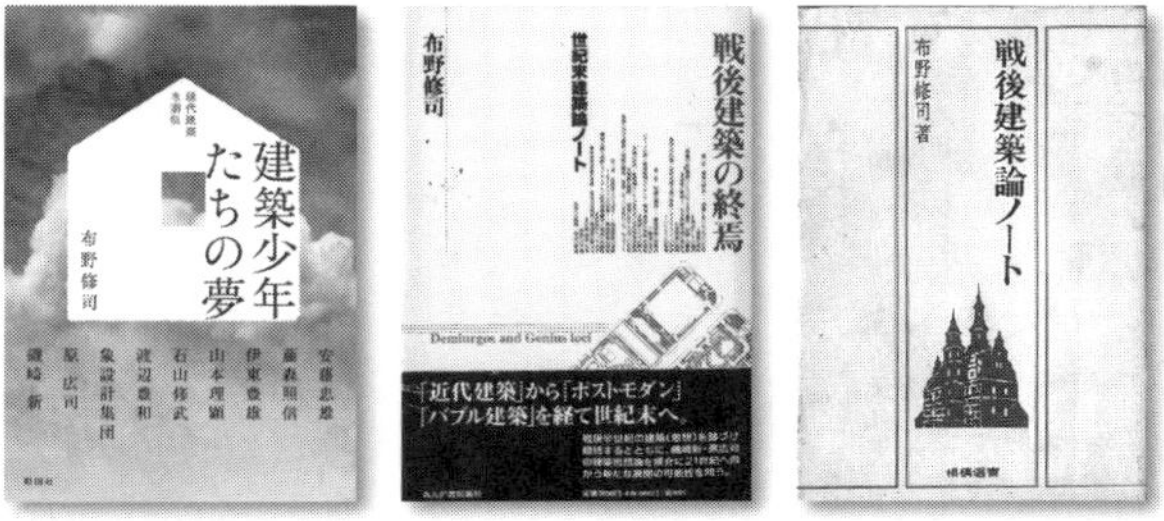

［**図1**］右から、『戦後建築論ノート』『戦後建築の終焉』『建築少年たちの夢』の書影

①を選んだのは、アジア・アフリカでの活動、セルフビルドへの共感、太陽建築の展開、京都コミュニティデザインリーグ（CDL）など、連載の軸を体現している建築家だと思ったからである。渡辺菊眞が推薦してくれたのは、Studio Architectの増田信吾・大坪克亘、UID Architectsの前田圭介、高橋一平といった建築家たちであった。また、キュレーター・アーキテクトを目指す**香月真大**（進撃の建築家㉓）は、度々リストを示してくれた。女流建築家として活躍している人は誰ですか？と問うと、すぐさま岡野道子、中川エリカ、金野千恵、アリソン理恵、今村水紀＋篠原勲、大西麻貴、瀬川翠、冨永美保、永山祐子、古市淑乃、常山未央、岩瀬諒子、植村遙といった面々の連絡先を送ってくれた。しかし、いずれも仕事に触れる機会はつくりだせなかった。東京にいるので、地方に足を運ぶ機会がほとんどつくれなかったのは心残りである。

近代建築批判以後

意識したのは、『建築少年たちの夢——現代建築水滸伝』で取り上げた建築家たちの仕事との関連である。

渡辺菊眞が渡辺豊和の遺伝子を引き継ぐように、**岡啓輔**（進撃の建築家㉕）が石山修武の高山建築学校を引き継ぐように、安藤忠雄、藤森照信、伊東豊雄、山本理顕ら九人の「建築少年たちの夢」の遺伝子を確認しようとしたのが本書である。実は、前の連載の最後の三回では「建築の新しい世紀——建築家の生き延びる道」と題して、若い世代について

触れていた。単行本にする段階で分量の問題もあって、結局、二〇世紀前半生まれの世代に限定し、近代建築批判の建築家たちとして九人の建築家（集団）に絞った。藤本壮介、ヨコミゾマコト、馬場正尊、佐藤淳、西沢立衛、**芦澤竜一**（進撃の建築家㉔）、坂口恭平、**岡部友彦**（進撃の建築家⑲）、**藤村龍至**（進撃の建築家②）、山崎亮といった名を既にあげていた。布野スクールについても、渡辺菊眞、**山本麻子**（進撃の建築家⑥）、**森田一弥**（進撃の建築家⑦）、**丹羽哲矢**（進撃の建築家⑪）、**魚谷繁礼・みわ子**（進撃の建築家⑬）、**水谷俊博・玲子**（進撃の建築家⑫）の他、丹羽大介、吉村理、黒川賢一、松岡聡、柳沢究、北岡伸一などの名を列挙していた。

東日本大震災が日本を襲ったのは『建築少年たちの夢』の二校を終えた直後であった。「あとがき」には次のように書いた（二〇一一・四・一一付）。

> 二〇一一年三月一一日、一四時四六分、東日本大震災が日本を襲った。M9・0、史上最大規模の地震である。本書の二校を終えた直後であった。……その後一月を経て、福島の第一原発が未だ収まらない。日本は、あるいは世界は人類始まって以来の経験を共有しつつある。二〇一一年三月一一日は少なくとも日本の歴史にとって永久に記憶される年月日となるであろう。……敗戦後まもなくの廃墟の光景がまず浮かんだ。振り出しに戻った、という感情にも襲われた。そして、戦災復興からの同じような復興過程を再び繰り返してはならないと震えるように思った。戦後築

［図2］東日本大震災直後の光景。南三陸町

きあげてきた日本列島のかたちがそのまま復元されることがあってはならないのではないか。エネルギー、資源、産業、ありとあらゆる局面で日本を見直し、再生させていく、世界に誇れる建築と都市が新たに創造されなければならない。そのために必要なのが「建築少年たちの夢」である。建築を学ぶものはすべてが日本再生のまちづくりに取り組もう。そして、現場で深く考えよう。そこに建築の未来を見出そう。次の世代として、世界を股にかける建築家が生まれるとしたらその中からである。それは夢などでは決してない。

日本の戦後建築の歴史を、日本を代表する建築家の足跡を軸に、自らの個人史にも引きつけながらたどろうとしたのが『建築少年たちの夢』である。後は、続く世代に期待したい、新たな建築の未来を「建築少年たちの夢」にかけたい、というのが『建築少年たちの夢』に込めた思いであった。

「第二の戦後」——3・11以後

3・11直後、多くの建築家たちはすぐさま動いた。アーキエイドArchi-aidグループの建築家の活動や伊東豊雄などの「みんなの家」がその象徴であるが、身近にも竹内泰グループの番屋建設［図3］、滋賀県立大学の木匠塾グループの番屋［図4］、陶器浩一グループの「竹の会所」［図5］「浜の会所」［図6］など、建築の新たな展開を夢見させる動きが展開

されてきた。

しかし、3・11から八年、事態は、期待していたようには動いてはいない。とりわけ「フクシマ」は止まったままだ。二〇一八年九月、仙台で開かれた日本建築学会大会で「祈りを包む建築のかたち――福島・世界を念いながら」と題する、ある意味画期的な協議会（司会＝大沼正寛、副司会＝竹内泰、記録＝新井信幸、解題＝鈴木浩、基調講演＝安田菜津紀・渡辺和生・青井哲人、MC＝坂口大洋）が開催されたのであるが［図7］、報告と議論を聞いていて、福島の復興はまだ始まったばかりだ、そんな思いに囚われた。鈴木浩の講演は、地域評価の基本を根底から見直す必要を訴えるものであったし、青井哲人＋青井研究室が監修するNPO法人福島住まい・まちづくりネットワークの「福島アトラス」（01、02、03）［図8］は、福島の過去・現在・未来を少なくとも江戸時代に遡って見つめ直そうとする。「原発問題」がはるかに長期的な歴史のプログラムを要求していることははっきりしている。

大災害が露わにするのは、社会に潜在する諸対立、諸差別の構造である。被災地においてそれを一気に克服することはそもそも容易ではない。復興バブルの影響がたちまち日本全体に及んだこ

［図3］竹内泰グループの番屋（上右）
［図4］木匠塾の番屋（上左）
［図5］竹の会所（下左）
［図6］浜の会所（下右）

とが示すように、問題は、被災地にのみあるのではない。あらゆる地域の建築家の日常の仕事のなかにある。それにしても、次々に大災害が日本列島を襲う。気候変動、地球環境問題も含めて、津波被害、原発、すべて人為すなわち人の営みがもたらしたことでもある。「エネルギー、資源、産業、ありとあらゆる局面で日本を見直し、再生させていく、世界に誇れる建築と都市が新たに創造されなければならない」「戦災復興からの同じような復興過程を再び繰り返してはならない」「戦後築きあげてきた日本列島のかたちがそのまま復元されることがあってはならない」のである。

▦アンシャン・レジーム

しかし、露わになってきたのは、建築産業界のアンシャン・レジーム（旧態依然たる構造）である。重層下請構造の問題は、建設業界だけの問題ではないが、正規－非正規、外国人労働者といったより複雑で鵺《ぬえ》的な支配構造が成立している。戦前戦中の連続・不連続の問題は、「戦後建築」の出自に関わるが、「戦前の国体」が「戦後の国体」に引き継がれてきたように（白井聡『永続敗戦論』二〇一三、『国体論』二〇一八）、建設産業のアンシャン・レジームは、戦後も存続してきた（潜在し復活再生してきた）。「建築家」の存在は、ほとんど建設産業の巨大な構造に埋没しつつあるかのようである。「進撃の建築家」たちが挑んでいるのは、この巨大な構造である。

四半世紀ぶりに東京に帰ってきて、斎藤公男（代表）、金田勝徳、神田順、和田章によっ

て立ち上げられたA-Forum（Archi-Neering Design Forum）に参加する機会を得て（AB（アーキテクト／ビルダー「建築の設計と生産」）研究会）、斎藤公男、安藤正雄、そして広田直行らとともに、建築の生産と設計をめぐる様々な問題について議論してきている。まず問題となったのは「新国立競技場」の設計者選定、設計施工をめぐる問題である。続いて「デザインビルド」そして「公共建築の設計者選定（コンペ）」の問題である。

▦デザインビルド

日本における建築家の職能確立の過程は、ある意味では挫折の連続の歴史である。戦前の帝国議会に重ねて上程されて成立しなかった建築士法をめぐって争われたのはいわゆる「専兼問題」である。すなわち、建築設計業を専業とするか、施工も合わせて兼業を認めるか、という問題であった。背景にあったのは、「建築家」vs「請負」の対立である。第二次世界大戦の敗戦によって、再び、建築家の職能法の成立がＧＨＱ体制下で議論されるが、結局、資格法として建築士法が成立することになる（一九五〇）。建築界の「アンシャン・レジーム」は維持されることになる。

そして、設計施工の分離か一貫かという問題は、一九六〇年代を境に大きく転換していく。アトリエを基盤とする個人の建築家では対応できない大規模なプロジェクトが出現してくるのである。建築の危機、建築家の危機が叫ばれたのは一九六〇年代末から一九七〇年代にかけてのことであった。そして、一九七〇年代末には、日本で建築家の

［**図7**］2018年９月
日本建築学会協議会
（前頁右）
［**図8**］福島アトラス（前頁左）

［**図9**］『裸の建築家――
タウンアーキテクト論序説』

職能確立を目指す団体である日本建築家協会（ＪＩＡ）が公正取引委員会から独占禁止法違反の審決を受けるに至り、改組、会員数の拡大を迫られることになる。こうした経緯の詳細は『裸の建築家――タウンアーキテクト論序説』（建築資料研究社、二〇〇〇）［**図9**］に書いた。ＡＢ研究会における議論を通じて明らかになるのは、一九九〇年代以降、デザインビルドあるいはＰＦＩ事業が一般化しつつあることであり、ますます、「建築家」の存在基盤は縮小してきたように思える。

そうした中で、「進撃の建築家」たちは、それぞれに「闘い」、道を開きつつある。それぞれに評価してきたけれど、一言で言えば、彼らはすべて「戦後建築」の初心、そして、近代建築批判の声をあげた「建築少年たちの夢」を確実に引き継いでいるように思える。彼らがミュータントと見えるとすれば、戦後日本の社会が変質（戦後レジームの総決算）してきたからである。戦後建築の初心を引き受けようとしてきたものには、「巨人の壁」に挑む「進撃の建築家」たちの活躍の場を用意する仕事が残されている。

『戦後建築論ノート』の末尾には次のように書いた。

建築が様ざまな制度を通じてしか自己を実現することがないとすれば、制度と空間、制度とものの間のヴィヴィッドな関係をつねに見続けていく必要があるはずである。

二〇一九年七月　**布野修司**

本書にて特記のない写真は全て、著者による。

著者略歴

布野修司（ふの・しゅうじ）

一九四九年島根県生まれ。一九七二年東京大学工学部建築学科卒業。一九七四年同大学大学院修士課程修了。一九七六年同大学大学院博士課程退学。工学博士。同大学工学部助手、東洋大学講師を経て、一九九一年京都大学助教授。二〇〇五年滋賀県立大学大学院環境科学部教授。二〇一一年同大学副学長。二〇一五年より同大学名誉教授、日本大学特任教授。

一九八二年『群居』編集長（―二〇〇〇年）。一九九一年日本建築学会賞（論文賞）。

主な著書＝『戦後建築論ノート』相模書房、『スラムとウサギ小屋』青土社、『住宅戦争』彰国社、『カンポンの世界』パルコ出版、『戦後建築の終焉』れんが書房新社、『住まいの夢と夢の住まい』朝日新聞社、『布野修司建築論集Ⅰ・Ⅱ・Ⅲ』彰国社、『裸の建築家』建築資料研究社、『曼荼羅都市』京都大学学術出版会、『建築少年たちの夢』彰国社、『景観の作法』京都大学学術出版会、『大元都市』京都大学学術出版会　ほか。

主な編著・共著＝『建築作家の時代』リブロポート、『現代建築』新曜社、『アジア都市建築史』昭和堂、『近代世界システムと植民都市』京都大学学術出版会、『世界建築史15講』彰国社　ほか。

進撃の建築家たち　新たな建築家像を目指して

2019年 8 月20日　第1版 発　行

著作権者との協定により検印省略

著　者　布　野　修　司
発行者　下　出　雅　徳
発行所　株式会社　彰　国　社

自然科学書協会会員
工学書協会会員

162-0067 東京都新宿区富久町8-21
電　話　03-3359-3231（大代表）
振替口座　00160-2-173401

Printed in Japan

印刷：真興社　製本：ブロケード

ISBN 978-4-395-32142-1　C3052　http://www.shokokusha.co.jp